国家发展改革委"经济体制改革和对外开放40年" 系列书籍

全面创新改革试验
百佳案例

《全面创新改革试验百佳案例》编写组　编著

中国科学技术出版社
·北　京·

图书在版编目（CIP）数据

全面创新改革试验百佳案例/《全面创新改革试验百佳案例》编写组编著 . —北京：中国科学技术出版社，2018.9（2018.10 重印）
　ISBN 978-7-5046-8135-5

Ⅰ.①全… Ⅱ.①全… Ⅲ.①中国经济—经济体制改革—案例 Ⅳ.① F121

中国版本图书馆 CIP 数据核字（2018）第 205784 号

策划编辑	符晓静
责任编辑	符晓静　白　珺
正文设计	中文天地
封面设计	孙雪骊
责任校对	杨京华
责任印制	徐　飞

出　　版	中国科学技术出版社
发　　行	中国科学技术出版社发行部
地　　址	北京市海淀区中关村南大街16号
邮　　编	100081
发行电话	010-62173865
传　　真	010-62173081
网　　址	http://www.cspbooks.com.cn

开　　本	787mm×1092mm　1/16
字　　数	360千字
印　　张	23.75
插　　页	1
版　　次	2018年9月第1版
印　　次	2018年10月第2次印刷
印　　刷	北京盛通印刷股份有限公司
书　　号	ISBN 978-7-5046-8135-5 / F·872
定　　价	96.00元

（凡购买本社图书，如有缺页、倒页、脱页者，本社发行部负责调换）

本书编委会

主　编　林念修
副主编　任志武　郭　哲
编　委　（按姓氏笔画排序）
　　　　王英建　王嘉惠　毛宇山　白京羽　杨　昕
　　　　何　睿　张西林　陈　锐　胡再生　施　萍
　　　　章新平　韩　博　裘文进　蔡木灵　熊战勋

本书编写组

编写组成员（按姓氏笔画排序）
　　　　王　智　朱的娥　乔黎黎　任中保　刘中全
　　　　刘增辉　阮高峰　李　利　李树坦　李美桂
　　　　邱月宝　沈　笑　张卫东　张军胜　陈　晨
　　　　林晓锋　周学立　赵令锐　郝立宁　钟红静
　　　　郜媛莹　顾梦琛　徐　衡　曹克齐　康　一
　　　　董　阳　蔡　铂

序 言

党的十九大报告强调，创新是引领发展的第一动力，是建设现代化经济体系的战略支撑。面对新时代经济发展的变化趋势和特点，面对全球新一轮科技革命与产业变革的重大机遇和挑战，面对实现中华民族伟大复兴中国梦奋斗目标的历史任务和要求，必须深化体制机制改革，加快破解制约创新驱动发展的瓶颈，不断提升全社会的发展活力和创新活力。

系统推进全面创新改革试验，是党中央对创新改革作出的重大决策部署。2015年3月，党中央、国务院印发《关于深化体制机制改革加快实施创新驱动发展战略的若干意见》，决定在有条件的省（自治区、直辖市）系统推进全面创新改革试验，努力在重要领域和关键环节取得新突破，及时总结推广经验，发挥示范和带动作用，促进创新驱动发展战略深入实施。同年8月，党中央、国务院印发《关于在部分区域系统推进全面创新改革试验的总体方案》，明确在京津冀地区、上海市、广东省、安徽省、四川省、武汉市、沈阳市和西安市等8个区域率先开展全面创新改革试验，力争通过3年努力，在市场公平竞争、知识产权、科技成果转化、金融创新、人才培育和激励、开放创新、科技管理体制等方面取得一批重大改革突破，探索一批可向全国范围复制推广的改革举措和重大政策，形成若干具有示范、带动作用的区域性改革创新平台，持续优化创新发展环境，为建设创新型国家提供强有力支撑。

2015年以来，按照党中央、国务院的部署安排，8个改革试验区域坚持目标导向和问题导向，结合区域发展特色和战略定位，系统推进以科技创新为核心的全面创新，扎实推动知识产权保护、科技成果转化、科技金融结合、军民融合创新等重点领域改革，取得了一批改革成果和典型经验，有效支撑了区域率先实现向创新驱动发展转型。

为使社会各界了解全面创新改革试验目标内涵和进展成效，准确把握党中央、国务院战略部署和重大举措，努力营造良好的改革氛围，国家发展和改革委员会与科技部组织8个改革试验区域、中国科协创新战略研究院等有关研究机构，编写并出版《全面创新改革试验百佳案例》，通过分析讨论制约创新驱动发展的体制机制堵点和难点，宣传和推广各改革区域系统推进全面创新改革试验的好经验、好做法，引导全社会凝聚力量，坚决贯彻落实好党中央、国务院部署，为纵深推动全面创新改革试验、不断优化创新创业政策和制度环境、加快培育经济发展新动能、实现经济社会高质量发展做出更大贡献。

本书涉及领域多、覆盖面广，编写时间相对较紧，难免有疏漏和不当之处，敬请读者指正。

本书编写组

目录

一 知识产权

001 专利快速审查、确权、维权一站式服务助推灯饰产业创新发展 / 3

002 贷款、保险、财政风险补偿捆绑的专利权质押融资机制 / 7

003 专利权质押融资风险补偿和信息共享机制破解中小企业融资难题 / 11

004 "政银保评"四位一体新模式打通知识产权质押融资渠道 / 14

005 构建知识产权质押融资配套体系 让科技型企业"知本"变"资本" / 18

006 质权商标协商估值、坏账分担和风险阻控机制助力中小企业融资 / 21

007 知识产权"三审合一"改革提升司法审判效率 / 25

008 引入技术调查官助力知识产权案件的专业化审判 / 29

009 基于"两表指导、审助分流"快速审查机制提升案件审理效率 / 32

010 打通"创运保管服"全链条 推动知识产权综合改革试验 / 36

011 专利、商标、版权"三合一"助力区域创新发展 / 40

012 推动专利、商标和版权基层"三合一"综合管理体制改革 / 43

013 "五位一体"发展模式打造知识产权运营服务新业态 / 47

014 "诉讼服务处+巡回法庭"模式助力知识产权维权 / 51

015 "政府+保险机构+服务机构"联动的专利保险体系 / 54

二　成果转化

016　以事前产权激励为核心的职务科技成果权属混合所有制改革开辟科技成果快速转化的新路径 / 59

017　"开放办所、构建生态"模式促进科技成果转化 / 63

018　基于"技术股+现金股"股权激励模式提升转化效率 / 66

019　科技大市场"1+3"服务体系提升科技成果转化效益 / 69

020　"定向研发、定向转化、定向服务"的订单式研发和成果转化机制 / 72

021　"先投后奖"走通股权奖励路 / 76

022　深化科技成果收益改革　助力原创新药上市提速 / 80

023　"合理分割转化收益+整合转化管理"体系助推科技成果高效转化 / 83

024　实施"黄金股"激励机制　开创科技成果转化新局面 / 86

025　以股权和完整供应链为纽带的产业战略联盟运行机制 / 90

026　促进医药科技成果转移转化的"华西模式" / 94

027　设立专职机构推动科技成果转化 / 97

028　探索央地共建新型研发机构市场化改革　破解科技成果转化难题 / 100

029　企业与高校"四主体一联合"模式推进成果转化 / 104

030　"企业科技特派员制度"促进高校、科研院所科技成果向企业转移 / 108

三　科技金融创新

031　以关联企业从产业链核心龙头企业获得的应收账款为质押的融资服务 / 113

032　面向中小企业的一站式投融资信息服务 / 117

033 区域性股权市场设置科技创新企业专板 / 122

034 基于"六专机制"的科技型企业全生命周期金融综合服务 / 124

035 创新投贷联动"武汉样本"化解科技型中小企业融资难题 / 127

036 基于政府风险补偿的投贷联动模式缓解中小企业融资难题 / 131

037 科技型进出口中小企业风险控制端口前移的融资补偿机制 / 134

038 科技保险支公司体制机制创新推动科技创新风险管理 / 136

039 基金化运作政策性融资担保新模式缓解中小微企业融资难题 / 139

040 银行间市场"双创债"模式开辟创新创业融资新路径 / 144

041 保证保险贷款模式开辟科技型小微企业融资新途径 / 148

042 构建地方特色科技金融框架 提升金融服务能力 / 152

四 军民融合

043 军民融合科学仪器共享平台推动军地科研资源开放共享 / 157

044 民口企业配套核心军品的认定和准入标准形成军工与民口企业"主配牵手"的合作模式 / 160

045 在军用技术转民用过程中建立技术再研发机制 / 164

046 制度、机构、服务"三位一体"的军民标准通用化整合工作体系 / 168

047 探索建立服务军民融合企业的专业金融机构 / 171

048 以"融合之路"有效推动军民融合统计体系创新改革 / 175

049 创设军民融合企业统计报表制度 / 179

050 军工院所研发业务、非研发业务分立改制的事转企新路径 / 182

051 非战略武器装备科研生产军工企业混合所有制改革 / 187

052 区域性军工单位竞争性采购服务体系促进军工供应链转型升级 / 190

053 "同步受理、多证联审、顺序发证"新模式优化军工资质办理流程 / 193

054 军地协同创制新兴产业军民通用标准 / 196

055 军民融合企业认定标准和认定机制推进军民融合政策精准实施 / 199

056 以联盟为载体构建区域军民融合创新体系 带动军民融合产业发展 / 203

057 国防科技创新生态圈开创科研与成果转化军民联动新局面 / 207

058 构建开放式协同创新体系 提升军工企业装备制造核心竞争力 / 211

059 民口企业"资本介入"组建混合所有制企业开辟民参军新路径 / 215

060 区域产学研联合共建办学开创军民融合协同育人的新模式 / 219

061 "地方政府+军工"的股权合作模式推进民机新品研发 / 224

062 军地共建军民融合产业园 创建"军工+地方"发展新模式 / 227

063 成立混合所有制公司 探索中央军工科研院所成果转化新模式 / 230

五 公平开放市场环境

064 出入境改革创新助力外籍学生实现在京创业梦 / 235

065 深化外籍人才政策、管理和服务创新 打造国际人才集聚高地 / 238

066 入境特殊物品和生物材料监管"中关村模式"开创进口监管新模式 / 241

067 京津冀"三地联动"优化外国人过境免签服务 / 244

068 改革创新出入境服务 努力打造国际人才自由港 / 247

069 药品上市许可持有人制度推动新药创制加速跑 / 250

070 企业投资项目承诺制审批改革提升投资项目审批效率 / 254

071 企业登记全程电子化提升商事登记服务质量 / 258

072 基层国地税联合办税推进纳税服务供给改革 / 261

六　人才培养与激励

073 事业编制省内统筹使用有效释放编制潜能 / 267

074 高校院所绩效工资分配制度改革有效激发创新人才积极性 / 270

075 基于政府股权投资的多元化激励机制　扶持高层次人才团队创新创业 / 273

076 整合央地院校科教资源　提升区域创新发展效能 / 276

077 高校职称评审权下放有效激发了教师的创新积极性 / 279

078 建立市场化人才评价机制　集聚高层次战略性新兴产业创新人才 / 282

079 中关村开通高端领军人才职称评审直通车 / 285

080 推行"双师型"队伍建设　协同培育技能人才 / 288

081 构建"职教＋高教"模式　培养高端制造业人才 / 292

082 鼓励事业单位专技人员离岗创业　激发社会创新创业活力 / 295

083 完善大学生就业创业保障机制　提升城市人才吸引力 / 298

084 构建"城市＋母校＋校友"的校友资源开发利用新模式 / 301

085 实施"城市合伙人"计划　促进人才与城市深度融合发展 / 304

086 降低门槛　灵活机制　打造大学毕业生就业落户武汉样本 / 308

087 建立专技人才分类评价体系　激活创新创业活力 / 311

七　体制机制改革

088 立法形式建立容错机制　有力推动地方创新发展 / 317

089 建立健全国企改革容错机制 点燃创新发展新动力 / 320

090 财政资金购买的科研设施和仪器所有权与经营权分离的"北京模式" / 322

091 "国家支持＋民间投入"模式助力重大科技设施建设 / 324

092 政社合作打造"科技创新券" 激发小微企业科技创新动力 / 327

093 "总—分—联"创新研究院组织模式提升科技研发效能 / 331

094 由"管资产"转向"管资本" 搭建国有资本投资运营新格局 / 334

095 重塑国企体系架构 再造业务流程 激活内生动力 / 338

096 "引民资＋抓治理＋重监管"混合所有制改革助推国有资本提质增效 / 342

097 财政专项资金基金化改革撬动社会资本投资 / 345

098 "创新创业通票"制度再造政府配置创新资源流程 / 349

099 新型研发机构助力跨区域产学研协同创新 / 353

100 新型研发机构建设开创科技体制改革新路径 / 358

图表目录

一 知识产权

图 1-1　德阳市专利权质押融资服务示意图 / 9

图 1-2　安徽省企业专利权质押融资流程图 / 13

图 1-3　石家庄高新区知识产权质押流程 / 16

表 1-1　石家庄高新区各类企业风险补偿比例表 / 17

图 1-4　知识产权质押贷款融资配套体系 / 20

图 1-5　德阳市商标质押融资流程 / 23

图 1-6　武汉市"三审合一"审判机制 / 26

图 1-7　成都市中级人民法院成都知识产权审判庭"知识产权类型化案件快审机制" / 33

图 1-8　郫都区知识产权综合管理实施图 / 46

图 1-9　华北知识产权运营中心"五位一体"发展模式 / 49

表 1-2　2017 年和 2018 年上半年主要业务情况表 / 50

二 成果转化

图 2-1　西南交通大学职务科技成果权属分割流程 / 61

图 2-2　沈阳化工大学"三定向"科技创新与成果转化过程 / 73

图 2-3　上海理工大学"先投后奖"流程示意图 / 78

图 2-4　集成电路核心成员产业链布局 / 91

图 2-5　合肥创新院产业化流程 / 102

图 2-6　延长—西大先进技术研究院扁平化组织运行模式图 / 107

三 科技金融创新

图 3-1　绵阳市应收账款融资新模式 / 115

图 3-2　盈创动力科技金融服务模式示意图 / 118

图 3-3　汉口银行投贷联动"银行+VC/PE"模式 / 128

图 3-4　基于政府风险补偿机制的投贷联动模式图 / 132

图 3-5　上海市中小微企业政策性融资担保基金运作流程 / 142

图 3-6　成都市银行间市场"双创债"发行流程示意图 / 146

图 3-7　武汉市科技型企业保证保险贷款业务流程图 / 150

四 军民融合

图 4-1　供应商准入流程 / 162

图 4-2　军用技术再研发流程图 / 166

图 4-3　特色化专属信贷产品 / 172

图 4-4　军民融合科技支行运行管理机制 / 173

图 4-5　二十所事转企流程图 / 184

图 4-6　同步受理、多证联审、顺序发证流程图 / 194

图 4-7　图解《绵阳市军民融合企业认定管理办法（试行）》/ 200

表 4-1　《绵阳市军民融合企业认定管理办法（试行）》认定程序 / 201

图 4-8　国防科技军民融合创新生态圈 / 209

图 4-9　军民融合开放式协同创新体系 / 212

图 4-10　社会资本参与军工企业混合所有制改革流程图 / 217

图 4-11　军地区域产学研联合共建办学机制 / 220

图 4-12　区域军民深度融合协同育人模式 / 222

五　公平开放市场环境

图 5-1　144 小时过境免签外国人服务管理工作流程图 / 245

图 5-2　上海市药品上市许可持有人制度实施流程图 / 251

图 5-3　中德沈阳高端装备制造产业园投资项目承诺制审批流程 / 256

图 5-4　四川省天府新区国地税联合办税流程示意图 / 263

六　人才培养与激励

图 6-1　芜湖市产业人才认定流程图 / 283

图 6-2　保定职业技术学院"双师型"改革示意图 / 290

七 体制机制改革

图 7-1　浦东新区科技创新券服务机构入库流程图 / 329

图 7-2　创通票运行流程图 / 351

图 7-3　创通票原理架构图 / 351

图 7-4　高端院体制机制创新图 / 354

图 7-5　高端院内部孵化企业流程图 / 355

图 7-6　高端院技术服务企业模式图 / 356

一

知识产权

产权保护特别是知识产权保护，是塑造良好营商环境的重要方面。加强知识产权保护，不只是为了应对国际压力，更是我国自身发展的长期利益所在。

改革开放40年以来，我国知识产权保护取得长足进步，但同一些发达国家相比，仍然存在举证难、维权周期长、赔偿低、行政执法没有形成合力等问题。在全面创新改革试验中，经党中央、国务院授权，广东、四川、安徽等改革试验区域结合本地区知识产权保护的强烈需求，在专利快速审查、确权、维权一站式服务，专利、商标权等知识产权质押融模式，知识产权民事、刑事、行政案件"三合一"审判机制，在知识产权技术类案件中引入技术调查官制度，基层专利、商标、版权"三合一"等方面，开展先行先试，取得了积极的进展和成效。

001

专利快速审查、确权、维权一站式服务助推灯饰产业创新发展

广东省在推进全面创新改革试验中，依托中国中山（灯饰）知识产权快速维权中心，大力开展知识产权快速维权服务，探索出了"快速授权、快速维权、快速协调"的知识产权保护与服务新机制，有力地促进了灯饰产业的创新发展。

 专利授权周期长与维权成本高制约了灯饰产业的创新发展

近年来，随着技术的快速发展，专利保护领域的新问题、新矛盾不断出现，专利侵权现象比较普遍，特别是群体侵权、重复侵权还较为严重，部分行业由于专利无形性和侵权行为隐蔽性的特点，专利维权举证难、周期长、成本高、赔偿低，使我国一些创新型企业处境艰难。

中山古镇是广东省专业镇的典型代表，是全国最大的灯饰生产基地和销售市场，被誉为"中国灯饰之都"。由于产业技术含量低、灯饰产品外观设计抄袭比较严重，对于此类侵权行为，部分企业采用专利申请、专利维权、加大知识产权保护宣传力度等办法来保护原创设计。由于企业获得外观设计专利权周期较长，通常需要8～10个月，且灯饰款式变化快、生命周期短以及受到维权周期长、维权成本高等因素的制约，导致企业通过专利维权难以奏效，亟须用制

一 知识产权 3

度创新来加强知识产权保护，营造一个保护企业创新积极性、保障创新企业合法权益的良好环境。

二 以知识产权快速维权中心为载体的专利快速审查、授权与维权为企业提供一站式服务

2011 年 6 月，国家知识产权局批准设立中国中山（灯饰）知识产权快速维权中心，中山古镇成立了全国首家针对单一行业的知识产权快速维权中心（以下简称"中山中心"）。中山中心围绕灯饰产业集群发展需求，构建专利案件的行业调解、行政处理、司法审判相联动的快速反应机制，形成了快速授权、快速维权、快速协调的"中山古镇模式"。

一是快速确权。 中山中心积极配合国家知识产权局专利复审委员会构建专利复审、无效案件快速受理和审查机制，做好巡回口头审理工作准备，为缩短确权时间、畅通快速维权通道奠定了坚实的基础。

二是建立专利申请快速授权通道，使专利申请审批速度与灯饰研发上市周期同步。 国家知识产权局对专利快速审查流程进行优化，对中国专利电子审批系统进行调整；中山中心选取了一批研发实力强的灯饰企业进入快速授权通道，在申请人提交专利申请之前，中山中心通过中国外观设计专利智能检索系统进行去重检索，并对相关申请文件进行预审，使外观设计专利最快一周便获得电子授权。

三是建立知识产权快速维权通道，快速解决灯饰领域的维权案件。 中山市知识产权局将专利行政执法权限委托给中山中心行使，同时中山市中级人民法院在中山中心设置知识产权巡回审判庭，专利行政执法和司法审判都搬到了企业的"家门口"，维权中心有机整合两大维权资源，为企业提供知识产权维权保护一站式服务，符合条件的专利侵权纠纷案件从受理、调查取证、举证答辩到行业调解或移送司法能够在一个月内结案，大大提高了维权的时效性。

四是提高服务能力，提供快捷、高效、便利的知识产权服务。 在做好知识产

权快速维权、专利快速授权工作的同时，中山中心积极建立四大服务窗口，为企业提供一站式知识产权服务：一是专利信息资源利用服务窗口；二是灯饰专利展示交易窗口；三是展会知识产权保护窗口；四是专业服务窗口。

专利保护一站式服务有效提高专利授权效率、降低企业维权成本

自"中山古镇模式"建立以来，古镇灯饰产业的知识产权保护取得明显成效，主要表现在三个方面：

一是专利授权速度大幅提升，极大地推动了企业创新成果转化和推向市场的效率。2016年，中山古镇的专利申请量达到9194件，是2011年专利申请量的3.6倍，五年间，保持年均两位数的增长。从古镇灯饰产业外观设计专利授权量来看，2012年开始，古镇的专利授权数量反超东莞和温州的灯饰产业集聚区，2015年古镇的专利授权量分别是东莞的3倍和温州的10倍。

二是知识产权执法维权效率大幅提升，有效地降低了企业的维权成本。2011—2016年，中山中心共调处专利侵权纠纷案件1811宗，涉及赔偿金额256.67万元，专利侵权纠纷案件量连续多年位居广东省第一名。其中2016年，专利行政执法办案522宗，涉及赔偿金额65.17万元，出动检查人员1683人次，检查各类灯饰门市、工厂444家次。

三是企业创新能力和知识产权意识大幅提升，有力地促进了产业转型升级和经济增长。2011年以前，古镇的创新企业不到10家，2011年开始，创新企业增幅加大，到2015年达到148家，外资创新企业在2011—2016年也保持高位水平，在2015年达到近200家。2011—2016年，古镇新增加登记注册的企业（含个体户）10037家，2016年年底达30570家。据统计，古镇灯饰产业年产值190亿元人民币，占全国灯饰市场份额的70%，并出口200多个国家和地区，长期保持全国灯饰照明类产品出口总量首位。近年来，外商每年在中山古镇采购灯饰照明产品的比例也高达35%。

"中山古镇模式"也得到了世界知识产权组织的充分认可。2016年，世界知识产权组织立项调研"工业品外观设计保护古镇模式研究报告"，向成员国展示和推广中山中心的经验。目前，该项目是世界知识产权组织在中国首个研究专利保护的项目。2017年，中山古镇探索出的"专利快速审查、确权、维权一站式服务"改革举措，纳入国务院第一批可复制可推广的改革举措，在全国范围内推广实施。

贷款、保险、财政风险补偿捆绑的专利权质押融资机制

四川省德阳市在推进全面创新改革试验中，创新探索以"银行贷款＋保险保证＋政府补偿"为特色的专利权质押融资模式，推进知识产权资源和金融资源的有效融合，有效拓宽了中小微企业融资渠道，促进了企业发展。

 缺乏相关政策支撑是中小企业的专利权质押融资难以实施的重要原因

为缓解科技型中小微企业等创新主体融资困难的问题，促进专利权的运用和资金融通，财政部、国家知识产权局等部门先后出台《专利权质押登记办法》《关于加强知识产权质押融资与评估管理支持中小企业发展的通知》等相关政策文件，支持中小企业创新发展。从政策原则上看，只要符合规定条件，科技型中小企业都可以向有关金融机构申请专利权质押贷款。但是在实际操作过程中，由于存在专利权价值的认定、质押合同的登记以及专利权的变现等难点问题，专利权质押融资往往难以顺利实施。

从2011年开始，德阳市就着手探索专利权质押贷款，以抓点做样的方式，主办银行以企业"硬资产"作抵押，把专利等无形资产作为参考因素，但由于无政策支撑，专利价值认定难、专利权质押手续烦琐等，企业、银行均难以接受，推进艰难。推动中小企业的知识产权资源变成资本，打通知识产权创造、运用、保护、管理和服务全链条，成为当下紧迫的现实问题。

二 专利权质押融资有效缓解科技型中小微企业融资难题

2016年，德阳市以全面创新改革试验区建设为主线，以国家知识产权局把德阳列入专利权质押融资试点城市为契机，积极探索以"银行贷款+保险保证+政府补偿"为特色的专利权质押融资模式，着力破解中小微企业融资瓶颈。

一是以政策为导向，制度先行。 德阳市先后出台了《关于支持开展（科技型）中小微企业专利权质押贷款及其保证保险工作的指导意见》《德阳市专利权质押贷款管理办法（试行）》《德阳市专利权质押贷款风险补偿规程》《德阳市专利权质押贷款专项补贴规程》《关于推进专利权质押贷款工作通知》等政策，对专利权质押贷款各个环节做出了详细规定和具体说明，首期设立了500万元的风险补偿资金和100万元专项补助资金，基本形成了政府政策推动、多部门协调配合和共同推进的良好格局。

二是创新机制体制，合力共推。 德阳市在专利权质押融资中，创新性引入保险机制，为科技型企业提供保证保险，降低信贷风险；建立政、银、险、估、企五方合作融资新机制，各司其职，互商共赢。建立政府补贴机制，对企业按贷款额同期基准利率利息总额的40%进行贴息，按保险费和专利价值评估费发生额的50%给予贴费。建立激励机制，对银行和保险机构分别按企业贷款额的1%进行奖励。通过政府引导，银行、保险、评估、中介服务等机构参与，逐步建立和形成了资产评估、风险控制和服务管理等机制。

三是加强协调对接，优质服务。 德阳市成立了知识产权金融服务推进组，印制《专利权质押贷款指南》，开展银行-评估-保险-企业对接活动，开展专利权质押融资专题培训，发放宣传手册，在各媒体开展专利权质押专题宣传。

总的来看，德阳市在专利权质押融资服务中先行先试，形成了五大特点：一是建立政、银、险、估、企五方合作融资新机制，各司其职，互利共赢；二是政府建立专利权质押风险补偿和专项补助资金，对企业贴息贴费贴保；三是创新性引入保险机制，降低信贷风险；四是建立对合作银行和保险机构的激励机制；五

是市级部门紧密合作，协作共推。

德阳市专利权质押融资服务示意图如图1-1所示。

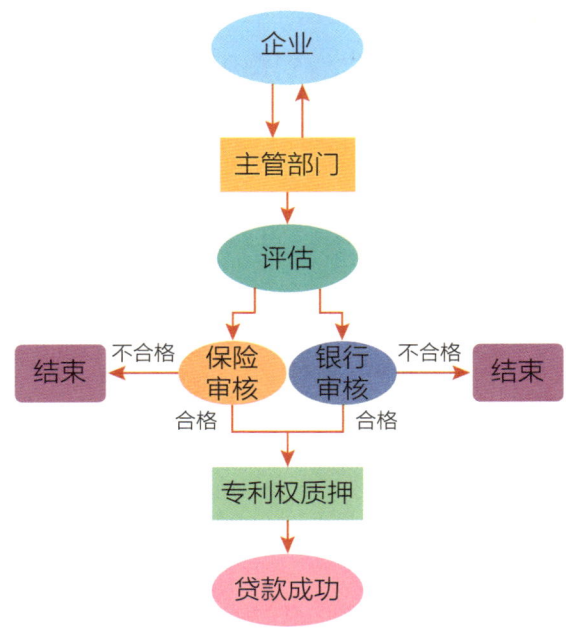

图1-1 德阳市专利权质押融资服务示意图

专利权质押融资新模式在助力科技型中小微企业融资方面取得明显成效

2016年10月—2017年12月，德阳市完成专利权质押融资2.9亿元，涉及企业40余家，质押专利100余件。针对4家省级知识产权试点示范园区进行了9.8亿元的专利权质押融资授信，涉及专利3963件，推动了知识产权资源与金融资源的深度融合，为中小微企业发展提供了有效保障。

"德阳模式"有效破解了中小微企业的融资瓶颈，受到了四川省委省政府、国务院的高度关注和认可。2017年5月，专利权质押融资"德阳模式"被四川省政府确定为第一批可复制可推广经验成果；7月12日，李克强总理主持召开的国务院常务会，要求推广专利权质押融资模式，并支持保险公司提供相应保险服务，

一 知识产权 9

鼓励地方政府提供风险补偿或保费补贴；9月7日,《国务院办公厅关于推广支持创新相关改革举措的通知》要求"推广贷款、保险、财政风险补偿捆绑的专利权质押融资服务"模式；各级主流媒体先后对德阳市专利权质押融资情况进行宣传报道，成都、遂宁、攀枝花等地市先后到德阳调研学习，积极复制、推广创新成果，拓宽科技型中小微企业的融资渠道。

专利权质押融资风险补偿和信息共享机制破解中小企业融资难题

安徽省在系统推进全面创新改革试验过程中，通过探索建立专利权质押融资风险补偿和信息共享机制，有效激活了企业专利资产，对破解科技型中小企业"融资难、融资贵"难题，引导企业提升创新能力具有重要作用。

 专利权质押融资渠道不畅是科技型中小企业融资难的重要因素

近年来，知识产权质押融资在全国各地蓬勃发展，知识产权质押融资已经成为缓解中小企业资金不足的有效途径之一，不少拥有核心知识产权的科技型中小企业，通过知识产权质押融资为企业发展助一臂之力。尽管政策和市场看好，越来越多的银行开始接触并开展此业务，但知识产权质押融资仍然面临着"评估难、风控难、处置难"的三大核心难点，严重制约了知识产权质押融资的发展规模。

近年来，安徽省的专利创造连续保持了快速增长，2016年专利申请量已超过17万件，每万人口发明专利拥有量达到6.37件，居全国第九位。目前，安徽省超过一半的发明专利来源于科技型中小企业，但由于科技型中小企业轻资产比例高、可抵押物价值低、专利价值评估难、信息调查成本高等特点，银行业金融机构普遍对企业专利权质押融资持谨慎态度，科技型中小企业难以利用专利获取发展所需的贷款。

为了充分利用科技型中小企业专利资产，提高银行业金融机构开展专利权质押贷款的积极性，缓解科技型中小企业的"融资难、融资贵"问题，亟待通过建立有效的相关机制，最大限度地降低风险，打通科技型中小企业质押融资渠道，推动科技与金融紧密结合。

二、建立风险补偿和信息共享机制是促进专利权质押融资的有效措施

2016年8月，安徽省知识产权局出台了《安徽省知识产权局关于进一步加强专利权质押贷款工作的指导意见》。2017年4月22日，安徽省政府印发了《关于支持科技创新若干政策的通知》，对企业以专利权质押贷款方式融资进行补贴。安徽省的专利权质押融资具有以下两大突出特点：

一是建立了风险补偿机制。一方面对企业专利权质押贷款利息和评估费进行补贴，降低企业融资成本；另一方面对开展专利权质押融资业务的商业银行、担保机构、保险机构给予资金补贴，调动金融机构贷款积极性。省级层面，对企业以专利权质押贷款方式融资额达到500万元及以上的，一次性按贷款利息和专利评估费总额的50%予以补助。地方层面，合肥、芜湖、蚌埠三市分别设立了每年1000万元的风险补偿资金池，马鞍山市设立2000万元的风险补偿资金池。

二是建立了信息共享机制。建立了专利权质押贷款信息共享平台，面向全国选择专业化的专利评估机构，对科技型中小企业专利权质押融资需求进行调查登记金额初步评估，在此基础上向试点银行、担保机构、保险机构推荐有价值、有市场潜力的专利和企业，有效解决了融资方和贷款方信息沟通不畅的问题。

安徽省企业专利权质押融资流程如图1-2所示。

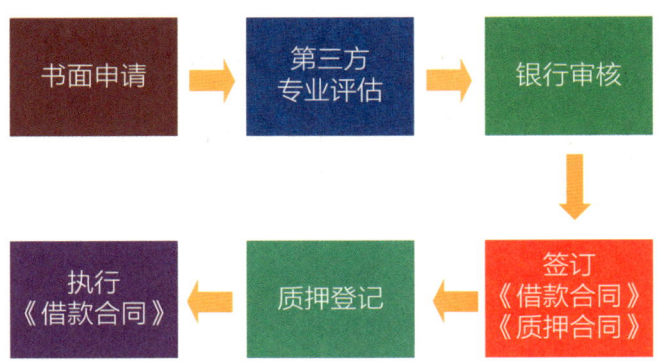

图 1-2　安徽省企业专利权质押融资流程图

三　风险补偿和信息共享机制显著促进科技型中小企业的专利权质押融资

通过体制机制创新，安徽省专利权质押融资的覆盖面更广，办理程序更便捷，融资额度也更高，有效盘活了企业专利资产，缓解了科技型中小企业的"融资难、融资贵"问题，更好地将创新优势转化为产业优势。试点政策实施以来，池州艾可蓝节能环保科技公司以专利权质押获银行 3.5 亿元贷款；亳州济人药业质押 1 项发明专利，银行授信额度达 7000 万元；合肥安科生物科技公司质押 4 项发明专利，融资 5000 万元。

总的来看，安徽省专利权质押融资已实现 16 个市全覆盖，并出台了各具特色的专利权质押融资政策。蚌埠市获得全国专利权质押示范城市称号，芜湖市和界首市获得全国专利权质押试点城市资格。截止到 2017 年年底，安徽省专利权质押贷款 990 笔，质押总额达 93.5 亿元。仅 2017 年，专利权质押就达到 529 笔，质押金额 48.9 亿元，创历史新高。

004

"政银保评"四位一体新模式打通知识产权质押融资渠道

在推进全面创新改革试验中，石家庄高新区创新性地导入"政银保评"风险共担新机制，打通科技型中小企业的知识产权质押融资渠道，对解决政府、银行、保险机构、评估公司等多方主体之间的融资风险配置问题，提供了可资借鉴的经验。

一 金融机构对知识产权质押融资存有顾虑

知识产权质押融资，即企业或个人以专利权、商标权等作为质押物，向银行申请融资。较以往实物抵押形式，知识产权质押融资极大地拓宽了质押物的范围。科技型企业一般具有轻资产、重技术的特点，在申请银行贷款时难以提供传统的不动产等抵押物，其技术创新是一种高风险性活动，经营存在不确定性和巨大的市场风险。银行作为最重要的金融主体，虽然针对科技型企业的特殊性，创新了一些贷款方式，如应收账款、银行承兑汇票等均可用于抵押，但限于风险控制的要求，对利润固定而潜在风险又高的无形资产，银行贷款的意愿不强。担保机构对科技企业提供担保的积极性不高，也不能有效分担银行向科技企业提供贷款的风险。

银行对知识产权质押融资的顾虑主要体现在三个方面：一是知识产权本身的无形性和确权难，使知识产权主体面临保护和侵权诉讼等法律风险；二是知识产权对未来能产生的经济利益具有高度的不确定性，因此价值评估困难；三是如果出质人不履行到期债务，被质押的知识产权能否变现、价值多少，难以确定。以上因素导致银行贷款意愿不高，只有架起企业与信贷市场的桥梁，打通银行、中小企业、担保机构的通道，才能破解知识产权质押融资有名无实的窘境，才能真正破解科技型中小企业融资难问题。

"政银保评"新机制搭起了银行对企业开展知识产权质押融资服务的桥梁

石家庄高新区从建立合作机制、优化风险分担配置和金融风险补偿入手，构建科技企业融资服务的政策体系，打通知识产权质押融资的"最后一公里"。一是由政府推动建立风险补偿机制，设立"专项风险补偿基金"，出台了《科技型中小企业贷款风险补偿资金池管理办法》，通过信贷风险补偿专项资金撬动银行向科技型中小企业发放贷款，对合作金融机构向科技型中小企业发放贷款形成的坏账损失予以补偿。二是提高保险公司参与的积极性。制定了《石家庄高新区科技保险创新试点工作方案》，通过建立科技保险专营机构，开发了包括首台（套）重大技术装备险、关键研发设备险、履约保证险等14种与科技型企业密切相关的科技保险险种。三是在政银保合作的基础上，导入第四方专业评估机构，与北京连城资产评估公司以及北京银行、河北银行两家科技支行和人保财险合作，在原有政策体系的基础上，形成《进一步深化知识产权质押融资改革工作方案》，建立完善"政银保评"四位一体、风险共担的知识产权质押融资模式。

知识产权质押贷款主要流程为：首先由专业第三方评估机构对贷款企业拟质押的知识产权进行价值评估，然后由专业保险公司为第三方评估公司提供评估师执业责任险，最后由贷款银行对企业进行放贷（图1-3）。

"政银保评"的核心是风险分担机制，采用"执业责任险＋风险补偿资金池"双重保险模式。发生风险后，首先由专业的评估公司对所质押的知识产权通过拍卖、变卖、质权转股权、协议转让等方式进行处置，覆盖风险。若知识产权处置无法覆盖损失，触发保险机制。一重保险：符合执业责任保险赔付范围的，由评估公司（10%）和保险公司（90%）共同承担银行所遭受的损失。二重保险：不符合执业责任保险赔付范围的，由银行和政府共同承担银行所遭受的损失，政府利用风险补偿资金池按约定比例承担损失，实行差异化补偿机制。其补偿比例见表1-1。

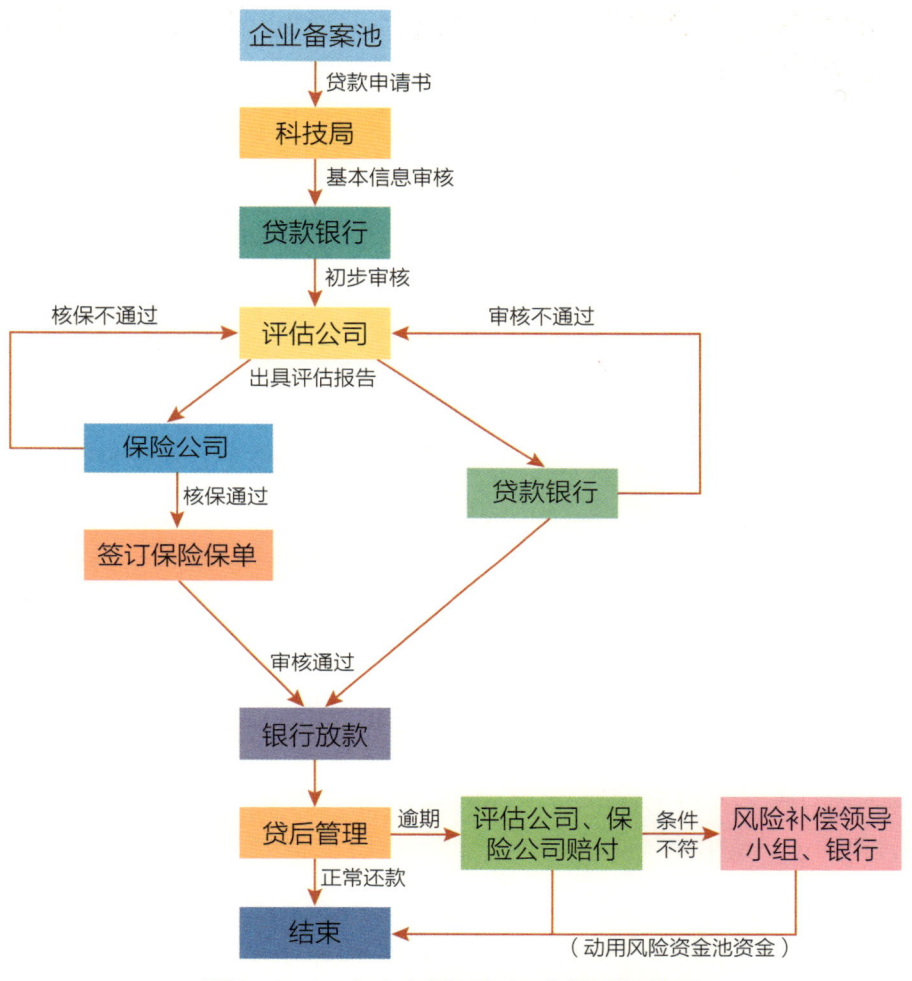

图1-3　石家庄高新区知识产权质押流程

表 1-1　石家庄高新区各类企业风险补偿比例表

企业类型	销售收入（万元）	风险补偿比例（政府）	风险补偿限额（万元）
苗圃类	≤ 300	90%	≤ 50
孵化类	300～2000（含2000）	70%	≤ 200
加速类	2000～5000（含5000）	50%	≤ 500
成长类	5000～10000（含10000）	30%	≤ 200
发展类	10000～20000（含20000）	10%	≤ 100

除引进保险公司、评估公司外，高新区管委会还对正常还款的企业，予以50%的贴息补助、50%的评估费用补助、最高60%的保险保费补助，以最大限度地缓解企业融资难、融资贵问题，最大力度地支持科技型中小企业发展。

三　"政银保评"新机制在促进中小企业知识产权质押融资难方面成效明显

"政银保评"风险共担模式的建立，极大地调动了银行、保险、评估公司各方的积极性。目前，北京银行、河北银行、中国农业银行在高新区设立了3家科技支行，中国邮政储蓄银行、中信银行、中国银行、兴业银行也正在积极申请科技支行的建立；人保财险、太平洋保险分别设立了科技保险专营机构，开展14个科技保险险种业务。2016年和2017年两个年度，各银行已累计为企业发放2.42亿元知识产权质押贷款。

全面创新改革试验百佳案例

005

构建知识产权质押融资配套体系
让科技型企业"知本"变"资本"

武汉市在全面创新改革试验中，通过构建知识产权质押融资配套体系，疏通知识产权质押融资扩容增量的"梗阻"，实现了知识产权质押融资扩容增量，有力地促进了科技型企业"知本"向"资本"的转变。

一　配套体系不完善制约科技型企业"知本"变"资本"

知识产权是科技型企业的核心资产，也是其核心竞争力所在，以知识产权作为融资抵质押物符合"轻资产"科技型企业实际。自2006年以来，我国就开始探索开展知识产权质押融资业务，但由于缺乏业务操作规范、价值评估、交易流转、风险分担等配套体系，使得科技型企业的竞争优势并没有转化为其融资优势。有调研表明，我国以专利权为质押进行融资的专利数量不到专利总数的2%。知识产权成为科技型企业融资过程中的点缀，纯知识产权质押贷款较少，大多数商业银行也因为缺乏专业的评估和风险判断，难以大规模地开展业务。

健全知识产权质押融资的配套体系，激活这些"沉睡"的资产，让科技型企业"知本"变"资本"，为知识产权强国建设提供良好金融环境，有着极其重要的现实意义。

知识产权质押融资配套体系疏通了知识产权质押融资扩容增量的"梗阻"

2015年，经国务院同意，中国人民银行等九部委印发《武汉城市圈科技金融改革创新专项方案》，明确提出"扩大知识产权质押贷款规模"。2016年，武汉市委、市政府出台的《武汉市系统推进全面创新改革试验方案任务分解表》《关于促进科技金融改革创新工作的实施意见》均明确提出"推动知识产权质押贷款扩容增量"。

中国人民银行武汉分行营管部通过制定出台规范性操作指引，明确知识产权价值评估机构，确定知识产权交易流转平台，建立风险补偿机制，疏通了知识产权质押融资扩容增量的"梗阻"。其具体举措如下：

一是规范业务操作流程。先后制定出台《武汉市专利权质押贷款操作指引》《武汉市注册商标专用权质押贷款操作指引》《武汉市著作权质押贷款操作指引》，建立了完整的知识产权质押融资操作流程。

二是提高质押办理时效。国家知识产权局在湖北省知识产权局设立专利权质押登记代办处，原国家工商行政管理总局将商标权质押登记受理工作下放至武汉，武汉市成为全国第二个商标权质押登记受理点，以专利权、商标专用权质押进行贷款，无须再到北京办理质押登记。

三是加大财政扶持力度。武汉市科技局出台《武汉市专利权质押贷款贴息管理暂行办法》，对专利权质押贷款利息总额的50%给予贷款贴息；武汉市委宣传部出台《武汉市著作权质押贷款贴息暂行办法》，对企业著作权质押贷款利息总额的50%给予贴息。

四是建立评估和流转机制。在对全市资产评估机构的实力、人员素质和业务开展情况进行全面综合评价的基础上，确定了5家评估机构为知识产权质押贷款的评估机构，推荐给商业银行。同时，也确定了华中国际版权交易中心、国家专利技术（武汉）展示交易中心和武汉红盾信息网为著作权、专利权和商标权的交易平台。

五是建立风险补偿机制。 将保险保证和财政风险补偿的风险分担机制引入专利权质押贷款业务，探索开展"银行＋保险＋财政"的专利权质押融资新模式，当专利权质押贷款出现风险时，保险承担贷款本息损失的 50%，财政承担贷款本息损失的 30%。

总体来看，知识产权质押贷款融资配套体系（图 1-4）解决了金融机构在开展知识产权质押融资过程中的三个问题：一是明确了知识产权质押贷款过程中经办、质押登记等操作流程；二是明确了评估和交易流转机构；三是降低了银行机构贷款风险，提高了知识产权质押贷款可得性。

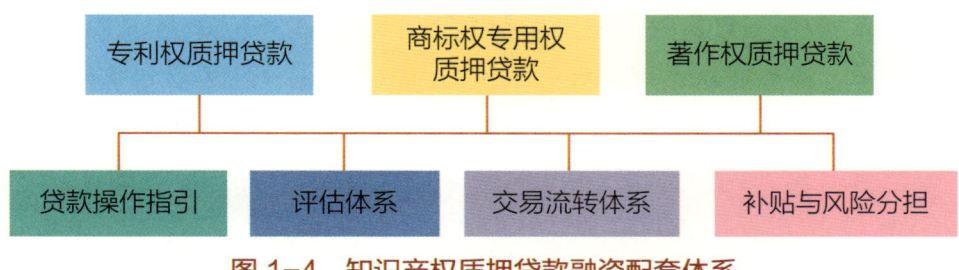

图 1-4　知识产权质押贷款融资配套体系

 知识产权质押融资配套体系的建立显著提升知识产权质押融资规模

知识产权质押贷款配套体系的建立，有效地调动了金融机构开展知识产权质押贷款业务的积极性。武汉市发放了全国单笔金额最大的专利权质押贷款，金额达 1 亿元，金融机构积极与知识产权主管部门开展合作，交通银行湖北省分行、中信银行武汉分行、汉口银行等银行机构先后与武汉市科技局（知识产权局）、东湖新技术开发区管委会共计签订贷款规模近 100 亿元的知识产权质押贷款战略合作协议，满足了一大批中小科技文化企业的融资需求，《金融时报》等全国性媒体专版进行了报道。截至 2017 年 11 月末，全市已累计发放知识产权质押贷款 41.75 亿元，贷款余额 15.5 亿元。

质权商标协商估值、坏账分担和风险阻控机制助力中小企业融资

在全面创新改革试验中，四川省德阳市通过出台措施、构建机制，探索商标估值"银、企协商"模式，构建中小企业商标质权融资新机制，激活商标资产在企业融资担保中的作用，有力地促进了中小企业的发展。

 商标在企业融资中缺乏担保导致中小企业商标质押融资不通畅

由于我国实行较为严格的金融风险管控，企业到银行融资一般要用固定资产进行抵押，或银行依企业信用评估等级和财务审计结果的优良情况给企业贷款。很多企业到扩大规模、转型升级的关键时期，由于没有银行认可的足够的抵押物，从而使企业从银行获得足额经营资金成为很大的难题，成为企业特别是中小企业发展壮大的首要瓶颈问题。

商标作为企业的无形资产，由于存在准确估值难度较大、变现能力较弱，较之有形资产抵押风险系数高、商标价值评估费高、融资成本高，使其质权融资功能一直难以发挥。据原国家工商行政管理总局公布的数据显示，2016年年底，全国有有效注册商标 11143475 件，进行年报公示的企业有 768.6 万户。而 2016 年度，仅有 1202 户企业用 12674 件有效注册商标，通过商标质权在金融机构获得融资 576.3 亿元。数据显示，用商标权质权获得融资难以实施、门槛高，成为众多中小企业心中的"渴望"。

一 知识产权

二　商标估值"银、企协商"模式构建了中小企业商标质权融资的新机制

2016年7月，德阳市工商局出台《德阳市注册商标专用权质押贷款管理办法（试行）》，为中小企业通过商标质权进行融资送来"甘露"。通过探索商标估值"银、企协商"模式，建立"一个模式＋三个机制"，为中小企业商标质权融资提供新机制。

一是建立"质权商标估值"银、企协商模式。 鼓励银行对质权商标的价值与企业协商确定，旌阳区信用联社、罗江农商行等合作银行通过建立"价值认定小组"和"价值认定内控程序"，全面推行质权商标协商估值，降低企业贷款成本。

二是建立"政府补贴"机制。 对确认开展商标质权融资的合作银行和保险机构，按商标质权融资贷款发放额的1%分别对合作银行和保险公司进行经费补贴。对德阳市境内在合作银行进行注册商标专用权质押贷款的企业实施贴息、贴费（保险费、商标价值评估费），贴息额为已发放贷款同期同档次银行基准利率计算利息总额的40%，保险费和商标价值评估费补助额为发生额的50%。

三是建立"坏账分担"机制。 合作银行因商标权质权融资产生的坏账，企业、保险公司、银行、政府进行分担。采取先理赔后补偿的原则，对合作银行注册商标专用权质押贷款产生的本金损失，包括纯注册商标专用权质押贷款以及组合质押贷款中明确属于注册商标专用权质押贷款的本金损失部分，减去银保首次风险分担部分后，对不足部分及后续发生的贷款损失，经认定，按80%的比例给予补偿。

四是建立"风险阻控"机制。 合作银行、合作保险机构对企业商标专用权质权贷款逾期和赔付超过一定比例时，相关业务暂停。具体是当合作银行商标质权贷款逾期率达到3%时，或合作保险机构在赔付率达到150%时，合作银行和合作

保险机构应暂停注册商标专用权质押贷款及其保证保险业务，业务暂停期间，应进行整改。

德阳市商标质押融资流程如图1-5所示。

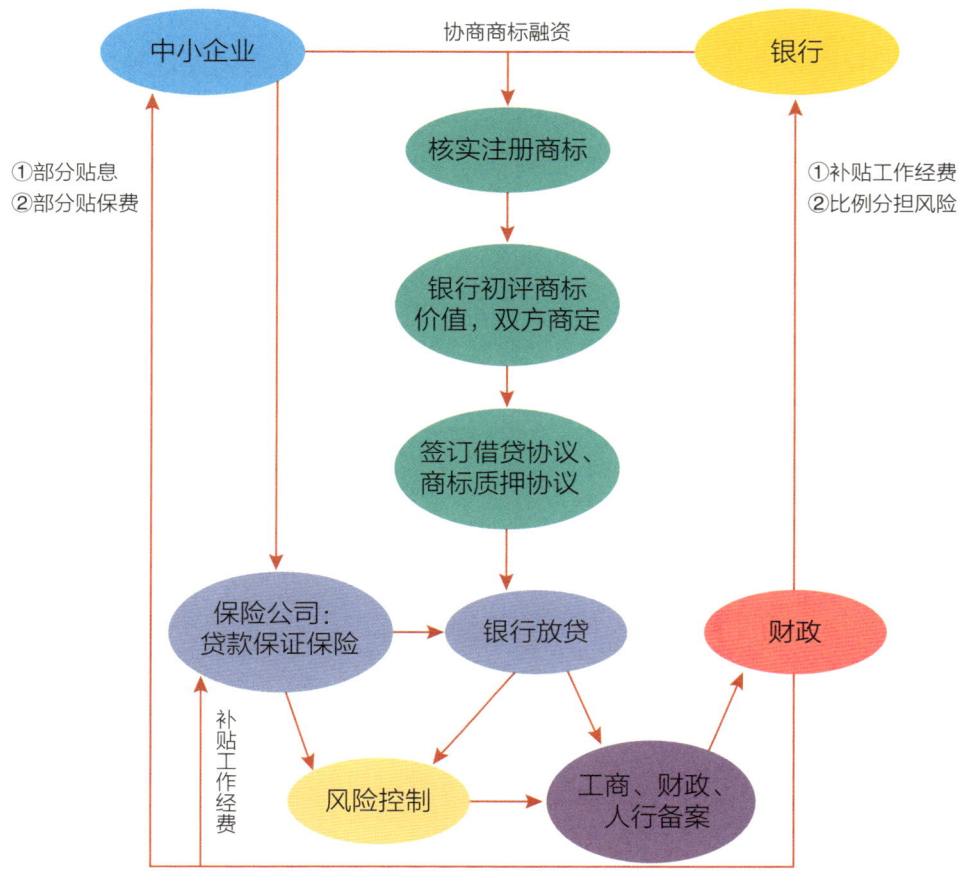

图1-5　德阳市商标质押融资流程

三　商标估值"银、企协商"模式明显促进了中小企业商标质权融资

德阳市通过催生"一个模式、三个机制"和争取注册商标专用权质权登记权限的下放，极大地控制了注册商标专用权质押借款风险，降低了办理成本，提高了商标专用权质权贷款的成功率，使商标的无形资产价值更好地得到应用，为助

一　知识产权　23

力企业发展提供了资金支持。目前，德阳市已有7户企业通过商标专用权质押成功在银行办理贷款。商标质权使企业获得4.37亿元的贷款授信。德阳市办理《商标专用权质权登记证》的时间从20天左右降至2天，省去了企业办证聘请中介机构的费用。多家银行正积极主动了解、学习做法，力争开展商标专用权质押借款业务。

知识产权"三审合一"改革提升司法审判效率

在全面创新改革试验中，武汉市、区两级法院持续坚持知识产权"三审合一"审判机制改革，将知识产权保护民事、刑事、行政案件审判交由一个审判庭集中审理，实现了审判力量集中、审判标准统一，提高了审判效率，缩短了审判周期。

 知识产权的"三审分立"带来知识产权保护难问题

我国传统的知识产权审判采取的是"三审分立"审判机制，即知识产权民事案件由有管辖权的法院的民事审判第三庭（也称知识产权审判庭）审理，知识产权行政案件由行政审判庭审理，知识产权刑事案件由刑事审判庭审理。这种审判机制导致审判权限交叉重叠、案件受理冲突推诿、审判资源闲置浪费、审理标准的宽严不一等问题，无法适应目前知识产权高效、立体保护的需求，形成了知识产权审判水平与日益增长的保护需求之间不相适应的矛盾，从而带来了知识产权司法保护难题。

随着国家实施创新驱动发展战略，知识产权案件持续增长，现行审判机制带来的知识产权保护难的矛盾日益突出，严重阻碍了科技创新。尤其是在知识产权案件处理方面，存在着知识产权专业性、技术性带来的刑事、行政审判认定事实困难、取证难度大、裁判尺度不统一、审判资源浪费、各种知识产权保护举措不统一等诸多问题，严重影响了知识产权司法保护的主导作用。

二 "三审合一"审判机制改革是强化知识产权保护的有利举措

武汉市积极开展知识产权审判"三审合一"改革探索,将知识产权保护民事、刑事、行政案件审判交由一个审判庭集中审理。江岸区人民法院设立知识产权审判庭,集中受理除专利等特殊类型的案件外,全市管辖范围内的一审知识产权刑事、行政案件以及该法院辖区内的一审知识产权民事案件。市中级人民法院知识产权审判庭集中审理知识产权民事、刑事、行政二审案件以及由中院管辖的知识产权民事、行政一审案件。

武汉市"三审合一"审判机制如图1-6所示。

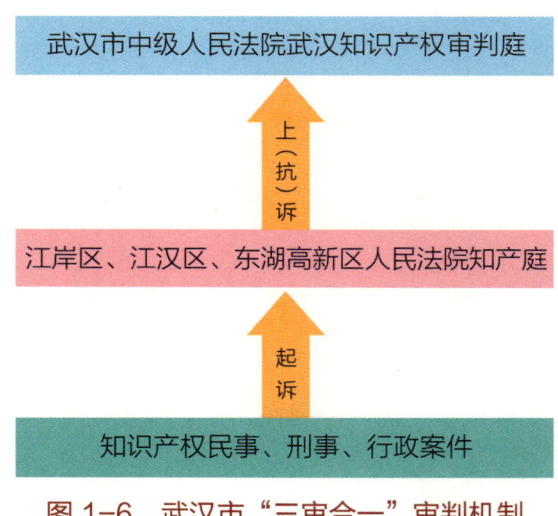

图1-6 武汉市"三审合一"审判机制

(一)形成部门合力,实现审理资源集中化

武汉法院在试点伊始,采取积极主动措施,争取各界支持。其主要措施包括:一是武汉市中级人民法院、市检察院联合发布《关于指定江岸区人民检察院、江岸区人民法院管辖全市知识产权刑事一审案件的通知》,对涉嫌知识产权犯罪的,统一移送江岸区人民检察院审查,符合起诉条件的,均由江岸区人民检察院向江

岸区人民法院起诉；二是主动向市委、市人大汇报，市人大常委会专题听取了武汉市中级人民法院关于知识产权审判工作情况的报告；三是积极利用市政府知识产权工作领导小组这一平台，取得行政机关支持，形成知识产权司法保护和行政保护协调运行的局面，出台了《武汉市中级人民法院、武汉市知识产权局知识产权维权援助司法救济与行政救济对接的暂行规定》。

（二）优化审判力量配置，实现审判资源的高精尖

截止到2017年，江岸区人民法院、江汉区人民法院、东湖高新区人民法院，按照"三审合一"的要求，根据知识结构、专业背景、审判经历等条件，从民事审判庭和刑事审判庭抽调人选，组成专门的知识产权审判庭。中级人民法院知识产权审判庭邀请刑事审判庭、行政审判庭业务骨干与知识产权审判庭法官组成合议庭，审理知识产权刑事和行政案件。

（三）加强总结审判经验，实现审理分案的随机性

在"三审合一"审判机制改革中，武汉法院注重通过交流办案经验、培育典型案例等形式，加强审判经验总结，整合力量，向内挖潜，确保人人都是"复合型"人才，逐步实现了从个别法官集中审理知识产权刑事、行政案件到当前的全庭随机分案。

三 "三审合一"审判机制改革在知识产权保护方面取得积极效果

（一）公正高效审理各类知识产权案件，充分发挥司法保护知识产权的主导作用

2017年全年，武汉知识产权审判庭新收知识产权案件4129件，年度案件结案率达到86%以上，有2案入选年度"中国法院50件典型知识产权案例"、3案获评年度"湖北省法院知识产权十大案例"、1案获评"湖北法院促进非公有制经济发展和产权保护案件七大案例"，充分发挥了司法保护知识产权的主导作用。

（二）审理重心由程序转向实体，促进对知识产权的行政保护

"三审合一"后，知识产权审判庭加强了对权利来源及侵权事实的审查，使行政相对人、权利人对侵权事实更加明确，提高了知识产权行政审判的公信力。市区两级法院按照"三审合一"的审判思路，重点围绕知识产权侵权判定这一难点，在厘清老字号商标注册、使用历史沿革的基础上，认定商标侵权成立，肯定行政处罚的合法性，取得了不错的效果。

（三）建构多行业参与平台，强化对知识产权的刑事保护

"三审合一"后，知识产权刑事一审案件全部集中在江岸区人民法院和市中级人民法院知识产权审判庭审理，理顺了知识产权侵权认定与犯罪构成的关系，确保了知识产权刑事案件审理的科学性。

引入技术调查官助力知识产权案件的专业化审判

北京市在全面创新改革试验中，依托北京知识产权法院，在知识产权技术类案件审理中引入技术调查官制度，探索和完善符合审判实践的中国特色技术调查官制度，促进了技术类案件审判质效的显著提升。

一 技术类案件涉及复杂的技术事实认定，给知识产权案件审判带来挑战

2014年11月6日，北京知识产权法院作为全国第一家知识产权专门审判法院正式挂牌成立，同时也是全国唯一的专利行政授权确权案件的专属管辖法院。受首都高新科技发展的区位特征影响，北京知识产权法院受理了大量涉及专利、植物新品种、集成电路布图设计、技术秘密、计算机软件等的技术类案件。据统计，技术类案件收案量约占该院每年年收案量的20%。

法律问题与技术问题交织，是技术类案件审理的鲜明特点，其中技术问题的查明直接关系到事实认定和法律适用。在技术类案件的审理中，法院的主要职责在于查明事实和解决纠纷。由于办案法官大多数为法律专业毕业，通常不具备相关专业技术背景，难以准确、高效地对相关技术事实进行认定，需要得到专业技术人员的帮助。

二　技术调查官的引入为技术类案件审理提供支撑

2014年12月,最高人民法院发布《关于知识产权法院技术调查官参与诉讼活动若干问题的暂行规定》。2015年10月,北京知识产权法院技术调查室成立,积极探索与完善中国特色技术调查官制度,其主要举措有:

一是创新选任,灵活设置技术调查官任职类型。北京知识产权法院制定了《技术调查官管理办法》,对技术调查官的选任条件、任职类型等做了细化规定。运行至今,已初步形成了以交流和兼职技术调查官为主、聘用技术调查官为辅的工作模式,技术调查官来自多个渠道,研究领域涵盖多个审判实践经常涉及的专业技术方向。同时,该院也在积极探索在编和聘任制技术调查官的选任管理与人才培养,不断扩大技术专业领域的覆盖面,构建适应专业化法院案件审判需要的技术调查官选任与使用模式。

二是延伸职能,探索建立技术调查官全方位参与诉讼活动机制。除参与庭前质证与庭审、提交技术审查意见、案件评议等工作外,该院积极尝试由技术调查官参与保全评估、证据保全实施、现场勘验等诉讼活动,使技术调查官全方位多角度参与技术事实查明活动。在保全评估中,技术调查官对申请保全方提供的证据进行专业审查;在具体实施保全时,技术调查官制定保全的详细实施步骤;勘验案件中,技术调查官从专业技术角度协调各方当事人关于证据中涉及的技术问题的不同意见。

三是专业研讨,探索建立技术专家委员会运行机制。在案件所涉及的技术问题疑难复杂、技术调查官无法得出准确结论的情况下,启动由技术专家参与的技术专家委员会制度,通过小型研讨会的方式听取技术专家对案件中技术焦点问题的意见,为案件中技术事实的查明与认定提供进一步的研究与讨论,最终由技术调查官根据专家委员会的讨论意见形成书面审查意见,供法官参考。

四是协调联动,探索建立"四位一体"技术事实查明机制。充分利用知识产权法院人民陪审员专业化程度较高的优势,吸收具有专业知识背景的人民陪审员组成技术类案件合议庭，鼓励技术类案件当事人指派或聘请具有较高专业技术水平的专家辅助人参与诉讼，并准确使用司法鉴定结论，构建由专业化人民陪审员、技术调查官、专家辅助人、司法鉴定机构共同参与的"四位一体"技术事实查明机制。

五是强化管理，确保技术调查官工作的规范性与中立性。在规章制度方面，制定了《技术调查官管理办法》《技术调查官工作规则》《技术调查官回避实施细则》等；在日常管理方面，建立技术调查官人事管理和案件工作档案，全面科学考量技术调查官工作；在培训方面，定期组织庭审观摩、邀请审判经验丰富的法官讲解以及由专利审查经验相对丰富的交流技术调查官进行示范的方式，提高技术调查官的履职能力。

三　技术调查官制度明显促进知识产权技术类案件审判质效的提升

北京知识产权法院技术调查室成立两年多来，已有36名技术调查官（其中交流技术调查官8人，兼职技术调查官17人）参与了716件案件的技术事实查明工作，包括参与出庭435件，参与保全、勘验59件，进行技术咨询222件。与此同时，该院技术类案件审判质效得到明显提升，2016年技术类案件结案率同比上升87%，2017年技术类案件结案率同比上升20%。

技术调查官制度也得到社会各界的一致肯定，在对北京知识产权法院法官团队的调查问卷中，超过97%的法官反映技术调查官的技术审查意见对于技术类案件中技术争议事实的认定有重要的参考作用，技术调查官对于提高技术类案件审判效率起到了很大的促进作用。在该院召开的多次律师、专利代理人代表座谈会上，律师和专利代理人界也普遍认为，技术调查官制度增强了技术类案件当事人对法院专业化审判的信任，同时基于技术调查官的中立性和独立性的地位，也提升了法院的司法公信力。

基于"两表指导、审助分流"快速审查机制提升案件审理效率

在全面创新改革试验中，四川省成都市中级人民法院成都知识产权审判庭（以下简称"成都知产庭"）积极探索以要素化为核心、"两表指导，审助分流"为特征的审判模式创新，基本完成了"知识产权类型化案件快审机制"的构建，促进知识产权类型化案件的优质、高效审理。

一 审判资源配置不合理阻碍知识产权类型化案件的快速审理

知识产权类型化案件具有原告主张权利单一、被告抗辩理由有限、案件事实简单、侵权判定流程清晰的特点，理应属于能够高效审结的简单案件。但是，在审判实践中，知识产权类型化案件却经常面临审判资源分配不科学、审判效率不高、未能实现快审快结效果的困境。其原因主要有三：一是案件当事人乃至部分代理人诉讼能力较弱、不熟悉法律规定；二是法官需要反复释明法律规定，审判程序拖沓冗长；三是审判资源配置不科学，未能实现审判资源的有效配置。

为实现知识产权类型化案件的快速审理，需要对当前的审判模式进行改革，构建一种能够快速高效审理知识产权类型化案件的机制，提升知识产权案件的审判质效。

"知识产权类型化案件快审机制"的系统构建是加快案件审理的有益尝试

成都知产庭通过改革审判模式、成立专业审判团队、规范操作流程等措施，积极探索构建"知识产权类型化案件快审机制"（图1-7），具体如下：

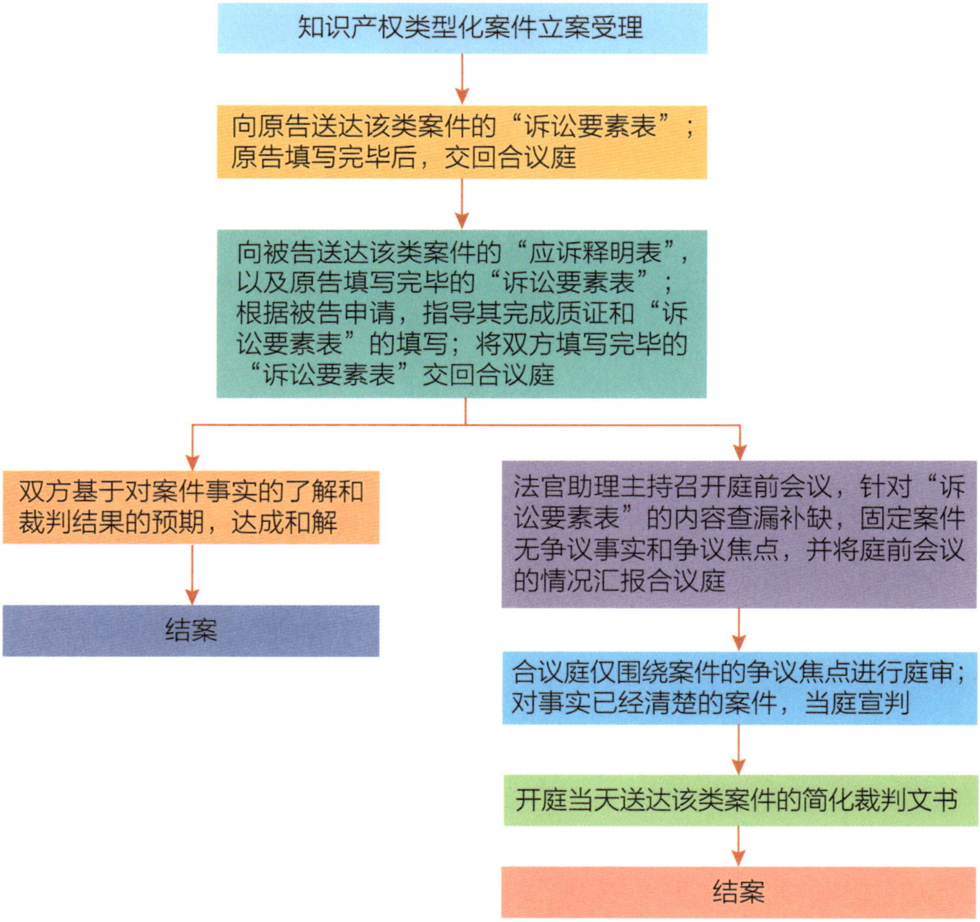

图1-7 成都市中级人民法院成都知识产权审判庭"知识产权类型化案件快审机制"

（一）改革审理模式

一是以"两表"统领类型化案件审判思路。在总结审判实践经验的基础上，

一 知识产权　33

制作《诉讼要素表》和《应诉释明表》（简称"两表"）。其中，《诉讼要素表》用以固定要件事实及非法律判断，披露案件审理思路，在案件受理时交由原告逐一填写并于开庭前交由被告填写质证意见；《应诉释明表》用于向双方释明案件裁判的法律依据，披露常见的没有法律依据的主张、抗辩、质证方式，提升双方主张、抗辩、质证的有效性。

二是以"审助分流"实现庭前充分准备。法官助理负责主持"庭前会议"，于开庭前收取、核实双方填写完毕的"两表"内容，并在对当事人进一步答疑、释明的基础上确认诉辩主张、固定案件无争议事实和争议焦点，并组织双方调解，若调解成功则提前分流案件，若调解不成也为其后的庭审做好了充分准备。

三是以"集中审理"实现庭审优质化。合议庭根据法官助理的汇报及双方签署的"两表"开展庭审，仅针对案件争议焦点方式进行集中审理。

四是以"简化裁判文书"实现当庭宣判。根据不同案件类型制作与之相配套的"简化裁判文书模板"，将事实认定、法律适用、裁判说理按照诉讼要素顺序归纳撰写，在事实清楚的基础上当庭宣判，并当庭送达裁判文书。

（二）成立专业审判团队

成都知产庭成立专业的速裁审判团队，负责"知识产权类型化案件快审机制"的优化和推广。在团队的管理方式上，由首席法官助理统筹协调整个团队的事务性工作和审理进度，书记员负责向法官助理定期汇报案件的审理进程并完成法官助理指派的事务性工作，法官根据法官助理的安排介入需要开庭审理的案件。在团队运行的具体过程中，审、助、书协调配合，各司其职。书记员负责所有的事务性工作和各类庭审、会议记录，法官助理负责处理所有的程序性工作、调解、主持庭前会议和裁判文书制作，法官负责主持庭审和适法裁判。

（三）规范操作流程

成都知产庭对庭前准备阶段的各项工作总结了标准化的操作流程，并将快审机制的经验成果进行了归纳整理，形成了多份配套文件。针对各类不同的类型化案件，形成了多套文书模板，每套文书模板均包括《诉讼要素表》《应诉释明表》

《庭前会议汇报表》《简化裁判文书模板》，并专门撰写了与前述各类文书模板配套使用的《快审机制文书模板使用说明》，指导法官助理按照统一标准制作文书。此外，为进一步提高法官助理的审判辅助能力，成都知产庭还成立专门的调研团队撰写了《要素化审判法官助理实务指引》，详细说明了庭前准备阶段常见的各类程序事务的处理方法、技巧和标准。

"知识产权类型化案件快审机制"在提升审判质效等方面取得明显成效

（一）知识产权类型化案件的审判质效大幅提高

成都知产庭类型化案件平均审结时间由 2014 年的 146.72 天下降为 2016 年的 77.79 天；2017 年，速裁团队在承办法官减少至 2 人、收案较 2014 年增加 1084 件的情况下，案件平均审结时间为 115 天，人均结案数 780.5 件，实现了审判资源的极大节约。同时，案件质量稳步提升，2017 年类型化案件的二审改发案件仅有 1 件。

（二）实现审判资源的合理科学配置

速裁团队仅以 2 名年轻的员额法官就审理了成都知产庭超过 60% 的案件，其余 8 名资深法官组建了 3 个专业化审判团队，集中优势审判力量集中化解疑难复杂案件。2017 年，专业化审判团队同比新增结案 127 件，人均结案达 145 件，而且审理的"优普"商标及不正当竞争纠纷、"谭鱼头"商标侵权纠纷等精品案件被评为"四川省知识产权司法保护十大典型案例"。

（三）审判结果取得更好的社会效果

通过"两表"披露审理思路和法官助理在庭前准备阶段详细的释法明理，当事人不需要聘请律师即可基本了解知识产权类型化案件的审判要旨和举证要求，大大降低了人民群众的诉讼参与成本。同时，人民群众在诉讼活动中能够切身体会到司法审判的公正与透明，人民法院的司法公信力和当事人的满意度都显著提升。

打通"创运保管服"全链条
推动知识产权综合改革试验

广东省在推进全面创新改革试验中，省、市、区三级政府采取多项措施，大力推进中新广州知识城开展知识产权运用和保护综合改革试验，全力打通知识产权创造、运用、保护、管理、服务全链条（以下简称"知识产权创运保管服全链条"），推动知识产权运用和保护综合改革，取得了阶段性成效。

一、知识产权管理体制不顺制约着知识产权的运用与保护

我国的知识产权管理方面存在一些体制不顺的问题，表现在管理机构和职能设置比较分散，专利、商标、版权等知识产权行政管理职能分属于不同的政府部门。在国家层面，知识产权管理涉及国家知识产权局、原国家工商行政管理总局、原国家新闻出版广电总局、农业部等十多家部门和单位，各部门、单位分别对不同的知识产权客体进行管理，存在"各管一摊，分立并行，职能交叉"的情况。在地方层面，知识产权管理机构在机构性质、行政级别、职能配置、隶属关系等方面也是"五花八门"，有的是行政单位，有的是事业单位，有的是独立机构，有的是地方科技厅（局）内设机构。由于"多头分散"的管理现状，各部门出台的政策存在目标不尽统一、内容不相衔接、实施不够协调等问题，导致知识产权集成运用效果不能充分显现，知识产权价值难以充分实现，严重制约了知识产权执法保护水平。

为了打通知识产权创运保管服全链条，破解知识产权管理体制机制不完善、保护不够严格、服务能力不强、对创新驱动发展战略缺乏强有力支撑等突出问题，

迫切需要积极开展知识产权运用和保护综合改革试验，完善知识产权行政管理机制，加强知识产权运用和保护，加快实施创新驱动发展战略，为建设知识产权强国探索经验。

二 知识产权运用和保护综合改革试验助力知识城发展

知识产权运用和保护综合改革试验开展以来，广州开发区集各方智慧，聚多元力量，全力推动知识产权运用和保护综合改革。

一是顶层设计，有序推进改革试验。广东省知识产权局领导多次与广州开发区领导会谈，共商知识产权综合改革试验（以下简称"综改"）大计，达成了建设知识产权服务园区的共识，园区内包含知识产权保护中心大厦、知识产权交易中心大厦、知识产权博物馆等设计、保护、运营、文化等诸多元素内容。服务园区建设将采取国际招标方式超前规划，占地面积约42万平方米，总投资60亿元，为集聚知识产权各类要素提供一流载体。开发区制定了《知识产权运用和保护综合改革试验的实施方案》，落实国家和省、市部署，分解出58项具体任务。建立督办台账，每月汇总进度，及时通报进展，确保各项工作顺利进行。

二是稳步推进，探索行政管理改革。在多方协调推动下，经广州市编办批复同意，2017年，开发区进行新一轮的区域机构改革，单独设立区知识产权局，人员编制为16人，实现专利和版权行政管理的"二合一"，成为广州首个单独设置知识产权局的行政区。同时，广州开发区为中新广州知识城合作事务办公室增设科技和知识产权处，配行政编制7名。

三是政策引领，打通知识产权全链条。2017年5月12日，广州开发区正式发布《广州市黄埔区、广州开发区加强知识产权运用和保护促进办法》（被称为知识产权"美玉10条"），重点支持知识产权运用和保护，首创知识产权运营全链条扶持，支持力度全国领先。"美玉10条"与《广州开发区、黄埔区知识产权专项资金管理办法》（2016年3月10日印发）相得益彰，共同构建知识产权创造、运用、保护、管理、服务全链条扶持政策体系。

四是集聚要素，打造知识产权管理服务体系。 在良好的政策设计和平台搭建基础上，广州开发区大力引进国家、省、市及国际合作各层面各类知识产权机构和项目，致力打造国内知识产权要素最集聚、最全面、最高端的区域，既集聚知识产权管理和保护要素，又集聚知识产权服务要素，而且逐步引进知识产权智库。

五是加强合作，共同推进综合改革试验。 为突出中新知识城的国际特色，充分借鉴新加坡等国家和地区在知识产权领域的先进经验，创新知识产权保护和管理理念、模式，全面加强与新加坡在该领域的交流合作，2016年5月，新加坡知识产权局首个海外代表处筹建办公室在中新广州知识城揭牌，2017年2月，国家知识产权局、新加坡知识产权局、广东省政府签订三方知识产权合作协议，共同推进知识城知识产权综合改革。2017年8月31日，举办2017广东知识产权交易博览会期间主办知识产权运用和保护综合改革高峰论坛，旨在搭建国际交流合作平台，邀请国内外领域专家为知识产权综改建言献策。

六是宣传推广，营造改革试验良好氛围。 连续举办知识产权珠江论坛、中新知识论坛等高端知识产权论坛，邀请国内外行业专家、权威学者、实业代表深入探讨知识产权产业发展、资本运营及法律保护等前沿问题。利用多种媒介，全面推介综改的措施与成效，借助中央、省、市主流媒体和海外媒体，对综改进行多层次、全方位的深入报道，引发社会高度关注。

三 改革试验助力知识城实现跨越式发展

知识城通过全方位的知识产权运用和保护综合改革试验，以知识经济为创新模式，汇聚高端产业与人才，打造经济、人文与生态高度和谐及可持续发展的新城。

知识产权创造大幅提升。 2017年1—11月，全区专利申请15808件，增长42.2%，专利授权8054件，同比增长27.5%，其中发明专利申请6154件，同比增长37.9%，发明专利授权1858件，同比增长8.2%。1—12月，全区计算机软件著作权登记9892件，是2016年全年登记量的2.14倍。新增中国专利奖18项；新增广东省专利奖 11 项，其中金奖 2 项；新增广州市专利奖 13 项，其中市长奖 2 项，市专利金奖 3 项（包揽金奖）。

知识产权运用成效日益显著。广州知识产权交易中心、汇桔网等平台交易活跃。2017 年 1—12 月，全区完成专利权质押融资金额 3.19 亿元，占全市完成额的比例为 35.1%，实施许可备案金额 9722.5 万元，超过全市许可备案总金额的 50.8%。"美玉 10 条"政策出台后，区内迪森热能技术股份有限公司获得 5000 万元质押贷款，成为广州以单个专利为唯一质押物获得贷款数额最高的企业。

知识产权管理能力不断增强。在知识产权管理方面，2017 年 1—12 月，全区新增通过贯标认证企业 466 家，累计达 497 家，占广州市贯标企业总量的 41.9%，占广东省贯标企业总量的 17.2%。新增国家知识产权示范企业 1 家、国家知识产权优势企业 2 家。目前，广州开发区聚集国家知识产权示范企业 4 家、优势企业 10 家，广东省知识产权示范企业 20 家、优势企业 46 家。推荐 2 家企业申报广东省版权兴业示范基地，占全市的 1/3。广州金域医学检验集团股份有限公司被授予"广东省版权兴业示范基地"称号（全市仅 3 家单位获得该称号）。

知识产权保护力度不断加大。组建广东省首家知识产权纠纷人民调解组织——"广东知识产权纠纷人民调解委员会"，为知识产权纠纷化解提供便捷、高效服务的新途径。组织推荐区内 42 家企业成功入选广州市知识产权行政保护重点企业库，占全市的 1/3，推荐 10 家企业成功入选广东省知识产权行政保护重点企业库，占全市的 71.4%。3 家企业列入省软件正版化督办企业，占全市的 20%。

知识产权服务业水平大幅提升。积极发挥"美玉 10 条"相关政策的促进带动作用，吸引一批国内外知识产权服务机构落户。目前，有 66 家服务机构落户开发区。2017 年，国家知识产权局正式批复同意在广东省广州开发区设立国家知识产权服务业集聚发展试验区。

全面创新改革试验百佳案例

011

专利、商标、版权"三合一"助力区域创新发展

上海市在推进全面创新改革试验中，依托浦东新区先行先试优势，深化专利、商标、版权"三合一"知识产权行政管理和执法体制改革，基本形成了权界清晰、分工合理、责权一致、运转高效、法治保障的知识产权体制机制，有力支撑了区域创新驱动发展。

一 知识产权分散管理无法满足创新驱动发展的需要

长期以来，我国的知识产权管理采用分散管理模式，在国家和地方层面，知识产权管理均涉及知识产权局、工商局、版权局等多个部门。虽然通过国家层面的知识产权战略联席会议、商标战略实施领导小组、软件正版化工作领导小组等机制以及地方层面的知识产权联席会议等平台，可以在一定程度上实现跨部门协调，但是整体上仍存在政策资源分散、行政管理和执法成本较高、效率较低等问题，与创新驱动发展的要求和市场主体的需求不相适应。

随着我国经济发展进入新常态，创新引领发展的趋势更加明显。近年来，我国各类知识产权拥有量显著提升，知识产权大国地位不断巩固，如何实现由"大"到"强"的跨越，进一步发挥知识产权对创新驱动发展的支撑保障作用成为各方关注的议题。探索建立与国际接轨、与创新发展需求相适应的知识产权管理体制机制，推动知识产权的科学管理、统一执法和一体化服务，显得十分必要。

二、基层专利、商标、版权"三合一"行政管理和保护体制改革是深化探索知识产权综合管理改革的新路径

2012年，《上海知识产权战略纲要（2011—2020）》正式印发，提出"加快探索知识产权行政管理体制创新，建立健全与知识产权战略相适应的行政管理体制"。2014年10月，上海市人民政府印发《关于浦东新区知识产权工作有关事项的决定》。同年11月16日，全新的"浦东新区知识产权局"挂牌成立，成为全国首家独立设立的统一行使区域专利、商标、版权行政管理和综合执法职能的知识产权局。聚焦改革，浦东新区知识产权综合管理、综合保护、综合运用的一系列举措逐步铺开。

1. 浦东新区着力强化综合管理和服务，探索集约、高效的行政管理模式，构建便民利民的知识产权公共服务体系。

通过探索综合管理、运用和保护基础平台建设，打通了专利、商标、版权基础数据获取渠道。积极推行清单管理制度，全面梳理浦东局75项权力事项和9大类责任事项，探索形成了双告知、双反馈、双跟踪、双随机、双评估、双公示"六个双"的知识产权领域事中事后监管闭环。聚焦不同类别企业的需求，落实分类指导和服务，实现了由"粗放式"变"精细化"、由"被动等待"变"主动服务"的转变。

2. 浦东新区强化综合保护，通过整合优化保护资源，形成"四轮驱动"的严保护、大保护、快保护、同保护格局。

推动形成了统一规范的专利、商标、版权侵权投诉举报受理指南和操作指南，探索建立知识产权侵权查处快速反应机制，实现了一张处罚决定书适用多部单行法同时惩处多种侵权行为。此外，还通过与检察院、法院、公安和市场监管部门建立高效合作机制，建立健全了知识产权保护协作联动机制；依托各类仲裁、调解专业力量，完善了知识产权纠纷多元解决机制；依托街镇、开发区、行业协会、企业等，构建知识产权保护社会参与机制，筑牢了知识产权保护基层网络。

3. 浦东新区着力强化综合运用，通过构建投贷保易服"五位一体"的价值实现体系，提升综合运用知识产权促进创新驱动发展的能力。

2015年5月，浦东新区推出全国首张知识产权金融卡，发动并指导商业银行、担保公司开发知识产权金融产品。2016年3月，浦东新区又引导建立了国有和民间资本共同参与的全国首个投贷联动基金，基金规模1.315亿元。2016年11月，浦东新区推出了全国首批知识产权综合保险，并在此基础上，于2017年引进了5家保险和保险经纪机构，推出知识产权保险产品12项。

 专利、商标、版权"三合一"行政管理和执法体制改革有效助力区域创新驱动发展

通过改革，浦东新区知识产权管理和执法实现了由分散、单一向综合、整体转变，有效破解了原来"九龙治水"、多头监管的困局，通过"一个部门管理、一个窗口服务、一支队伍办案"，为创新者"多服务"，让权利人"少跑腿"，企业满意度和获得感进一步增强，有效支撑了区域创新驱动发展，专利申请、商标注册和著作权登记量等均明显大幅增长。在改革后的2015年和2016年，浦东新区专利申请量分别实现了18.3%、33.1%的增长，较改革前3年的16.8%、–16.6%、3.7%有明显提升。目前，浦东新区每万人口发明专利拥有量已突破50件。

浦东新区知识产权综合管理改革探索得到了各方高度关注。2017年3月24日，中央全面深化改革领导小组第三十三次会议对浦东新区设立"四合一"的市场监管局、"三合一"的知识产权局以及城管执法局的分类综合执法体制改革的做法给予了肯定，认为"改革效果是好的"。2017年，英国知识产权局首席执行官蒂姆·摩斯、德国专利商标局副局长君特·施密茨等访沪期间，均专门了解了浦东新区知识产权综合管理改革情况，并对上海和浦东主动对标国际开展知识产权综合管理改革创新探索表示高度赞赏。

推动专利、商标和版权基层"三合一"综合管理体制改革

四川省在推进全面创新改革试验中，依托成都市郫都区在全省率先开展知识产权综合管理体制改革，建立了高效的知识产权综合管理体制，构建了便民利民的知识产权公共服务体系，为探索建立权界清晰、分工合理、责权一致、运转高效的知识产权体制机制作出了积极探索。

一 知识产权管理分散等问题影响知识产权制度作用的有效发挥

长期以来，我国专利、商标、版权等知识产权行政管理、行政执法、公共服务职能分散于不同管理部门，行政管理成本高，行政执法多头分散交叉，难以形成保护合力，服务事项办理效率低，不利于知识产权与经济、科技、金融有机融合。其具体表现为：一是分散管理对知识产权治理绩效的制约。目前，知识产权管理部门繁多，诸多可以由部门内部协调的事项变为部门之间协调，可以由一个部门与多部门进行协调的事项变为多部门与多部门之间协调。二是政出多门对知识产权集成运用的限制。由于"多头分散"的管理现状，各部门出台的扶持和监管政策存在目标不尽统一、内容不尽衔接、实施不够协调等问题，导致知识产权集成运用效果不佳。三是分散服务对企业知识产权成本的负担。分散的知识产权公共服务与企业对知识产权一体化服务的需求严重脱节。企业不得不将一件事分成多件事来办，往返于多个政府部门，生产经营和管理成本大为增加。四是多头

对外对知识产权国际事务的影响。由于管理分散，其他国家和国际组织在与我国进行知识产权交流合作时，不得不面对多个知识产权管理部门，而我国在开展对外交流合作时，也需要多个部门参与，容易造成发声不一的情况。

解决这些问题，迫切需要开展知识产权综合管理改革，打通知识产权创造、保护、运用、管理和服务"全链条"，促进创新主体"活起来"、科研潜力"迸出来"，为大众创业、万众创新提供高效便捷的法律制度保障和服务。

二、专利、商标和版权基层行政管理与行政执法"三合一"是知识产权综合管理改革的有益探索

一是组建一支专业队伍。将以前三个部门分别承担的行政管理、执法、服务职能整体划入知识产权局，下设知识产权执法大队和知识产权服务中心，构建权界清晰、分工合理、责权一致、运转高效、法治保障的知识产权体制机制。以政府雇员方式，面向全球招聘高层次知识产权人才。引入知识产权中介机构，开展知识产权申请注册、业务咨询、转移转化、质押融资、协助维权等社会化服务。

二是开通一条受理专线。争取国家知识产权局支持，开通专利申请办理专线，并依托知识产权公共服务中心，实现专利、版权、商标等业务"一站受理""一网通办"。

三是成立一家运营公司。充分发挥国家双创示范基地政策载体优势、成都技转集团市场运营优势、清华启迪专业孵化优势和工信领军的企业聚集优势，联合成立"成都菁蓉知识产权运营有限公司"，坚持公益性和市场化相结合，发掘科技成果，开展专利托管，进行评价估值，链接科技金融，为促进知识产权从无形到有价、从有价到增值、从增值到转化提供平台。

四是探索一套转化办法。探索建立专利清洗与验证、精准孵化和投资、溢价退出的知识产权"梯度转化三步法"，把科学家的智慧、企业家的市场、投资人的

口袋聚集起来，切实打通科技成果转化的"最先一公里"和"最后一公里"。第一步，专利清洗与验证：与知识产权出版社合作，建立全球专利数据搜索引擎，从主导产业契合度、成果转化可行性、技术创新领先性三个维度，对辖区高校和科研院所专利清洗验证，通过展示交易平台发布；第二步，精准孵化和投资：对有市场空间和技术前景的专利，由清华启迪进行精准孵化，并引入基金进行股权投资；第三步，溢价退出：知识产权成果实现产业化以后，根据股权结构实现有序退出。

五是构建一套金融体系。与新网银行合作，创立国内首款秒申秒贷100万元以内的网上金融产品"菁蓉创客贷"。探索引入"科创贷"等新型金融产品，进行知识产权质押融资。发挥财政资金杠杆作用，出资1亿元撬动社会资本22亿元，设立3支引导基金。与西华大学、四川创新发展投资管理有限公司共同发起成立总规模10亿元的"四川省大学生创新创业投资基金"，助力四川省大学生创新创业发展。积极推进企业上市，探索发行双创孵化专项债券，已与券商达成战略合作意向，初步形成"知识产权质押融资+创业投资+股权投资+上市融资+债券融资"的多层次金融服务体系。

六是成立一家专业法庭。建成郫都知识产权审判法庭，探索知识产权行政、民事、刑事"三审合一"，促进知识产权案件审理更加专业高效。按照行政司法无缝衔接思路，创办线上调解服务平台"法创e空间"，实现当事双方纠纷调解足不出户。

七是建立一套联动机制。争取国家和省市知识产权局、工商局、版权局的支持，先后获得专利和版权的执法授权。建立执法部门联动机制，实现行政执法和司法执法联动，跨区域执法和部门执法联动。

八是出台一套支持政策。围绕降低创新创业成本、鼓励创新创造，制定了支持提高知识产权创造水平、加快知识产权金融创新、促进知识产权有效转移以及严格知识产权保护等专项补贴政策。

郫都区知识产权综合管理实施图如图1-8所示。

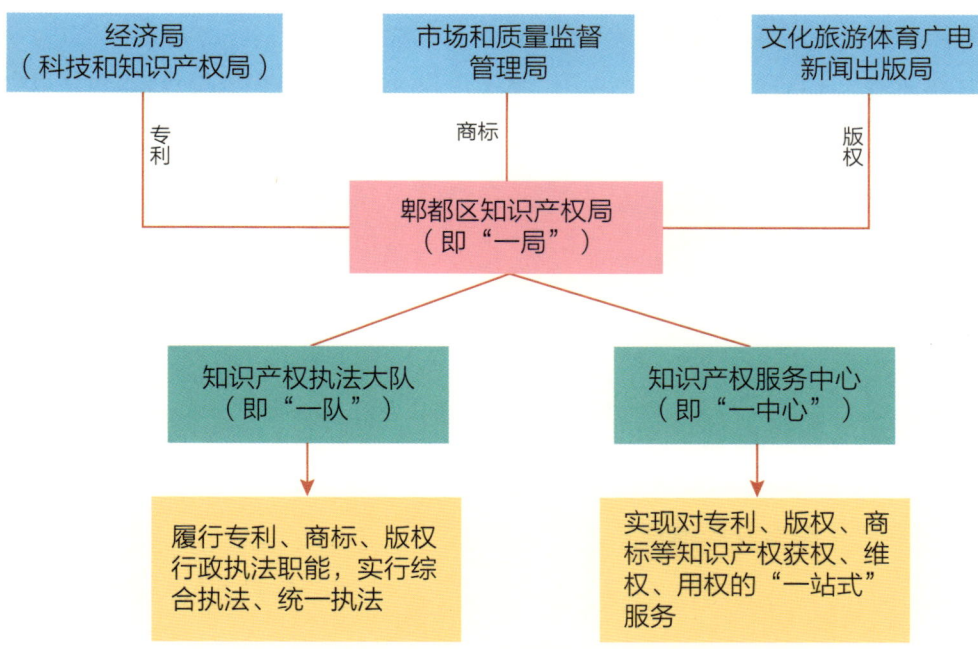

图 1-8　郫都区知识产权综合管理实施图

 知识产权综合管理改革在提升行政管理效率与激发市场创新活力方面取得明显成效

自改革试点以来，四川省成都市郫都区制定专利管理政策 5 项、商标管理政策 3 项、版权管理政策 2 项，减少行政管理流程约 30%，节约办事时间 20% 以上，知识产权管理服务效率明显提升。2017 年，郫都区完成专利申请 4141 件，其中发明专利申请 1395 件，同比分别增长 44.29% 和 77.93%；新增版权登记 3067 件，同比增长 249.32%；新增商标注册申请 2704 件，同比增长 77.08%；共调解、查处各类知识产权纠纷案件 100 余件，同类案件审理时间缩短 30%。

"五位一体"发展模式打造知识产权运营服务新业态

天津市在推进全面创新改革试验中，依托华北知识产权运营中心，采用市场化的运营方式，整合知识产权、金融资本、创新创业等主体和服务机构，形成了"联盟+平台+机构+产业+基金"五位一体的全产业链的知识产权运营生态体系，成功探索出"1+N"的发展模式，有效促进了专利技术转移和科技成果转化。

一 专利成果转化率低是制约科技创新和产业化发展的难题

当前，我国知识产权运营市场仍处于发展初期，存在普遍的"买技术难，卖技术难"，产学研用结合不够紧密、研发出的科技成果转化率低下等问题，远远没有发挥知识产权对经济发展的贡献作用。天津市聚集众多的高校、科研院所、企业、新型研发机构等知识产权创造主体，近年来全市专利申请和授权量始终保持稳定增长态势，但由于专利技术交易市场发育不充分，专利和市场缺乏对接的平台，投融资渠道不畅通，缺乏有效的专利权出资、质押融资机制等原因，在专利技术的实施和产业化上存在较大的困难，全市专利成果转化率总体偏低，严重制约了知识产权对天津市经济发展的推动作用。

二　"五位一体"的发展模式打造知识产权运营服务新生态

《中共天津市委天津市人民政府关于贯彻落实〈国家创新驱动发展战略纲要〉的实施意见》，提出要"发挥华北知识产权运营中心、高校技术转移中心作用，加快建设天津国际技术交易市场等，推动科技成果转化应用"。2015年，天津市确定了"平台+联盟+机构+产业+基金"五位一体的知识产权运营发展模式，建设华北知识产权运营中心，将运营中心定位为"知识产权运营价值链的系统服务商和系统集成商"。

一是采取"小机构、大平台、广网络"模式，整合知识产权运营资源。 通过建机构、建联盟、建平台，运营中心用一年的时间初步成形。成立了"天津市知识产权运营服务联盟"，包括高校、院所、企业、新型研发机构等知识产权供给方，也包括开展成果转化、知识产权交易、运营、投融资服务、评估、咨询等业务的知识产权服务机构和金融机构等。搭建了"华北知识产权运营网"（1.0版），将线下的知识产权运营资源集中到网上，搭建"线上线下相结合"的运营服务体系，运营中心"小机构、大平台、广网络"的发展思路逐步清晰。

二是采用"1+N"模式，鼓励和扶持专利运营机构发展。 运营中心加强与运营服务联盟成员单位的沟通和联系，结合运营核心业务，确定了天津大学技术转移中心、中知厚德知识产权投资管理（天津）有限公司、中金浩等一批合作共建机构。同时，确定了13家华北知识产权运营中心特色分中心，特色分中心依托各自优势，分别在专利技术转移转化、"互联网+"专利跨区域流转、专利权质押融资和专利权股权投资+产业落地等方面开展工作，运营中心"1+N"的特色发展模式不断完善。

三是通过"联盟+平台+机构+产业+基金"，"五位一体"打造知识产权运营生态。 知识产权运营的核心和本质是知识产权的资本化、产业化，通过扶持特色分中心发展，加强与天津中科先进技术研究院、中知厚德知识产权投资管理（天津）有限公司、中国汽车研究中心、滨创生产力等机构合作，以推服务、设基金、促产业等方式，构建和完善知识产权运营服务体系，"五位一体"知识产权运营生态初步建成。

华北知识产权运营中心"五位一体"发展模式如图1-9所示。

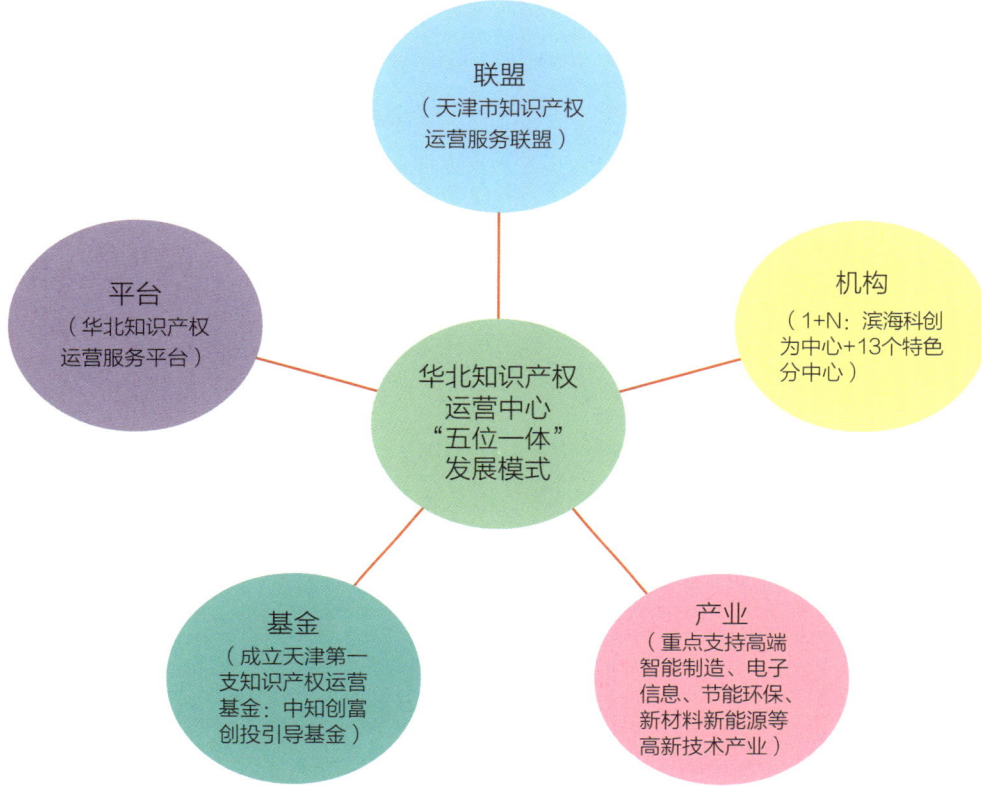

图1-9　华北知识产权运营中心"五位一体"发展模式

三　"五位一体"发展模式在促进知识产权服务方面取得了积极成效

2017年，华北知识产权运营中心建立之初，促成专利交易金额仅有455万元，经过一段时间的运营和不断完善，截至2018年上半年，促成专利交易金额达到2399万元，运营收入合同额达到2604万元，有效促进了天津市的科技成果转化。

表1-2为2017年和2018年上半年主要业务情况表。

表1-2 2017年和2018年上半年主要业务情况表

业务事项		2017年	2018年上半年
机构情况	分支机构（个）	7	13
	人员数量（人）	327	406
	专职运营业务人员数量（件）	139	216
业务规模	业务开展笔数（笔）	1914	1582
	运营收入合同金额（万元）	1199	2604
	运营收入到账金额（万元）	1031	755
	其他服务收入金额（万元）	135	348
	促成交易金额（万元）	455	2399
获得运营委托权专利数量	中国发明（件）	39233	37128
	中国实用新型（件）	10213	12612
	中国外观设计（件）	215	182
拥有专利数量	中国发明（件）	154	574
	中国实用新型（件）	422	513
	中国外观设计（件）	50	7

目前，天津市知识产权运营服务联盟已拥有超过50家联盟成员单位，并促成了多家联盟单位之间的合作，尤其在知识产权投融资领域带动了中介机构、评估机构、银行、担保中心等紧密合作，形成了面向企业开展知识产权质押贷款的服务链。如中知厚德知识产权投资管理（天津）有限公司作为滨海科创的参股公司，利用自有资金投资入股了中科劲点（北京）科技有限公司，为其提供知识产权布局挖掘、价值评估、战略咨询、侵权预警等全产业链知识产权服务。经过一年多的孵化培育，于2017年年初退出，获得了数倍的投资收益，专利投资运营模式首战告捷。同时，积极推动磁敏产业知识产权示范园区在津落地，实现知识产权运营培育新兴产业。

"诉讼服务处+巡回法庭"模式助力知识产权维权

在推进全面创新改革试验中，广州知识产权法院结合自身实际情况率先探索"诉讼服务处+巡回法庭"模式，通过主动延伸诉讼服务、建立巡回审判机制，打破对侵权行为的地方保护，使创新成果得到更好的保护。

 日益增长的司法需求与司法资源不平衡不充分发展的矛盾，制约知识产权维权发展

近年来，随着创新型国家、创新型广东建设以及建设珠三角国家自主创新示范区、广深科技创新走廊规划的深入实施，全社会参与创新、融入创新、推动创新的热情高涨，对知识产权司法保护的需求愈发强烈。从广州知识产权法院收案数来看，2017年新收案件9214件，比上年同期增长了93.9%，2018年上半年新收案件4702件，比上年同期增长了15.53%，案件数量连年攀升，当事人遍布全省各地，乃至全国。一般而言，案件审理的核心环节，包括立案、调解、庭审、宣判等都是在人民法院内进行。对于广州知识产权法院受理案件中的非广州地区当事人而言，无论起诉、应诉都要赶赴广州进行，客观上增加了诉讼成本，也加大了权利人的维权难度。

为改变这种资源不平衡状态，广东省法院积极落实司法体制改革部署，在知识产权领域积极探索完善审判权运行机制，不断健全巡回审判和诉讼服务机制、优化异地审理模式，完善"三合一"审判协调机制。

二 "诉讼服务处＋巡回法庭"开辟司法资源共享新局面

面对各类创新主体的司法需求，广州知识产权法院积极创新，大胆改革，深入开展调研走访，推进诉讼服务机制建设，不断创新服务举措，精准投放司法服务。

一是深入广东省高新区调研，全面了解创新主体需求。 广东省委政法委牵头，广州知识产权法院联合广东省知识产权局，深入广东省各地高新区开展知识产权司法保护专题调研。目前已在广东省各地召开座谈会十余次，走访座谈高新企业、职能部门百余家，深入了解创新主体司法需求，下大力气破解日益增长的司法需求与司法资源不平衡不充分发展的矛盾，积极探索制定在各地省级以上高新区普遍建立起诉讼服务网点、提供司法服务的可行方案。

二是推进现代诉讼服务机制建设，探索推行"诉讼服务处＋巡回法庭"模式。 主动延伸诉讼服务，先后成立了中山、东莞、汕头诉讼服务处，充分利用科技手段，突破诉讼维权地域限制。当事人可以在诉讼服务处内，通过广州知识产权法院已经建立的诉讼咨询服务平台，享受到远程立案、案件查询、委托调解、远程视频庭审、答疑接访等多项诉讼服务。异地当事人可以与法官进行远程视频连接，接受面对面的立案咨询与指导；可以实时向法官提供、展示、传输诉讼材料与案件证据；可以在工作人员指导下完成立案材料的填写、提交以及进行网上立案。设立惠州仲恺巡回法庭，立足惠州，辐射粤东，为当事人"送法上门"，提供便捷高效的司法服务。目前，仲恺巡回审判法庭内设标准法庭2个、诉讼服务厅1个、调解室1个及法官办公室、技术调查官办公室、物证室、资料室等，庭内设施按照现代化数字高清规范标准建设，能实现与广州知识产权法院庭审设备互联互通，满足远程诉讼咨询、立案、庭审、专家支撑等服务功能，可开庭审理粤东地区属于广州知识产权法院以及惠州市中级法院、惠城区法院管辖涉及仲恺高新区的各类知识产权案件。

三是创新服务举措，探索精准化司法服务模式。 以各地巡回法庭为基础，辐射临近区域知识产权司法保护。针对不同区域、不同层次、不同主体的司法需求，探索构建更有针对性的司法服务模式，依托诉讼服务处和巡回法庭，不定期在各地巡回法庭举办公开示范庭，并在庭后举办答疑、讲座、咨询等活动，结合审判工作实际，为创新主体办实事、解难题。

三 "诉讼服务处＋巡回法庭"模式服务维权效果显著

广州知识产权法院成立中山、东莞、汕头诉讼服务处以来，三家诉讼服务处成立至今累计提供立案服务 195 件次、法律咨询 502 次、远程开庭 6 次、接待当事人 355 人次、开展各类法律宣传活动 49 次，截至 2017 年年底，已远程立案和移送案件 213 件，并实现远程庭审和法官前往当地开展集中庭审。惠州仲恺巡回审判法庭自 2018 年 4 月 26 日挂牌成立至今，累计向群众提供咨询服务 21 次、公开庭审 10 次、接待当事人 10 人次、开展各类法律宣传活动 10 次。

"诉讼服务处＋巡回法庭"模式节省了各地区知识产权案件诉讼当事人往返广州知识产权法院参与诉讼的时间、人力、物力成本，方便企业、群众有效维权，提升权利人维权效率，实现司法资源共享，服务更多需求区域。

"政府＋保险机构＋服务机构"联动的专利保险体系

在推进全面创新改革试验过程中，广东省依托现有的保险业务机构模式，结合政府及服务机构多方资源，创新设立专利保险项目，形成全生命周期专利保险，保障企业创新投入、加速企业转型，提高企业创新积极性，推动创新成果价值实现。

一　专利申请至维权全生命周期风险大，制约创新主体积极性

随着经济全球化进程的加快，在国际市场竞争中，没有知识产权，就没有核心竞争力，就没有企业的持续发展。要提高企业核心竞争力，实现可持续发展，最重要的就是创新，拥有企业自己的知识产权，做出企业自身品牌。然而，专利从申请到维权全生命周期中都存在不少风险，如申请周期与产品更新换代速度较快之间的矛盾；存在着专利刚刚申请下来，又出现了新的主流产品，专利申请后无法带来较高经济效益的问题；存在侵权成本低与维权成本高二者间的矛盾。企业为了规避这些风险，获得更高的经济效益，放弃自主创新，通过直接模仿的方式来进行生产，从而达到企业的经营目标。

为降低企业专利申请到维权各阶段的风险，提高企业创新投入的保障，迫切需要对当前的知识产权保护机制进行改革，以市场化的方式探索实施专利保护的机制，提升企业自主创新的积极性。

"政府+保险机构+服务机构"联动模式，开创专利保障新篇章

为了保证专利保险的有效性，切实保障企业专利成果，降低企业创新风险，广东省采取"政府引导、市场运作、专业服务、全面推广"的形式，会同政府、协会、保险机构、服务机构，多方联动，推广专利保险服务。目前，广东省保险机构已开发出包括专利执行保险、发明专利授权保险、侵犯专利权责任险、境外展会专利纠纷法律费用保险、专利代理人职业责任保险、海外知识产权侵权责任保险、专利权质押融资贷款保证保险、知识产权许可保险等多个专利保险险种。

2016年，中国平安财产保险股份有限公司广东分公司与广州华进联合专利商标代理有限公司推出专利保险新品种：发明专利授权保险。该产品是"平安专利代理职业责任险"险种下一款全新的专利保险产品，在全国尚属首创，承保由于专利代理方的服务存在失误，造成专利申请因新颖性、创造性问题被驳回，导致委托人代理费用损失的情况，应赔偿委托人一定的经济损失。2017年，平安财产保险股份有限公司广东分公司与广州华进联合专利商标代理有限公司再次推出专利无效宣告相关险种。

 专利保险为企业创新保驾护航，促进企业良性竞争

广东省全生命周期知识产权保险的推出，对广东省创新成果数量、质量双提升及创新成果转化运用、价值实现起到了积极作用。据不完全统计，2017年广东省共完成专利保险保费305.15万元，保额2.2亿元，涉及企业1218家，涉及专利5714件。截至2018年6月底，专利保险保费645.4万元、保额26323.2万元、投保企业246家、理赔金额22.4万元。

专利保险的创新和推广，一方面，政府引导为创新成果价值实现降低风险；保险机构利用政府支持和知识产权服务机构专业知识及客户群，开拓了新的市场

一 知识产权 55

和新的业务；知识产权服务机构通过专业知识产权保险，在降低风险的同时，被倒逼提升服务水平和服务质量，促进企业间良性竞争，形成良好的市场服务环境。

另一方面，创新主体获得创新投入保障，提高了创新积极性。2017年，广东省专利申请量627819件，同比增长36.01%；专利授权量332648件，同比增长28.42%。2018年1—5月，广东省专利申请量32.3万件，其中发明专利8.98万件，同比分别增长37%和47%；专利授权量18.5万件，其中发明专利2.2万件，同比分别增长59.3%和22.4%。

二

成果转化

习近平总书记强调：科技创新绝不仅仅是实验室里的研究，而是必须将科技创新成果转化为经济社会发展的现实动力。科技成果只有同国家需要、人民需求、市场需求相结合，完成从科学研究、实验开发、推广应用的三级跳，才能真正实现创新价值、实现创新驱动发展。

多年来，我国一直存在着科技成果向现实生产力转化不力、不顺、不畅的难题。围绕这一核心，针对职务科技成果"不敢转"、专业服务人才与机构匮乏、成果转化利益机制不健全等具体问题，四川、西安、沈阳等试验区域在厘清职务科技成果权属关系、健全科技成果转化服务体系、强化利益捆绑、开展订单式研发等方面大胆探索，取得了积极成效。

以事前产权激励为核心的职务科技成果权属混合所有制改革开辟科技成果快速转化的新路径

四川省在推进全面创新改革试验中，依托西南交通大学率先开展职务科技成果权属混合所有制改革，把职务发明人收益与成果转移转化效果紧紧地捆绑在一起，极大地调动了职务发明人的积极性，有力地促进了职务科技成果转化。

 科技成果转化率低是长期困扰我国的一大"顽疾"

自1985年科技体制改革以来，我国通过建设技术交易市场，组建工程研究中心、科创企业孵化器和大学科技园，允许高等院校和科研院所办企业等措施，在一定程度上促进了科技成果转移转化，但始终没有很好地解决这一难题。国家知识产权局统计数据显示，截止到2016年年底，我国拥有的177.2万项有效发明专利中，高等院校拥有21.5万项，占12.1%，科研院所拥有8.8万项，占5%。有研究表明，我国科技成果转化率只有10%左右，远低于发达国家40%的水平。如果科技成果转化效率不能得到极大的提升，我国科技创新资源投入将会造成更大的浪费。

近年来，为推动科技成果转化，国家将科技成果使用权、处置权和收益权下放给中央级事业单位（以下简称"三权"改革），并通过修订《促进科技成果转化法》，将转化收益奖励给发明人及其团队的比例提高至50%以上，对促进科技成果转化起

二 成果转化 59

到了重要作用。但是，在操作过程中也遇到了一些问题。在股权激励方面，由于高等院校和科研院所的科技成果是国有无形资产，完成单位和个人的产权分割需要十多个部门审批和数年的时间，程序十分烦琐。在价值评估方面，高等院校和科研院所将专利许可或转让给企业并产生了较大的商业价值，但可能会受到国有资产流失或低价出售的质疑，造成成果所属单位及其负责人"不敢转"，宁愿将科技成果"锁在抽屉里"。在调动积极性方面，由于科技成果转化需要耗费大量的时间和精力，不少发明人及其团队更愿意去申请新的课题，对于现有成果"坐等"单位去转。

技术由发明者创造并由其掌握，发明人参与成果转化的积极性、参与转化过程的程度，直接决定成果转化成功率和转化速度。寻找一个程序更为简单、发明人及其团队更愿深度参与的政策手段，打通科技成果转化中的"中梗阻"，就显得尤为迫切。

二、职务科技成果权属混合所有制改革开辟了一条加速科技成果转化的新路径

2015年11月，四川省委十届七次全会审议通过的《中共四川省委关于全面创新改革驱动转型发展的决定》明确提出，"以科技成果权属为突破口，完善科技成果资本化产业化制度，打通成果转化通道，推进科技经济深度融合"，要求"开展职务科技成果权属混合所有制试点，明确科技人员与所属单位是科技成果权属的共同所有人"。2016年6月，成都市委、市政府出台的《促进国内外高等院校院所科技成果在蓉转移转化若干政策措施》，明确提出将"支持在蓉高等院校院所开展职务科技成果权属混合所有制改革"作为第一条。

2016年1月，西南交通大学研究制定了《西南交通大学专利管理规定》（简称"西南交大九条"），明确规定学校与职务发明人可以按照"三七开"的比例共同申请专利，也可以按同样的比例分割学校持有的职务发明专利。具体来讲，职务科技成果权属分割要经历以下程序：一是发明人向学校提出奖励申请；二是学校科研院代表学校与发明人签订奖励协议；三是委托专利代理机构向国家知识产权局递交变更申请材料或共同申请材料；四是国家知识产权局完成变更登记或新专利授权（图2–1）。

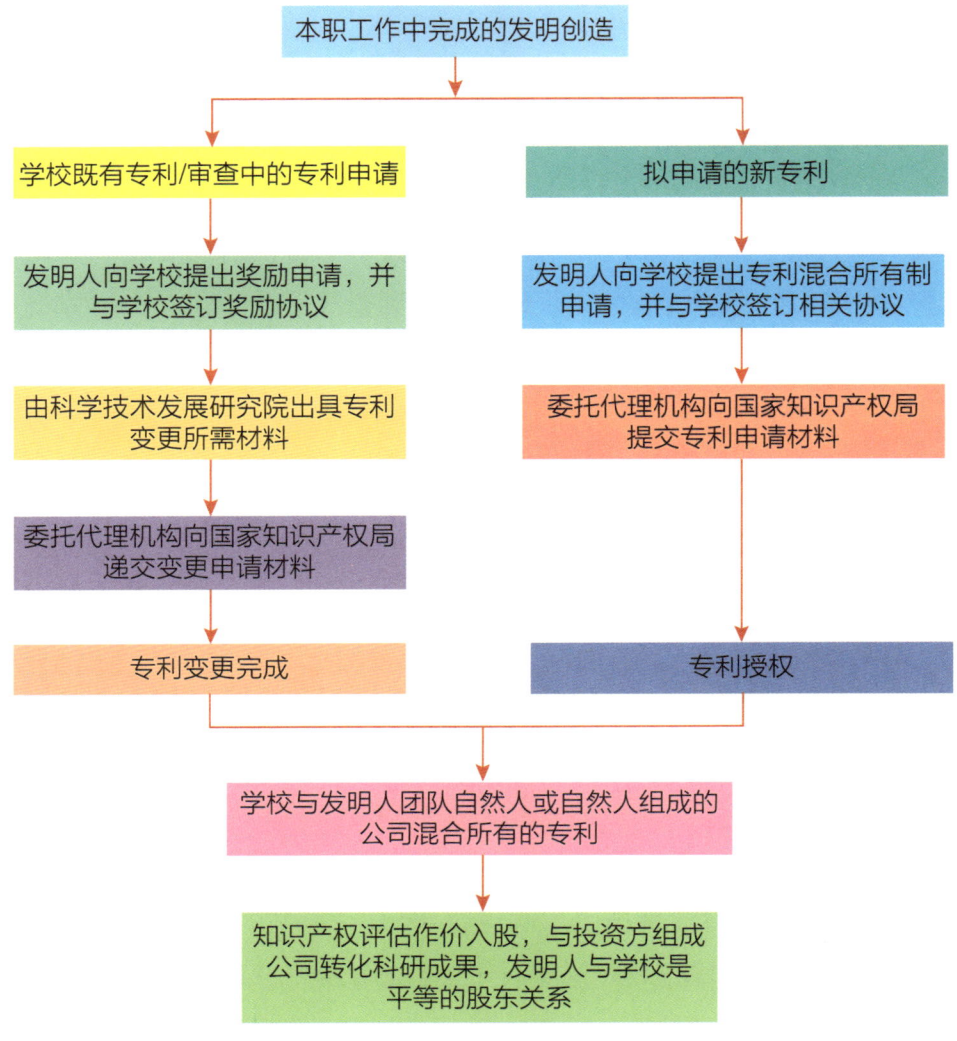

图 2-1 西南交通大学职务科技成果权属分割流程

总体来看，职务科技成果权属混合所有制改革，核心是实现了"两个改变"：一是将职务科技成果的所有权由国家所有，变为国家、职务发明人混合所有，职务发明人拥有了产权后，可以交易，可以继承，从而大大提高了发明人深入参与科技成果转化的积极性；二是将科技成果"三权改革"的"先转化、后奖励"，变为"先确权、后转化"，大大简化了科技成果转化审批程序，只需高等院校一枚印章即可到国家知识产权局完成专利分割确权手续，许可或转让后即可按比例获得收益，作价入股后职务发明人就拥有了公司的股权。

二 成果转化 61

三 职务科技成果权属混合所有制改革在促进科技成果转化方面取得了明显成效

2010—2015年，西南交大总共只有14项专利转让、许可。但"西南交大九条"发布一年多，已有超过168项职务发明专利完成了分割确权，16家高科技创业公司成立，带动社会投资11亿元。磁浮二代工程样车在不到一年的时间内完成了设计、制造、调试、下线，同相供电技术合同签约过亿元，形成了"科技成果转化加快，国有资产增值，社会财富增加"的多赢局面，成效十分显著。

西南交大的职务科技成果混合所有制改革，得到了全国的高度关注。全国人大、全国政协及国家发改委、科技部、国家知识产权局等，先后到四川进行了调研，并对该项改革给予了高度认可。2016年5月21日，中央电视台《新闻联播》头条，以《科技成果确权 自主创新提速》为题，用了近5分钟时长专题报道了西南交通大学在加速科技成果转化中的新尝试和新实践；同年7月22日，中央电视台《经济半小时》以《全面深化改革进行时：西南交大的"小岗村试验"》为题，对西南交大职务科技成果混合所有制改革进行了深度报道。

2016年12月，四川省科技厅、四川省知识产权局联合印发了《四川省职务科技成果混合所有制改革试点实施方案》，在全省推广"职务科技成果混合所有制"，首批试点单位共包括20家高等院校、科研院所和国有企业。截至2017年年底，20家试点单位均已制定试点推进方案，正在加快推进。其中，四川大学已有30余项技术成果申请确权，作价入股创办企业20余家，投资金额近16亿元。成都理工大学已完成11项专利确权，7项正在办理，裴向军教授的专利"注浆扩散装置"（2013年专利金奖）以评估价3500万元占公司70%股权（其中发明人56%，学校14%）。西南科技大学已有7项国家发明专利获得转让。按照试点安排，成都大学"成龙谷"科技孵化器已注册20余家企业，入驻团队达50余家。

"开放办所、构建生态"模式促进科技成果转化

西安市在全面创新改革试验中，以中国科学院西安光学精密机械研究所（以下简称"西安光机所"）等单位为改革试点，围绕统筹院所优势资源、推进科技成果转化，探索出了有利于科技成果转化的创新体系，并经陕西省政府发文，在全省进行复制推广。

一 "封闭孤立、不接地气"是制约科研院所成果转化的主要障碍

科研院所拥有丰富的科技资源，但受传统体制机制束缚、科技资源管理严格等方面制约，在科技成果转化方面，一直处于传统的研究所往往关起门来搞研究，研究所和社会之间的"围墙"，既阻碍了研究所了解最新市场需求的机会，也关闭了研究所科技资源向全社会开放共享的职能，导致研究成果和市场需求脱节。科研院所如何走出理念保守、体制单一、资源封闭、缺乏活力、研发设备闲置、科技与经济"两张皮"的困境，是创新改革亟须解决的重要问题。

西安光机所以科技成果转化体制机制改革为突破口，通过"拆除围墙、开放办所"，面向国民经济主战场领域"先行先试"，构建了"研究机构+天使基金+孵化器+创业培训"的创新生态体系，真正实现产学研深度融合，形成了独具特色的"西光模式"，促进了科技成果加速转化为生产力。

二 "拆除围墙、开放办所"是西安光机所创新改革的核心

面对市场经济的巨浪和改革创新的大潮,西安光机所提出了"拆除围墙、开放办所"的新理念,将研究所定义为全体纳税人的研究所,向全社会开放平台和资源。坚持"地方满意、人民满意""举才唯贤、各尽其能""国有参股、去行政化"和"市场机制、择机退出"的理念,进行创新改革。其具体做法如下:

一是塑造"硬科技"品牌,引导社会关注科技创新。"硬科技"是指以航空航天、光子芯片、新材料、基因技术、脑科学、人工智能等为代表的高精尖科技,具有高门槛、难以被复制和模仿,需要 5～10 年以上的积累才能形成。2016 年 5 月 28 日,西安光机所联合多家机构共同发起成立国内首个"硬科技创新联盟"。2017 年 11 月 7—8 日,西安光机所推动西安市举办"2017 全球硬科技创新大会",以"硬科技改变世界、硬科技引领未来、硬科技发展西安"为主题,举办了 16 场硬科技高峰论坛,发布了硬科技白皮书和城市硬科技指数排行榜,使"硬科技"上升为西安市的新时期重大战略,成为西安市面向全球打造的新名片。

二是成立"西科天使基金",引领"硬科技"创业投资。西安光机所发起设立的"西科天使基金",是国内第一家专注于"硬科技"的天使基金,主要投资拥有核心技术和高成长潜力的种子期、初创期的"硬科技"中小企业。从"西科天使一期"开始,现基金总规模已拓展至 40 余亿元,并与多家军工研究所建立了全面深度合作关系。

三是搭建创新创业平台,提供科技成果转化物理空间。2013 年,西安光机所发起设立国内第一家专注于"硬科技"领域的国家级科技企业孵化器——中科创星,搭建了"一站式"全方位服务模式,为在孵企业提供战略规划、市场对接、设备共享、财务法务、人才招聘、品牌宣传、投融资对接等全方位的孵化服务,打通资本、研发、技术、市场、渠道等环节。目前,西安光机所已经建成"众创空间+孵化器+加速器(产业基地)"的全链条孵化载体。

四是创建全国性科技创业培训品牌"硬科技创业营"。针对科技型创业 CEO,

西安光机所创办了"硬科技创业营",邀请来自世界顶尖的硬科技企业高级管理人员、创业 CEO 及实战咨询师共同探讨创业经验。通过人力识别与团队搭建、战略规划、财务规划、商业逻辑及模式、股权激励与分配、商业运营等六大板块课程,帮助科技创业者解决企业发展运营中的实际问题,并针对科技型创业 CEO 及科技企业高管,开展针对性的沙龙咨询培训,构建新生代科技创业家共同学习成长的生态圈,为陕西培育更多的"硬科技"企业家。

三 "硬科技、生态化"创新体系结硕果

2017 年 1 月 25 日,西安光机所科技产业化团队与"长征五号"新一代运载火箭首飞任务团队,"天宫二号""神舟十一号"载人飞行任务研制团队共同当选央视 2016"科技盛典"年度科技创新团队。近年来,《新闻联播》10 次专题报道西安光机所的创新改革工作,西安光机所 26 次登上央视荧幕,被中央级媒体聚焦报道多达 300 余次。

截至 2017 年 10 月,西安光机所累计引进 15 名国家"千人计划"人才、37 名"百人计划"人才、近 70 个海外创新创业团队,在西安光机所形成了"孔雀西北飞"的态势。已创建孵化 200 余家"硬科技"企业,其中 7 家企业挂牌"新三板",新增就业 5000 多人,国有资产实现增值 100 倍。西安光机所已经初步形成了面向"中国制造 2025"国家战略的光子制造产业集群、面向"互联网+"国家战略的光子信息产业集群和面向民生健康领域的生物光子产业集群。被列为"中科院科技成果转化试点单位""陕西省创新型省份建设试点单位",相关孵化平台获评"国家级科技企业孵化器""国家技术转移示范机构""国家创新人才培养示范基地""光电子国家专业化众创空间"(全国仅 17 家,陕西省唯一一家)、"国家级小型企业创业创新示范基地""全国创新孵化示范基地"等资质。

基于"技术股+现金股"股权激励模式提升转化效率

西安市在全面推进创新改革试验中，以西北有色金属研究院（以下简称"研究院"）为试点，坚持实施混合所有制改革，大力推行股权激励与员工持股计划，通过无形资产入股和量化分配，全面促进了研究院的转制发展，激发了科技成果转化的新活力，也让发展成果惠及全院职工，构筑起利益共同体。

一 股权激励和混合所有制改革是影响科技成果转化的重要因素

一方面，科研院所的科研成果主要为无形资产，在进行科技成果转化时，给价值评估带来很大的困难，而且国有产权、院所集体产权以及科研人员产权交织在一起，转化之后的收益不易明确界定，一定程度上导致科技成果转化难、科技人员积极性调动难，也制约了转制科研院所的整体发展。

另一方面，科研院所转化科技成果过程中，一般给予个人和团队技术入股奖励。但由于技术奖励股不涉及科研人员、管理人员科技成果转化的投入成本，他们对后期技术能否实现产业化并产生经济效益并不十分关心，把更多的精力放在了申请和完成新的科研项目上，缺乏科技成果转化的积极性。

真正实现产权明晰，大力推进混合所有制改革、股权激励与科技成果量化，实施多元化的股权结构改革，构建现代化的法人治理结构，并将成果转化的利益捆绑，对于促进科研院所发展、加快科技成果转化显得尤为迫切。

混合所有制改革和股权激励有效激发了科技成果转化和转制院所发展的新活力

研究院在组建高新技术产业公司的过程中，在全国242家转制院所中率先实行了混合所有制改革，开展股权多元化改革，积极推行股权激励方案。

研究院施行了研究院控股、战略投资者参股、经营层和技术骨干持股的混合所有制改革。研究院始终作为第一大股东占有控股地位，有效确保国有资产的保值与增值；战略投资者参股方面，先后引入深创投、浙创投、中信公司、中国航天集团、中核集团等作为战略投资者以及合作伙伴进行投资，吸引它们继续投资组建的新公司，形成更加紧密的战略合作关系；经营层和技术骨干持股方面，主要是通过设计股权激励方案，让员工利益与企业发展紧密联系，共享成果。

改制以来，研究院积极探索股权激励方案，实施员工持股计划，大胆尝试和推行了"西北院控股、职工持股、无形资产入股并量化分配个人"的股权激励方案。研究院突破持股限制条件，对院所、科研人员、管理人员实施"技术股＋现金股"的成果转化形式，促进科技成果快速转化。一方面，让员工通过现金入股，即某项科技成果在转化时，院所、科技人员、成果转化公司必须以一定比例的现金形式入股，使三方均产生实实在在的资金成本，以提高三方参与成果转化的积极性；另一方面，依据政策允许科技人员通过无形资产入股，将科技成果作价评估，按照政策要求比例分给个人。实施股权激励以来，先后将技术评估9188万元入股，量化无形资产分配，按照4∶4∶2的比例分配给参与科研、中试、产业化三类技术人员。2016年，研究院出台了《促进科技成果转化若干规定（试行）》（西色院发〔2017〕22号），对研究院科技人员科技成果转化收益比例，尤其对自主处置成果、自主定价、自主收益权，包括推进创新创业的引导基金支持、建立新型研发中心等做了更加明确的规定。

二　成果转化　67

股权激励和混合所有制改革推进转制科研院所发展进入新时代

　　研究院的股权激励和混合所有制改革使研究院改革成果惠及了全体职工，通过组建股权多元化的高新技术产业化公司，实行研究院控股、战略投资者参股、经营层和技术骨干持股的股权结构，进一步使科研院所、成果转化公司、员工三方结成可持续发展的利益共同体，极大地激发了员工的创造力和能动性，提升了成果转化效率和成功率，也使研究院得到了全方位的发展。

　　截至 2017 年年底，研究院建成了 15 个研究所（中心）、27 个国家和省市级工程中心和创新平台，依托科技成果转化组建了 28 个高技术产业公司（其中 4 个上市公司）。2016 年年底，全院综合收入达到 101 亿元，连续 4 年位居全国有色行业院所首位，并位居全国转制院所前 10 位；90% 以上的公司平均年回报率达到 20%。总资产达到 96 亿元，较 2000 年时增长 47 倍。科技产业蓬勃发展，近五年来，新组建西部新锆等 5 家高新技术产业公司，获国家重点新产品 9 项、自主创新产品 1 项、战略性创新产品 1 项、中国有色行业"卓越品牌"8 项，多个关键材料实现批产，填补了国内空白。

科技大市场"1+3"服务体系提升科技成果转化效益

在全面创新改革试验中，西安市依托西安科技大市场作为创新服务载体，坚持"以市场为依托配置科技资源，以利益为纽带转化科技成果"的原则，不断积极探索和完善体制机制，建立起技术交易市场＋技术经理人协会、技术经理人公司、技术经理人的"1+3"服务体系，提升了科技服务水平，有力促进了科技成果转化。

 市场化程度低、专业服务队伍缺乏是制约科技成果转化的重要因素之一

长期以来，我国科技资源"分散、分割、分离"于高校院所，共享开放不够，缺乏系统性、统筹性，导致科技资源市场化流通不畅，从而制约着科技成果转移转化；同时，高校和科研院所科技成果转移转化过程中，普遍存在专业服务人才匮乏、能力不足、制度体系不完善、转化效率低等问题，需要依托专门的科技成果转化机构，建设专门化的科技成果转化服务队伍，帮助高校和科研院所转移转化科技成果。

 依托科技大市场建立的"1+3"服务模式为科技成果转化提供强劲动力

为推进统筹科技资源改革，西安市政府牵头设立了西安科技大市场，作为市场化运营的科技资源聚集流通的重要平台，助力科技服务能力转型升级。全面创新改革试验实施以来，大市场充分借助创新改革先行先试的优势，着手成立了市场化运行主体，"公益＋市场"并行的模式逐步形成，该模式主要体现在创新服务平台体系建设和成果转化服务人才体系建设两大方面。

在创新服务平台体系建设方面，科技大市场坚持"开放性理念、市场化机制"建设原则，对服务体系进行改版升级，由原来的"一网一厅"信息展示平台至"三网一厅"的业务服务平台，并增加科技服务商城功能，最终形成西安科技大市场"云管平台"，实现"资源云"迭代为"服务云"。同时，在科技政策方面，提供基础性公共服务，免费为企业培养1～2名创新专员，科技政策服务不断标准化。设立"创新创业讲习所"，为创新创业主体提供资源和平台支持，将原有的零散的资源和服务进行体系化整合和服务升级，开设领域详细的专业化培训课程，并与国内知名机构合作，为创新创业主体提供多元化渠道及资源。

在成果转化服务人才体系建设方面，西安科技大市场在全国率先提出"西安技术经理人"服务模式，并发起成立了全国首个"技术经理人协会"——西安技术经理人协会，通过建立行业规则体系，维护科技成果转移转化市场秩序。进一步地，建立起技术交易市场＋技术经理人协会、技术经理人公司、技术经理人的"1+3"服务体系，通过技术经理人项目储备对接、技术经理人公司组织运营、技术经理人协会搭建平台和组织活动，将技术供方、技术需方、技术中介整合，集成技术、人才、政策、资金、服务等创新资源，并按照"全链条一体化"的建设思路，建立了一套成果筛选—孵化—转化的运行模式。

三 科技大市场"1+3"服务体系有效推进了科技成果转化

截至2017年8月，西安科技大市场推动全市技术交易额累计达到2954.37亿元，完成技术合同认定登记11.2万份；吸纳入库大型科学仪器设备1.1万台（套），登记设备共享服务交易额达到15.2亿元；汇聚行业专家1.8万名、科技企业7736家、科技成果7325项；培养科技政策联络员6004名，帮助企业落实各类政策、减免税收122.5亿元；加盟服务机构597家，驻场机构32家；累计挂牌项目达到4811个，视频发布项目1374个；累计举办各类交流活动2136场次，超过23万人次参与；网络平台注册会员27787个，流量突破643万次。

截至2017年9月，依托西安科技大市场"1+3"服务体系，西安市高校、科研院所完成科技成果转化项目1014项，实现成果转化总收入7.64亿元；促成横向合同5209项，合同总额15.7亿元。其中，技术经理人机构全程参与的科技成果项目87项，对接合同金额1.2亿元。技术经理人协会实现了良性循环，已发展单位会员81家，个人会员239名；认定技术经理人机构53家，认证技术经理人154名；开展各类项目对接活动23场次，组织培训15场次3000余人，技术成果平台上线入库项目6575项。技术经理人公司中，有9家2016年营业收入超过1000万元。

西安科技大市场被先后认定为国家技术转移示范单位、国家技术转移西北中心、国家知识产权运营军民融合特色试点平台、国家技术转移人才培养基地、国家级科技服务综合标准化试点建设单位、西安市人才工作创新实验基地、西安市中小企业公共服务示范平台、中国产学研合作公共服务平台战略联盟发起单位。在构建区域科技创新综合服务体系及科技创新生态等方面所做出的积极探索与实践，被中央电视台《新闻联播》头条予以报道，成为科技领域的"西安品牌"。以"公益+市场"为核心的西安科技大市场体系经验已被全国很多地方借鉴和推广。

020

"定向研发、定向转化、定向服务"的订单式研发和成果转化机制

在全面创新改革试验中，沈阳构建了"定向研发、定向转化、定向服务"的订单式科技创新和成果转化机制，打破封闭、分散的科研模式，改变科研项目与市场需求、企业需求对接不畅现象，解决高校支撑地方产业发展力度不强、关键技术突破不够等问题，打通科研成果和市场的"最后一公里"。

一、与市场脱节、转化效率低下等问题是制约高校科技成果转化的主要原因

目前，高校和科研院所的科技人员往往关心项目申请、论文发表、专利申请、成果建立，对科技成果是否有市场前景、能否得到转化重视不够。在一定程度上，这造成了高校、科研院所支撑服务产业发展不足、与市场脱节、科技成果转移转化困难等突出问题，主要表现在以下三个方面：

一是高校教师"自由探索"的研究导向，导致科技成果脱离产业和企业的实际应用需求。部分高校科研人员的研究导向，从自身科研兴趣出发，形成了一些学术论文和专利，欠缺实际应用导向，与企业和产业应用需求偏离太远，一些科技成果只能以论文和专利的形式摆在"橱窗"展示，有利于高校研究人员职称评定，但不利于服务地方和企业的成果需求。

二是高校科研人员"民间、自发"的科技成果转化形式，规模不大，不够集中。高校一些研究人员通过承接横向委托项目的形式，已经主动对接地方企业实

际应用需求，已经为部分企业解决了技术难题，转化了一些科技成果，但是规模不大，不够集中，尚未脱离"民间、自发"对接需求模式，没有规模化和组织化。

三是高校科技成果转化机构人手不足，不够专业化。如沈阳化工大学技术转移中心挂靠在校科研处，受到人员编制限制，存在着技术转移服务人员不足、提供服务不够专业化的问题，对企业创新需求搜集不够，甚至在很多时候无法准确描述企业的技术难题和技术需求，无法向校内研究人员准确传达。由于信息沟通不顺畅，企业很难高效、精准地找到适合自己的科技成果和研究人员。

 "三定向"订单式科技创新和成果转化机制是加速高校科技成果转化的有效途径

为了有效解决上述问题，加快科技创新和成果转化，引导高校研发资源和人力资源进一步服务企业和产业技术创新需求，沈阳化工大学以地方研究院为平台，着力推进定向研发、定向转化、定向服务"三定向"订单式科技创新和成果转化机制（图2-2）：

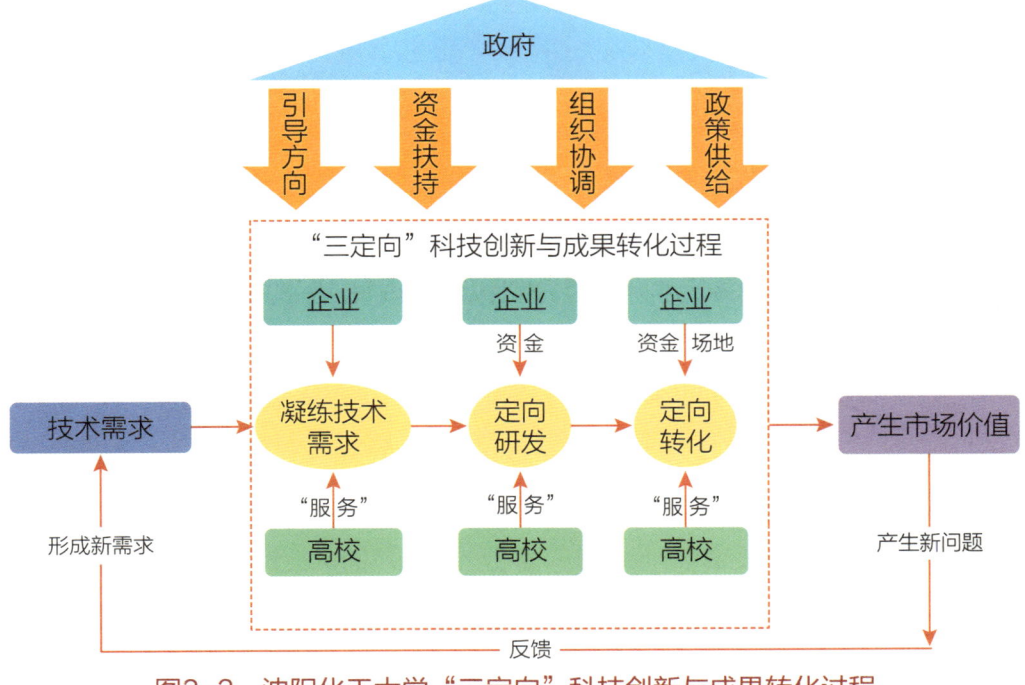

图2-2 沈阳化工大学"三定向"科技创新与成果转化过程

二 成果转化 73

一是"定向研发"。瞄准企业需求开展定向研发，引导高校教师的研究导向，培养高校教师在解决实际问题中的研究能力，助力高校教师在基础研究和应用基础研究领域取得突破。**二是"定向转化"**。瞄准市场需求开展定向转化，研发出的成果按既定需求由当地企业进行定向转化，提升企业技术能力，也使高校科技成果更加聚焦企业实际需求，提高科技成果转化率和转化效果。**三是"定向服务"**。瞄准企业切身需要开展定向服务，能够为企业提供后续技术支撑，解决科技成果应用在企业生产、技术等方面存在的突出问题，提升科技创新持续供给质量。通过"三定向"机制能够真正实现"以产定研、以需定研、以研促产"的"订单式"合作。

"校地研究院"是实现"三定向"科技创新和成果转化机制的有效载体。针对高校现有技术转移机构的功能未能充分发挥的问题，沈阳化工大学采用"一校、一地、一院"的模式，先后在辽宁省、各地级市、县（区）建立10个校地研究院。各个校地研究院从以下方面深入推进"三定向"科技创新和科技成果转化机制：一是围绕地方企业和产业转型需求，下设专业研究中心，集聚专业人才，开展"定向研发"；二是以培育和孵化高新技术企业的形式，开展"定向转化"；三是帮助当地政府完善产业发展规划，开展"定向服务"；四是以高校科技人才地方挂职为纽带，对接企业需求、协调校内资源组建创新团队，协调政府相关部门，保障"三定向"机制顺利推进。

三　"三定向"订单式科技创新和成果转化机制初见成效

2017年，试点单位沈阳化工大学申请发明专利115项，授权专利76项；共转化科技成果101项，是2016年的近2倍；合同额达7093万元，比2016年增长500%。通过推行定向研发机制，学校科研团队与辽宁鑫丰公司携手成立注册资金1亿元的辽宁金隆溪新科技公司，并采取技术入股方式，科研团队持有49%的公司股权。沈阳市通过推行定向转化机制，建成10个校地研究院及转化基地，累计签订技术服务及技术开发合同85份，转化科技成果130余项，技术交易额逾8200

万元，弥补了地方中小企业研发力量不足的短板。

沈阳化工大学"三定向"科技创新和成果转化机制的显著成效和丰硕成果也受到了社会各界的广泛关注。新华网2017年9月30日以《沈阳化工大学推进产学研结合争当服务辽宁振兴发展"排头兵"》为题，报道沈阳化工大学如何助力辽宁老工业基地振兴，该篇报道数次引用沈阳化工大学科技成果转化案例。中国教育新闻网、辽宁教育网等多家网站转载了该报道。

"先投后奖"走通股权奖励路

在全面创新改革试验中,上海市支持上海理工大学通过"先投后奖"走通股权奖励路,完成了全国首单科技成果转化递延纳税优惠项目,并使相关制度得以固化,取得了良好成效。

一 科技成果转化中股权奖励递延纳税落实难

尽管国家层面已经出台了相关政策文件来完善股权激励和技术入股有关所得税,股权奖励递延纳税的落实过程依旧面临一定的困境,主要是在转化过程中,实际操作单位仍然会遇到定义不明、职责不清、道路不通等问题。特别是在"先投后奖"路径中,高校院所等专利所有权单位通常先投资成立公司进行成果转化,再实行对科研团队进行股权激励,但是存在以下问题:一是教育部规定高校"不得再以事业单位法人的身份对外进行投资",存在"投资难";二是高校注册成立公司后,其所持有的股份即成为国有资产,难以转让给科研人员,存在"奖励难";三是若是以高校资产公司(独立法人)身份投资并持股,进而向科研人员实行股权奖励,则难以被税务部门认定为高校的"直接股权奖励",无法适用于递延纳税政策,存在"递延难"。

太赫兹科技被麻省理工学院评为"改变未来世界的十大技术"之一,美国、日本等国家纷纷投入重金,将其应用于通信、军事、太空探测等领域。在我国设立的"973"太赫兹项目中,上海理工大学是唯一承担设备系统的单位,在太赫兹技术研发和应用上取得了重大突破。为进一步提升上海理工大学太赫兹项目团队的科研积极性，上海"科创22条"出台后，根据允许高校和科研院所科技成果转化收益归属研发团队所得比例不低于70%的规定，上海理工大学将3项评估价值近2900万元的太赫兹技术按79.42%的估值比例奖励研发团队个人，金额为2303.2万元，但需要现金缴纳几百万元的个人所得税一度成为科研团队的燃眉之急。

 太赫兹科研团队"先投后奖"率先实施科技成果转化股权奖励递延纳税

（一）"先投后奖"模式推动太赫兹技术转移转化

上海理工大学在与上海市相关部门数次协调后，决定走"先投后奖"的转化路，即在对太赫兹技术进行第三方评估后，注册成立上海上理太赫兹科技有限公司，由新公司完成从实验室到产品的小试、中试开发的工程化过程，并把相关产品推向市场。公司的股东为上海理工大学和上海理工资产经营有限公司（简称"资产经营公司"）两个独立法人机构，上海理工大学占股90%，资产经营公司占股10%。此后，上海理工大学将占股中的80%股权（约占公司股份的72%）奖励给科技成果完成团队，将其余20%的股份划转给资产经营公司。

（二）"政策会诊"协调会走通股权变更流程

上海市召开"政策会诊"协调会解决国有产权处置瓶颈问题，最终达成共识：上海理工大学有权自主决定对科技成果完成团队的奖酬方式和数额，无须市教委审批或备案。上海理工大学将其持有的上海上理太赫兹科技有限公司72%的股份奖励给科技成果完成团队，符合法律和政策规定。三方共识成果在《上海市促进科技成果转移转化条例》中得到法律确认，股权奖励有了更具体的法律保障。

操作流程如图2-3所示：

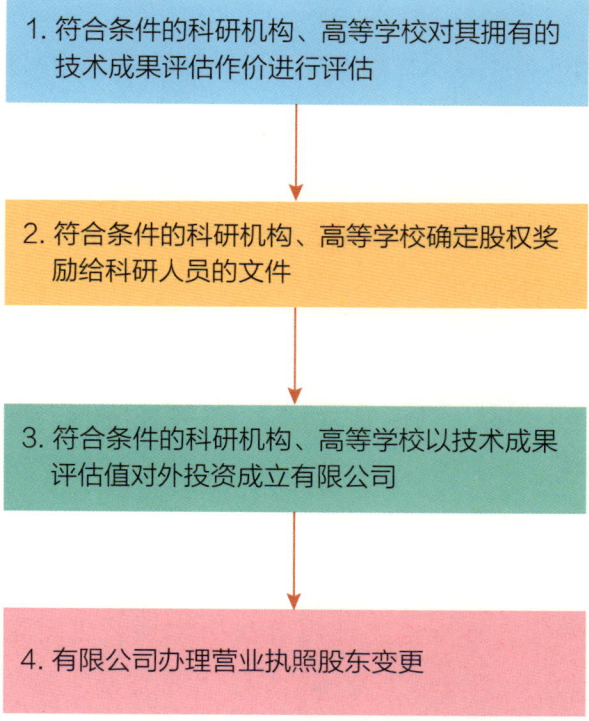

图2-3　上海理工大学"先投后奖"流程示意图

三　总结经验，进一步提升政策支持效应

作为全国首单科技成果转化递延纳税优惠项目，上海理工大学太赫兹科技转化项目，有效地解决了国有专利成果如何合法被社会资本产业化的难题，最大限度地激发了一线科研人员的热情，成为《促进科技成果转化法》修订案颁布后，首个对科研团队"先投后奖"的技术转移转化示范案例。上海理工大学有效地把近年来在太赫兹领域形成的多项技术、器件、系统进行产业化，并推向社会，为上海建设具有国际影响力的科技创新中心先行先试，为服务经济发展做出了积极的贡献。2016年8月10日，《解放日报》头版以《"先投后奖"走通股权奖励路——多部门召开三次协调会合力解决太赫兹科技成果转化"卡壳"问题》为题进行了专门报道。

同时，上海市对上海理工大学"先投后奖"的个案进行凝练总结，上升为制度成果：一是充分发挥新科技成果转化法、"科创22条"等政策的叠加效应，明确了上海理工大学可以自主进行股权奖励，"无须主管部门备案"，并以《会议纪要》为依据；二是新发布的《上海市促进科技成果转化条例》以上海理工大学太赫兹技术等项目在成果转化过程中遇到的瓶颈作为研究重点，力图通过立法方式，扫清制度障碍。三是细化和明确了高校院所可以自主选择的三种作价投资方式，其中包含"允许高校院所以自己名义直接将科技成果对外投资"。以上突破，为股权奖励递延纳税政策的落实执行提供了进一步的政策保障。自该政策落地实施以来，上海市共有14户企业、516人享受了股权激励递延纳税的税收优惠，递延税额共计8375.8万元。

深化科技成果收益改革
助力原创新药上市提速

在全面创新改革试验中，中国科学院上海药物研究所（简称"上海药物所"）作为"中科院药物创新研究院"的建设主体及中央级事业单位"科技成果使用、处置和收益管理"改革试点，深化科技成果收益改革，用制度创新激励成果转化，使得高附加值的原创新药上市提速，激发了科研人员的创新热情，取得了良好成效。

 科研成果收益激励不足严重阻碍我国新药研发能力的提升

我国医药市场潜力巨大，尤其是伴随着我国逐步进入老龄化社会，医药产业日益表现出对经济的强劲拉动作用。然而，新药研发的产业化始终困扰着我国医药行业研发人员。首先，在新药研究方面，新药研究的突出特点是周期长、投入大、风险高，一种新药从开始研发到批准上市，即使没有大的波折，也至少需要经历10～12年的时间，其中等候国家审批的时间加起来就要占4～5年，审批时间较长；其次，在科技成果转化方面，长期以来我国生物制药产业不允许制造外包，生产批文必须与符合GMP标准的工厂设施绑定，这就造成了研究人员不得已将研发完成的专利或技术转让出去，一定程度上影响了新药研发成果价值的最大化。

 改革药品收入分配账单加速新药上市

2014年11月，上海药物所被列为全国首批20家中央级事业单位开展科技成果使用、处置和收益管理改革试点单位之一，试点时间为期一年。在药品医疗器械审评审批制度改革实现了持有人和生产企业相分离的制度、药审批文可以批给科研人员和研发单位的基础上，试点实施"科技成果使用、处置和收益管理"改革。具体做法如下：

一是所地共建产业化基地。 上海药物所积极探索所地合作共建产业化基地模式。该所已与苏州工业园区共建研发平台，与宁波市共建宁海生物医药 GMP 产业化基地，与烟台市共建海洋药物产业基地等。通过打通中试和生产环节，加速实现科研成果转化和产业化。

二是转变职称评价模式。 上海药物所推行新的职称评价模式——以市场为导向，对转化结果进行评价。逐渐从以论文为核心评价新药研究人员的模式转变为围绕出新药为核心标准的模式，如果新药获得新药证书和上市批文，新药研发团队可得到 2 个正高级和 4 个副高级的职称评审名额，即科研成果转化与发表高水平论文，都可让科研人员获得"学术晋升"。这样就从制度上保证了做新药与做基础研究出论文有同等的重要性，建立起以市场需求为牵引的分类平台体系。

三是改革收益账单。 自从科研成果使用、处置和收益管理"三权"权力下放以后，上海药物所还建立起从发起、评审到决策、公示、实施等细化流程来规范成果转移转化。科研人员可以转让或实施许可，也可以作价入股，甚至可以自己创办公司，以多种形式实施科技成果转化。同时，科技成果转化的收益分配也更灵活，转化后成果收益可有 50% 归成果转移转化团队和个人，30% 由上海药物所统一调控，剩余 20% 作为课题后续发展经费。

四是优化人才增补机制。 上海药物所采用"以疾病为中心、以领域首席科学家领衔、多学科协同"的大团队合作模式，打破课题组长"只进不出"的惯例，通过定期考核建立课题组长退出机制，并以优厚待遇面向全球公开选拔人才。同时为有志创业的研究人员提供了半创业和全下海的创业路径：一方面让科学家作为企业的股东加盟企业，将整个公司交给专业团队来经营；另一方面也提供了全职"下海创业"的可能，上海药物所为创业的科研人员提供 3 年的停薪留职机会。

三 上海药物所改革效果显著

上海药物所自"三权"试点以来，取得了显著效果。"建立国际认可的生物大分子药物 PK/PD 和安全性评价关键技术平台和应用"项目建成了国际一流药物安全评价平台，获得国际多边（OECD、FDA、MHRA、CFDA）GLP 检查通过，成为国家"重大新药创制"平台建设标志性成果之一；针对人和动物的种属特异性、生物分布差异性、生物分析方法的敏感性和特异性等，建立了关键技术体系，完成了 190 药次大分子药物的安全性评价研究。建立的人 PBMC 免疫原性预测体外模型获得欧盟审查机构的认可，该实验结果支持了国内药企产品在欧盟的上市许可，预期将产生重大的社会效益和经济效益；发现生物大分子药物分子机制，深入转化毒理学研究，建立了高水平研究体系，发现了一系列具有重要活性和功能的 miRNA，获得国际同行认可。完成的"国家 1.1 类新药盐酸安妥沙星"和"国际化导向的中药整体质量标准体系创建与应用"分别获得 2015 年度和 2016 年度创新成就奖，"建立国际认可的生物大分子药物 PK/PD 和安全性评价关键技术平台和应用"获浦东新区 2016 年度科技进步奖一等奖。目前，上海药物所已有 6 个项目荣获浦东新区创新成就奖，2 个项目荣获浦东新区科技进步奖一等奖。

"合理分割转化收益＋整合转化管理"体系助推科技成果高效转化

沈阳市在推进全面创新改革试验中，依托东北大学率先开展科技成果研发转化激励机制创新，以合理分割科技成果收益权为核心，着力构建多元化的科技成果转化收益共享机制、提高发明人和团队收益比例。同时，完善转化管理体制，对科技成果分类分级决策管理、实行科技成果研发转化全生命周期管理，极大地调动了发明人和团队的积极性，全面提升了科技成果产出量和转化率。

 **一 收益权分配不合理和转化管理体制落后是制约我国科技成果转化的主要"瓶颈"**

近年来，很多高校、科研院所在科技成果所有权划分上做出了有益的尝试和探索。配置收益权不合理，制约了科技成果转化主体内生动力和活力。根据科技成果类型的差异合理分割、优化配置收益权、设置不同的收益共享机制，有效激发收益相关者的转化意愿，能够达到激励效果，形成转化合力，有力提高科技成果转化率。科技成果转化管理体制也是影响科技成果转化率的一个重要因素。以合理分割科技成果转化收益权为核心，构建多元科技成果收益分享机制和完善科技成果转化管理体制双管齐下，能够为科技成果转化率的有效提升开辟一条新路径。

二　成果转化

二 开源畅流创新激励机制开创科技成果研发转化新局面

以辽宁省人民政府印发的《关于进一步促进科技成果转化和技术转移的意见》（辽政发〔2015〕55号）和沈阳市政府出台的《沈阳市促进科技成果转移转化行动方案》（沈政发〔2017〕21号）为指导，东北大学通过开源，政策松绑激活科研源头，创新科技成果转化激励机制，按许可、转让、入股分类提高发明人收益比例，最高可达92%，推动更多科技成果产出。通过畅流，按转化额度分级审批管理，建立促进成果转化的管理和人事制度，打通科技成果转化渠道。具体做法如下：

一是建立多种收益共享机制，提高团队收益比例。东北大学以科技成果交易额为标准，建立了多种科技成果收益共享机制，具体地明确规定交易额1000万元以下的科技成果转化项目，发明人与高校间的利益分配比例，许可实行9∶1，转让实行8∶2，入股实行7∶3；1000万元以上项目最高可给团队92%的收益。高校承担发明专利撰写申请服务和转化前维护，免除科研人员后顾之忧。**二是建立分类分级决策管理机制，提升审批效率。**校科技成果转化办公室、校科技成果转化工作领导小组和校长办公会校常委会分别对300万元以下、300万～3000万元和3000万元以上的转化项目进行审批，简化审批流程，提高审批效率。**三是实行科技成果转化全生命周期管理。**制定科技成果转化流程图，建立一体化科技成果转化管理平台，科转办主要负责成果管理、产权保护、技术转移，以作价入股形成股权之后，资产处及计财处介入，主要负责股权记账及监管，后期股权运营主要由产业管理机构负责。**四是搭建平台无缝对接科技创新与企业需求。**推动产学研合作，共建校企联合研发转化基地，搭建信息服务平台，畅通转化渠道，实现科学研究与人才培养的双转化。**五是建立促进成果转化的人事和考核制度。**探索增设科技成果转化创新岗，将成果转化工作绩效列入相关部门考核指标，支持科技人员全职或兼职开展创新创业，鼓励科技人员承担科技成果转化项目并将其纳入职称评审和业绩考核。

总体来看，东北大学科技成果研发转化机制创新，核心是构建了"**一个内核，一套体系**"的科技成果研发转化管理模式：**一个内核**是以合理分割科技成果转化收益权为核心，在未改变科技成果所有权的前提下，明晰科技成果的收益权，建立了因科技成果类型而异的收益共享机制，明确发明人与高校的利益分配，从而激发科技成果研发转化内生动力；**一套体系**是科技成果转化管理体制的完善，由原有的分头管理、层层推进转变为统筹管理、创新施策，探索实施科技成果研发转化全生命周期管理、搭建校企合作对接平台、科技成果转化绩效纳入科研人员考评等制度。

三　开源畅流创新激励机制促进科技成果产出量和转化率齐升共增

政策实施以来，东北大学科研团队和人员参与成果转化积极性高涨，科技成果转化和产出大幅增长。2014—2016年，学校输出技术成交额连续3年排名全国第一；2017年，全校申请发明专利1297项，是2016年申请总量的2.4倍；科技成果转化项目合同达758项，实现成交额5.32亿元，其中，技术许可、转让、作价入股转化项目21个，涉及53项知识产权，实现交易额1.18亿元，9个成果在沈阳市本地转化，以作价入股形式在沈创办企业，带动社会资本近2亿元。

2016年9月1日，《辽宁日报》就科技成果转化话题专访了东北大学校长赵继。2017年5月3日，《辽宁日报》在深入调研的基础上，以《东大的科技成果为啥这么受市场欢迎》为题，对东北大学科技成果转化管理创新机制、经验做法和取得的成效进行了详细报道。

全面创新改革试验百佳案例

024

实施"黄金股"激励机制
开创科技成果转化新局面

在全面创新改革试验中,沈阳工业大学建立科技成果转化5%"黄金股"激励机制,确保成果发明人及研发团队获得应有收益,解决其与学校利益分配不明晰的现实问题,有效避免了高校科技成果转化中面临的产权交割、国有资产评估、收益比例变化等纠纷,开创了科技成果转化工作的新局面。

一 科技成果转化收益分配问题是长期制约我国科技工作者创新意愿的一大"顽疾"

沈阳市在推进各高校科研院所科技成果转化工作的过程中,出现了科技成果转化收益分配不合理、科技工作者创新意愿受到抑制等问题,导致科技成果转化效率低下。在股权激励方面,由于重工业基地的区位背景,沈阳市各大高校科研院所的研发成果普遍存在技术含量极高、涉及资金量庞大、研发团队人员众多的特征,在现行《专利法》的规定下完成学校与发明人及科研团队的产权分割,往往需要众多部门层层审批,可能耗费几年甚至十几年的时间。在价值实现方面,高校科研院所将专利许可或转让给企业时极易受到国有资产流失或低价出售的质疑,同时科技成果在未完成交割的前提下难以寻得有效的转化途径,致使科技研发"只研不转"、科技成果"只看不用"现象频频出现。在成果转化积极性方面,由于发明人及研发团队难以通过成果转化快速获得回报,科技成果转化本身又需耗费大量时间与精力，导致发明人及研发团队成果转化积极性普遍不高，进一步阻碍了科技成果转化工作的顺利推进。如何探索一种既有效破解科技成果转化收益分配问题，又能带动发明人及科研团队充分参与的激励机制，进一步提高地区科技成果转化效率，促进经济社会快速发展，显得尤为迫切。

二 "黄金股"激励机制开创了加速科技成果转化的新局面

沈阳工业大学抢抓政策机遇，率先从股权激励角度入手，创新科技成果转化机制，要求学校无形资产占本校人员领办企业股份固定为5%的"黄金股"，并提高发明者分红和转让收益比例；同时，学校深入探索校企、校地合作新模式，推动与企业共建研究院，实现以产定研、以需定研、以研促产。具体而言，主要包含三个层面：**一是狭义"黄金股"，即校方无形资产入股比例固定为5%**。校方出台规定，明确对本校人员所领办的企业，学校以科技成果等无形资产所占的股份固定为5%，且此部分股份自企业创办3年内免于分红，既不寻求扩大，也不可稀释和转让（极特殊情况除外）。**二是广义"黄金股"，即校方无形资产股份收益向科研人员（团队）让渡**。在校方无形资产固定占有5%"黄金股"的基础上，沈阳工业大学出台规定，明确利用学校科技成果与社会资本合资创办的企业，5%"黄金股"所得股权分红在3年内全部划归成果发明者（科研人员或团队）享有；3年后获得分红及股份转让收益的，其中50%～70%的收益归成果发明者（科研人员或团队）享有；而涉及"四技"合同的，学校扣除一定比例管理费用（技术贸易10%；非技术贸易3%）后，其余作为科研业务费，科研人员可列支开题费（技术贸易25%；非技术贸易15%）用于人员费用，项目验收后结余经费可列支结余经费的50%为课题组奖励。**三是积极引入社会资本，以需定研、以产定研**。沈阳工业大学在"黄金股"激励机制基础上，积极引入社会资本，搭建校企合作研发转化平台，以解决企业关键技术为重点，以"预研一批、在研一批、中试一批、转化一批"为理念，构建科学研究、产品中试、成果转化全链条服务体系。在具体研发过程中，突出研发需求和产业化导向，在社会资本一方做出出资承诺或研发成果产业化方向明确的前提下，才可进行下一步小型试验、中试试验，从而确保研发有所用，资源不浪费，并能产生社会经济价值。总体来看，沈阳工业大学创新科技成果转化"黄金股"激励机制的核心是实现了"**两个确保**"：一是确保校方合理收益不流失；二是确保调动科研人员及团队的研发积极性。

三 "黄金股"激励机制在激发科技成果转化内生动力方面成效显著

实施"黄金股"激励机制以来，沈阳工业大学在研发、转化等方面取得了一系列成效。

一是调动科研人员积极性，推进科研能力大幅度提升。获得横向项目立项563项，合同总额18342万元，其中辽宁省立项311项，合同总额5711万元。低压大功率永磁电机直驱技术项目，取代传统的异步电机加减速机的驱动模式，提高了体系整体的传动效率，获得授权国家发明专利11项，实用新型6项，技术成果已经成熟稳定地应用于多种大型机械装备直驱现场，促进了行业的科技进步，取得了显著的经济效益。井下动力钻具关键技术与工程应用项目，解决了关键技术，改变了高端钻具产品依赖进口的局面，建立了服务全球的螺杆动力钻具研发制造工业体系，获得发明专利20项，实用新型专利75项，软件著作权1项，新型螺杆钻具已经推广到国内中国石油、中国石化、中海油的所有油田以及北美、中东、非洲等国家和地区。

二是取得一批高水平研究成果，成果转化机制逐步健全。申请发明专利256项，实用新型专利337项，外观设计专利15项。先后获得省部级科技进步奖一等奖3项，推荐国家科技进步奖1项等成绩。成功获批成立辽宁省科技成果转化试点单位，优先成为科技成果转化相关政策试验区。沈阳工业大学"黄金股"激励机制的显著成效和丰硕成果受到社会各界的广泛关注。2017年8月9日，《中国教育报》头版头条《辽宁：高校助力老工业基地振兴》中数次提及沈阳工业大学"黄金股"科技成果转化激励机制，并给予了高度评价，中国教育新闻网、辽宁教育网等多家网站也转载了这一报道。2018年1月7日，人民网以《高校科技成果省内转化率77.9%是如何实现的》为题，文中对沈阳工业大学的"黄金股"激励机制与积极引入社会资本的创新探索进行了系统的阐释，并给予了高度评价。

以股权和完整供应链为纽带的产业战略联盟运行机制

沈阳市在全面创新改革试验中，创新实施以股权和完整供应链为纽带的产业战略联盟运行机制，构建以企业为主体、市场为导向、产学研用深度融合的IC产业技术创新体系，解决产业技术创新联盟普遍存在的"联而不盟"、成员企业同质化竞争、资源整合难等问题，加速成果转化。

一、"联而不盟"是制约产业技术创新战略联盟的最大障碍

产业技术创新战略联盟发展过程中，"联而不盟"、联盟稳定性差等问题没有很好地解决。主要原因是联盟运行机制不健全。一些企业意识到要避免"单打独斗、重复竞争"的局面，但联盟在成果共享、利益分配等方面运行机制不健全，使得很多企业担心自身核心技术外泄，对组建创新联盟还在观望，甚至加入联盟之后，紧握自身资源，不与其他成员共享，造成联盟"联而不盟"的尴尬局面，导致联盟的作用没有得到充分发挥。

二、以股权为纽带完善产业链布局，解决"联而不盟"问题

沈阳市集成电路装备产业技术创新战略联盟，由辽沈地区从事半导体装备技术研究、整机产品研发、零部件制造以及半导体装备应用等相关的产学研用19家单位组成，其中联盟8家骨干成员均交互参股，新松机器人股份公司、沈

阳芯源、中科博微等公司均有中科院沈阳自动化所直接股份，从而以股权为纽带，建立联盟之间的"血缘"关系，形成密不可分的整体。此外，联盟成员覆盖了集成电路装备产业链条上的不同环节和不同技术与产品构成，上下游明确分工，技术和产品上相互配套，合作更加紧密，联盟企业间基于产业链分工合作建立了软件控制系统—整机装备—零部件—子系统—整机—工艺处理的全供应链体系，并以产业链和供应链为纽带，共同制定规划、共同申报项目、联合技术攻关、共享创新成果、共同开拓市场，形成了"共建、共享、共智"的联盟运行机制（图 2-4）。

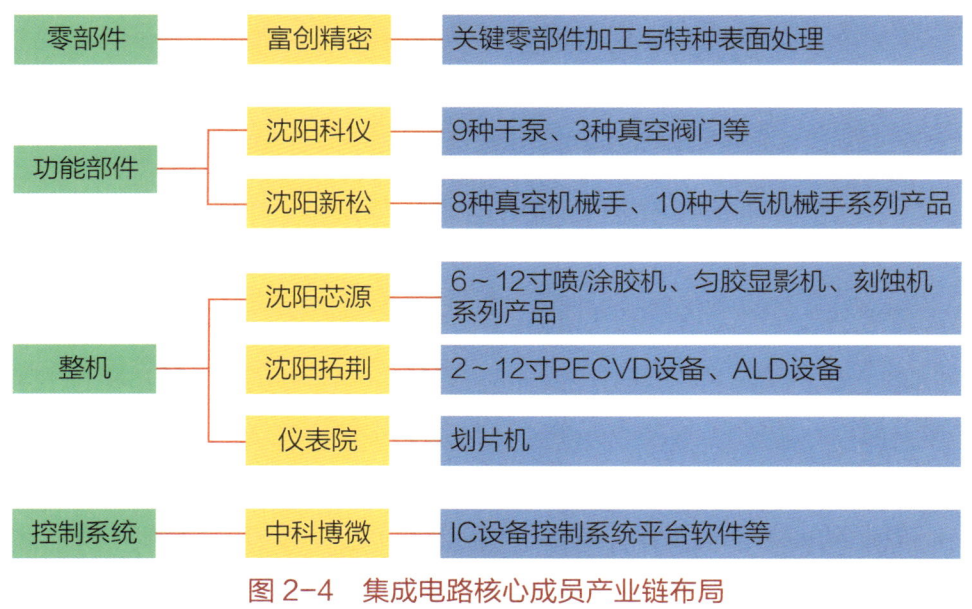

图 2-4 集成电路核心成员产业链布局

同时，联盟还通过搭建公共服务平台来共享优质资源：

一是搭建集成电路装备精密零部件加工制造与检测服务平台。该平台为国内首家集成电路装备精密零部件制造与检测公共服务平台，平台建设了支持大中型腔体类结构件、板型类结构件、旋转体类结构件及中小构件与钣金焊接类结构件加工制造的集成电路装备零部件加工制造生产线及检测实验室，为联盟内半导体装备企业及零部件加工企业提供零部件配套、检测与逆向反求等服务。**二是建立**

联盟"专利池",共享技术资源。 通过建立联盟"专利池"、组织知识产权培训,形成知识产权服务平台,推动知识产权共享,推动联盟成员单位专利的有效利用与保护,增强联盟成员共同应对风险的能力。**三是实现客户共享和信用共享。** 联盟整体成功引入国家集成电路产业基金,并互相信用担保,强化联盟的金融服务能力,解决融资难问题,实现信用共享。

三 集成电路产业战略联盟成效显著

以股权和完整供应链为纽带的产业战略联盟运行机制促进了一大批具有自主知识产权的系列产品进入产业化阶段,推进联盟核心单位高速发展,助力区域形成产业集聚态势。

一是促进自主知识产权产品进入产业化。 国家极大规模集成电路科技重大专项实施以来,沈阳市先后有 6 家集成电路骨干企业联合申报国家重大专项 15 项,累计获得国家资金支持 7.44 亿元。在平板显示、光伏、LED 等大半导体领域,一大批具有自主知识产权的系列产品现已进入产业化阶段,产品指标等同于或优于国外同类产品,成本却比进口设备低了 30%～40%。已有 14 种关键装备及零部件填补国家空白,达到国内先进水平。

二是推进一批集成电路设备厂家规模化发展。 2017 年,芯源公司成为第一个迈过 600 台设备出厂门槛的国内半导体制造设备厂家,销售设备 71 台套,新签合同额 1.64 亿元,同比增长 104%。拓荆科技公司发展态势迅猛,吸引了国家集成电路产业基金 5.4 亿元。富创精密成为全球最大半导体阀门企业 VAT 公司的战略供应商。中科仪"新一代高效节能真空干泵研发和示范应用"项目将获国家极大规模集成电路专项资金支持。

三是助力区域形成产业集聚发展态势。 集成电路装备产业形成了"一项控制系统技术、一批关键单元部件、八类重要整机装备和一个关键零部件支撑平台"的 1181 产品优势;形成了整机、核心部件、零件、表面工艺处理、材料、控制系统、支撑平台等较为完整的装备制造产业链；成为国家极大规模集成电路重大专项唯一布局核心零部件的地区。沈阳集成电路产业技术创新战略联盟成立以来取得的显著成效和丰硕成果也受到了社会各界的广泛关注，新华网 2016 年 4 月 9 日以《国内最完整的集成电路装备产业链条在沈阳》为题报道沈阳集成电路产业技术创新战略联盟，中国网、东方网等多家网站转载了该报道。

促进医药科技成果转移转化的"华西模式"

在全面创新改革试验中，四川省华西医院经过多年实践，探索促进医药科技成果转移转化的创新模式，搭建全产业链的转化医学平台，组建专业化的技术转移服务机构和团队、制定并实施促进成果转化的激励政策，形成了运行高效的华西技术转移体系，有效地促进了医学科技创新和成果转化。

一 机构壁垒和信息孤岛"梗阻"科技成果转化

在科技成果转化中，由于创新主体之间存在机构壁垒和信息孤岛，使科技成果与社会需求脱节、科技成果转移转化途径不畅通等问题普遍存在，导致科技成果转化难、科技成果转化率低。对于高校院所来说，一方面，高校学术创新与企业产品创新在出发点、驱动力、组织方式、评价标准等方面存在很大差异，高校科技人员注重学术理论的先进性、独创性和学术成就，而忽视市场需求和企业需求，"闭门造车"产生的科技成果大多不具有转化价值，且因政策导向问题，高校科技人员重论文、重评奖、不重视市场的现象较为普遍，成果转化意识不强；另一方面，企业不了解大学科技人员科技成果及其技术需求，导致科研机构的很多成果因找不到需求者而无法实现转化，而企业需要的技术成果又找不到合适的供应者，企业产品开发中的难题也找不到合适的科研机构和人才来破解，即使最终实现结合，也不一定是最佳搭配，或者由于时间的浪费而错失市场良机。因此，如何突破壁垒、通畅转化渠道显得尤为紧迫重要。

二 华西医院"架桥修路"畅通医药科技成果转化渠道

科技成果转移转化工作是华西医院的"一把手工程",医院在成果转移转化方面不断创新体制机制,建立并不断完善医药技术转移体系,充分发挥华西医院的资源整合优势和科技引领作用。

一是组建专业化的技术转移服务机构和团队。医院内设负责成果转移转化的职能部门——技术转移办公室,由专职人员分别负责医院知识产权管理与保护、对外科技合作管理和成果转移转化。在此基础上,华西医院牵头与省市区政府联合组建了非营利性的独立法人机构——"四川西部医药技术转移中心"。该中心是医院开展科技成果转移转化服务工作的重要平台和对外窗口,作为桥梁和纽带,通过提供专业化的科技中介服务,精准对接科技成果转化"创新链、服务链、产业链"(基础研究—应用开发—小试—临床前研究—中试—临床研究—产品—技术培训与市场推广)各关键要素(技术、人才、资金、政策、管理、信息、空间、载体、设施、市场等),突破各机构间的创新孤岛和壁垒。

二是制定并实施促进成果转化的激励政策。科技成果转化收入的80%归项目团队,其中,50%奖励给项目团队,30%作为项目团队的后续研发经费,医院仅提取20%作为管理费;成果转化业绩与纵向项目一样认定;发明专利全额资助和奖励,大力扶持PCT专利申请等。同时,华西医院与成都市政府以1∶1比例共同出资设立了"转化医学创新资金",用于支持具有良好市场和产业化前景的应用研究项目,由西部医药技术转移中心负责项目遴选和跟踪管理,医院财务部和技术转移办公室负责资金管理,市科技局负责实施监督和项目验收,探索出政产学研密切合作共同促进科技成果转移转化的示范。

三是搭建全产业链的转化医学平台。华西医院拥有完整的生物医药产业创新链、技术链和服务链,在此基础上搭建起全产业链的转化医学平台:基础研究阶段,依托国家重点实验室及开放实验室,牵头国家转化医学重大科技基础设施项目;临床前研究阶段,组建了企业化运行的国家GLP中心(华西海圻公司)、猕猴基地（格林豪斯公司）等；临床研究阶段，依托各临床研究中心；技术转移与培训推广阶段，依托国家技术转移示范中心及全国精准医学产业联盟等。

四是加强政医产学研用协同创新。 2014年，医院制定了引进培养人才、搭建技术平台、整合优势资源、创新体制机制四位一体的"华西科技创新战略"。以精准医学为例，在院长亲自带领下，华西技术转移团队按照技术转移路径加速推进实施"华西精准医学计划"，2014年，从协助引进精准医学高端人才，协调空间建设"华西精准医学中心"，协调和组织开设精准医学研究生课程，推动组建英文编辑部创办 Precision Clinical Medicine 杂志等，牵头全面推动华西精准医学计划。目前正在积极筹备"精准医学产业创新中心＋全国精准医学产业创新联盟＋精准医学创投基金"，三位一体推动科技创新和产业发展。

五是加强国际交流合作，推动成果转移转化。 医院搭建了国际技术转移渠道，与国内外多家政府机构、产学研机构和投资机构建立了密切而稳定的合作关系。在搭建国际技术转移平台方面，着力打造中加医药技术转移平台，整合医院、产业、政府、科研机构、投资机构和园区资源，进行信息交换、技术转移和投融资活动。

三　推进医药科技成果转化的"华西模式"成效显著

"华西模式"在推动医药科技成果转化方面取得了显著成效，成为推动医药科技成果转化的先行实践者。在中国医院排行榜（复旦版）中，华西医院连续8年综合排名第二，在中国医学科学院中国医院科技影响力排行榜上，连续4年蝉联综合排行榜第一名。在刚刚过去的2017年，华西医院获得专利200多项，仅在创新药物的成果转让方面，就达到60多项，转让经费10多亿元。

设立专职机构推动科技成果转化

在全面创新改革试验中，武汉市大力实施"大学+"战略，深入推进"高校科技成果转化对接工程"，成立科技成果转化局，统一负责制订工作计划、出台支持政策、建立服务体系、搭建服务平台、开展对接活动、实施督办考核，着力推动科技成果转化，将科教资源优势变成经济发展优势和竞争胜势。

 高校院所科技成果就地转化率不高问题突出

高校院所是科技成果的"富矿"，也是科技创新资源的集中地。武汉市科教资源密集，科技创新资源富集也是武汉市的"长板"。但长期以来，经济发展与科技成果转化"两张皮"现象仍旧存在，武汉科技成果本地转化率只有20%，创新资源的"富矿"还没有充分转化为发展的财富。科技成果转化是一项系统工程，在推进过程中面临着诸多问题和薄弱环节，需要以强有力的组织领导、创新的体制机制来系统推进，打通高校院所科技成果转化中的"最后一公里"。

 创新体制机制，着力推动将科教资源优势变成经济发展优势和竞争胜势

针对过去工作力量分散、政策措施碎片化的问题，武汉市从组织创新入手，建立统一高效的组织领导机构，吹响了高校院所科技成果转化的集结号。

一是成立校地协同、高位对接的领导小组。 为增强工作合力，武汉市成立由市委主要领导任组长、市政府主要领导、相关市直部门和开发区主要负责人共同参与的科技成果转化工作领导小组，负责顶层设计，研究重大问题，制定重要政策，强化了对科技成果转化的统一领导，将科技成果转化从过去单个部门负责的专项工作提升为事关全市发展大局的重大战略。同时，市委、市政府领导逐一与各大高校和科研院所深度对接，市科技局、市科技成果转化局每一位局级领导对口联系服务高校院所，定期上门了解推进科技成果转化情况。

二是设立"虚拟机构、实体运作"的科技成果转化局。 为加强科技成果转化的日常统筹协调，武汉市以创新的办法，不新增机构、不新增人员编制，在全国率先设立"虚拟机构、实体运作"的科技成果转化局，集中原分散在各部门的政策制定、经费管理、绩效考核等职能，整合市科技局内部相关职能处室以及直属从事科技成果转化的事业单位力量，成立科技成果转化局，统一负责制订工作计划、出台支持政策、建立服务体系、搭建服务平台、开展对接活动、实施督办考核等7项职责，下设综合协调部、对接服务部、知识产权部和科技金融部等4个挂牌部室。科技成果转化工作从分散到集中，进入有专门机构、专业人员、专项政策的集成推进新阶段。

三是组建院士专家顾问团。 鉴于科技成果转化专业性强、技术含量高，武汉市成立了科技成果转化院士专家顾问团，邀请部分在汉院士共同参与全市科技成果转化的重大决策、政策制定，打通产业链和创新链，为科技成果转化工作提供高水平的智力支持。

实施"高校科技成果转化对接工程"在促进科技成果转化方面取得了明显成效

武汉市科技成果转化局成立以来，深入开展"高校科技成果转化对接工程"，先后举办了武汉大学、华中科技大学、中科院武汉分院、武汉理工大学等5场大型专场签约对接活动，现场签约204个项目，总金额244亿元，并遴选了516项拟转化的项目，汇编成册广泛发放，在《长江日报》上进行专版发布，供社会机构和广大企业踊跃对接，引起了社会的强烈反响。其中，"人体肺部气体磁共振成像系统产业化"项目，突破了传统磁共振成像不能对肺部空腔成像的限制，成功"点亮"肺部，为多种疾病的诊断及分期带来可能。该项目签约 2 亿元，将建设联合研发平台，推动武汉市高端智能医疗影像产业集聚发展。"北斗即时判系统"项目获得 10 亿元投资，可在武汉市形成百万级智能终端规模化应用。"武汉 3D 智能制造工业技术及产业化"项目，有望在 10 年左右形成千亿元级产业。

同时，积极为高校院所和金融机构牵线搭桥，在 5 场签约大会上共设立 10 支科技成果转化专项基金，基金总额 143.5 亿元。此外，还与农村商业银行、招商银行、汉口银行、中国建设银行、中国银行、中国农业银行等 8 家银行签署了共 2100 亿元的科技成果转化授信协议。设立武汉市科技创业投资引导基金，累计投入 7.5 亿元，引导设立子基金 35 支，总规模 50 亿元，引导社会资本支持重点产业科技成果转移转化。

武汉市在原有的"武汉科技成果转化交易平台""科惠网武汉分中心平台"的基础上，进一步拓展信息来源、加强资源统筹、促进服务共享。通过推进信息标准化，整合科技成果 27246 项，其中全市 89 所高校和 95 家科研院所的科研成果 10306 项，分级筛选在科研成果库、成熟成果库和转化库之中，同时收集了 1730 项企业有效科技需求，定期向企业推送个性化信息，促进科技成果转化链条各环节的全天候对接。

探索央地共建新型研发机构
市场化改革 破解科技成果转化难题

安徽省在推进全面创新改革试验过程中,选择中科院合肥技术创新工程院(以下简称"合肥创新院")作为试点单位,探索央地联合共建的新型研发机构市场化管理改革,通过岗位聘用、项目聘用等方式,建立委派人员与市场化方式引进的人才实行同岗同酬等激励机制,取得良好效果。

一 央地共建的新型研发机构市场化运行机制有待完善

近年来,中央单位与地方联合设立的新型研发机构已发展成为推动产学研协同创新的重要组织形态,对科技成果转化具有积极促进作用,成为区域创新体系的重要组成部分。但是,由于中央单位和地方隶属关系不同,这类新型研发机构普遍存在决策机制不完善、用人机制不灵活、科技成果转化机制不完善、项目融资能力不强等问题,无法有效整合中央和地方创新资源,在实际运行中难以实现预期目标。

一是决策机制不完善,一般事项要报请中央驻地方单位领导层决策讨论,重大决策还需经过中央单位、地方政府审定,决策机制不完善,决策链条较长。二是人才管理机制不完善,中央单位和地方政府派驻到新型研发机构的管理人员,仍然按照原单位有关规定进行绩效考核,无法享受市场化的薪酬待遇和股权激励。三是科技成果转化机制不完善,中央单位科技成果、人才团队、项目资金到新型研发机构从事科技成果转化的通道还没有完全打通,创新资源无法实现有效配置。四是投融资机制不完善，大多数新型研发机构基础设施建设和运营经费主要依靠地方政府提供，没有建立市场化的投融资机构，吸引社会资本进行创新的能力有限。

"四化"并举推进合肥创新院市场化管理改革

《国务院"十三五"国家科技创新规划》明确提出，发展面向市场的新型研发机构；实施促进科技成果转移转化行动，进一步破除制约科技成果转移转化的体制机制障碍。2016年7月，由中国科学院合肥物质科学研究院和合肥市联合设立的市属事业单位——合肥创新院被安徽省确定为全创改试点单位，探索央地共建新型研发机构市场化管理改革。2016年11月，以安徽省全创改领导小组名义印发了《合肥创新院全创改试点方案》。

一年多来，合肥创新院"四化"并举推进市场化管理改革。

一是实现决策管理"快速化"。 中科院合肥物质院将合肥创新院作为科技成果转化的主渠道，除委派院长外，基本不干涉合肥创新院的日常管理；合肥创新院和合肥市产业投资公司联合设立了合肥创新院公司，与合肥创新院实行"一套人马、两个牌子"管理，合肥创新院享有500万元以下的投资权限。

二是实现人才管理"市场化"。 创新院通过岗位聘用、项目聘用等方式，支持合肥研究院委派人员与市场化方式引进的人才实行同岗同酬，突破了国有科研机构用人束缚。

三是突出成果转化"全程化"。 突出成果转化链的"全程化"。转化前端，通过建立成果预转化机制，鼓励企业与科技专家的对接，对于有转化前景的成果，由合肥研究院将成果评估后转让给创新院，转让收益的70%奖励给科研人员。转化中端，完善考核和激励机制，合肥研究院将科研人员在创新院的成果转化业绩纳入绩效考核，同时创新院将成果转化增值部分的70%奖励给科研团队，大大激发了科研人员创新创业的积极性。转化后端，搭建产业共性技术平台，定期开展项目孵化路演，加快推进科技成果中试、熟化和产业化。

四是突出项目融资"多元化"。 创新院构建"引导性股权投资＋政府基金＋社会资本＋产业化专项基金＋风险投资"的多元投资融资体系，建立了股权代投机制，安排股权投资机构定向投资创新院孵化项目。

合肥创新院产业化流程如图2-5所示。

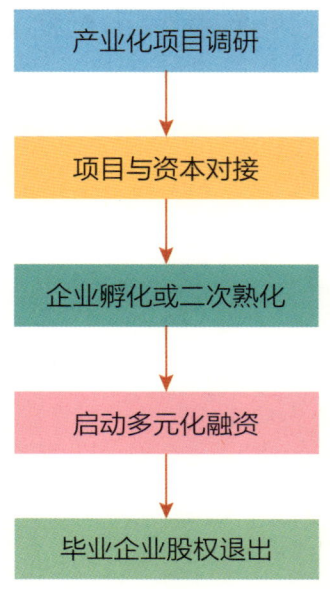

图2-5　合肥创新院产业化流程

三　市场化管理改革充分激发了合肥创新院的创新活力

合肥创新院通过市场化管理改革，扩大了创新自主权，激发了创新主体活力，取得了较大成效，成为我省新型研发机构市场化运行的典范。

一是打造了一批产业技术平台。 为加快推进技术成果的小试、中试进程，创新院积极引入技术专家团队28个，在精准医疗关键技术、人工智能等领域重点打造了11个工程技术研发平台，为安徽省内外百余家企业提供技术咨询、技术开发、技术诊断等服务，技术合同总金额超3000万元。**二是集聚了一批高层次人才。** 累计从哈佛大学、杜克大学、新加坡国立大学、日本理化所、中科大等海内外知名院所引进高层次人才超过100人，其中中组部"千人计划"1人、"万人计划"1人、中科院"百人计划"4人、中科院杰出青年科学家1人、国家973计划首席科学家1人。**三是建立了多元化的投融资体系。**通过知识产权作价入股、现金出资等多种参股方式孵化企业48家；注册资本总额达5.6亿元，引入外部投资4.6亿元。在孵企业累计获得各类基金与风险投资超过1.2亿元。**四是培育了一批战略性新兴产业。**中科美络、中科新天地、中科智泰、中科新萝等企业获得国家级高新技术企业认定。中科普瑞昇、中科智翔、合肥领谱等在孵企业获得第五届全国创新创业大赛全国总决赛优秀企业奖。

029

企业与高校"四主体一联合"模式推进成果转化

西安市在全面创新改革试验中,针对高校科技成果"难转化"与"转化难"问题,探索"四主体一联合"新型模式,促进科技成果转化。陕西延长石油集团和西北大学共同发起建设延长—西大先进技术研究院作为"四主体一联合"新型模式的代表,探索了一条以产业带动科研、以科研支撑产业、以产业反哺科研,按照"项目实施—建立创新团队—实体化"的路径推动创新转化的实施,实现了共建平台的良性发展。

一 有效转化渠道欠缺成为高校科技成果转化的一大难题

西北大学是一所源头创新积淀深厚的百年名校,但是由于种种原因,许多创新性强、市场前景好的成果被束之高阁,没有转化成生产力服务社会。究其原因,主要有以下两点:**一是科技成果"难转化"**。难转化的原因在于产学脱节,教师与企业的合作多为零散、自发性的,难以形成规模合力。**二是科技成果"转化难"**。转化难的原因在于机制不畅,教师形成的科技成果难以被企业发掘知晓,没有一个相对固定、有效的转化渠道,成果多是"坐等"单位转化,积极性不高。

二 建立知识创新和技术创新良性互动机制,推进成果转化

近年来,西北大学在陕西省科技厅、西安市创改办等部门的大力支持下,深

化科技体制机制改革，强化产学研创新融合，大力推进科技成果转化。学校按照"围绕产业链部署创新链，围绕创新链配置学科链"的总体思路，聚焦陕西省支柱产业和主导产业技术需求，结合学校优势学科群，与龙头企业建立"四主体一联合"新型校企研发平台，打造校企协同创新共同体，解决"难转化"与"转化难"问题。所谓的"四主体"，就是企业作为投资主体、管理主体、需求主体、市场主体，"一联合"指的是企业与高校的联合。

由陕西延长石油集团和西北大学共同发起建设延长—西大先进技术研究院（以下简称"研究院"），性质为有限责任公司，可根据实际需要发展成为高校院所、国有企业、民营资本等共同参股的多元化混合所有制市场化企业。

研究院注册资本3000万元人民币，其中陕西延长石油（集团）有限责任公司出资1800万元，股权占比60%；西北大学出资1200万元，股权占比40%。

研究院涵盖能源、化学化工、新材料、新能源、新兴信息技术、现代服务业等领域，集成基础研究、关键技术研究、应用研究和产业化的综合性研究院，具有成果转化和企业孵化、公共技术服务、国际引智等职能。

研究院围绕企业需求、高校特长，逐步明确了研究方向。按照陕西延长石油集团产业需求清单，利用西北大学相关学科的科研力量，重点围绕能源化工与精细化学品研究开发基础，经过持续攻关，力争取得对产业转型升级具有重大影响的原始创新成果。针对能源化工上游产业，设置碳捕集利用与封存、油气勘探开发专项领域联合攻关；聚焦大气中二氧化碳逐年增高的世界性问题，开展二氧化碳转化及碳的负排放攻关研究。针对能源化工下游产业，围绕煤炭高效清洁利用、高端烯烃聚合及下游精细化学品开发、新材料、先进储能等方向设立重点攻关类项目。依托集团天然气资源或者二氧化碳负排放技术，构建燃料电池产业技术链。同时开展大规模储能技术研究，打通能源与电力的通道，为延长集团产业耦合发展提供技术支持，提升能源利用效率。深入开展能源化工产业政策、发展战略、技术经济，能源金融产业空间布局与优化，供应链管理企业文化建设等软科学研究。利用大数据、物联网等信息技术，实时进行油田远程原油产量控制，精确掌握实际产量，确保油品生产安全。

"延长—西大"合作模式是以产业带动科研，以科研支撑产业，以产业反哺科研，实现共建平台的良性发展。按照"项目实施—建立创新团队—实体化"的路径推动创新转化的实施，具备了以下三种功能：

一是研究院以国家产业政策为指导，围绕能源化工产业关键、共性问题，挖掘延长石油集团发展战略和中长期科技发展规划，结合西北大学传统技术优势，在能源化工催化转化、石墨烯制备与应用、新能源等领域搭建研发与转化平台，争取并承担国家、省内重点科研任务，获得重大原始创新成果。

二是以研究院为研发与转化的平台依托，面向未来能源化工与新材料战略性关键技术发展重大需求，重点推进基础研究和前沿技术向应用研究转化，培养并储备人才。

三是建立知识创新和技术创新良性互动的合作机制，条件具备时将研究院相对成熟的研发项目、储备人才团队独立为控股公司，多方吸收科技成果转化引导基金、社会资金及风险投资，形成资本多元化法人治理结构，加快科技成果市场化推广，为陕西省及延长集团培育发展新产业。

研究院运行模式如图2-6所示。

三 建立健全稳定转化渠道，多层次推进成果转化

研究院组建以来，经过双方的努力工作，主要取得了以下成果：

在项目合作方面，双方首批联合攻关项目总经费拟设立2000万元即将落地，确定了银额盆地延长探区形成演化及油气成藏规律研究、超低界面张力驱油剂应用开发、煤焦油选择性转化多产BTX技术及高附加值化学品开发等8个首批支持的科研项目。

在设立基金方面，双方共同设立的总额1亿元的科技成果转化种子基金已进入审批流程，该基金首期募集6000万元，其中陕西省科技厅引导资金2000万元，陕西延长石油（集团）有限责任公司出资3000万元，西北大学出资1000万元。

在平台建设方面，"陕西省生物材料与发酵工程技术研究中心"和"陕西省洁

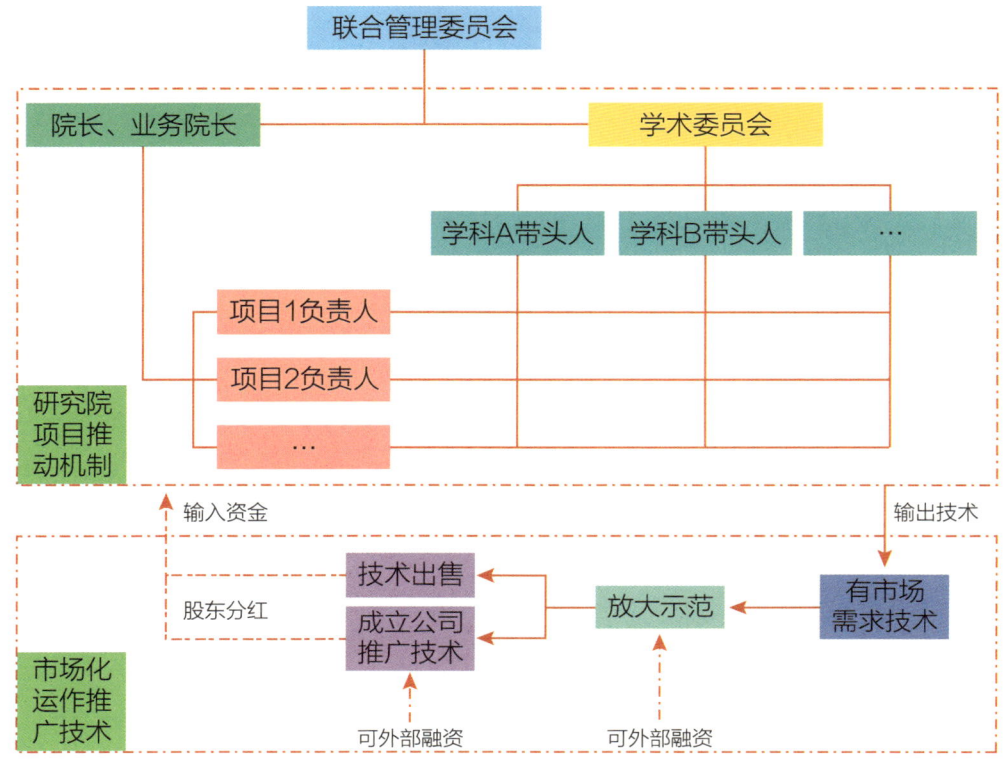

图 2-6　延长—西大先进技术研究院扁平化组织运行模式图

净煤转化工程技术研究中心"两个科研平台升级为陕西省"四主体一联合"工程技术研究中心。

在成果转化方面,双方将对中科院大连化物所的成果进行转化;王惠教授团队高振实密度银粉的两个专利达成转让意向,将以作价入股的形式与延长石油共同兴办高新企业。同时,在研究院组建带动下,西北大学产学研合作取得了大幅度进展,与去年同期相比,横向项目到款数增幅达到55.6%。

二　成果转化　107

030

"企业科技特派员制度"促进高校、科研院所科技成果向企业转移

天津市在全面创新改革试验中,为了更好地促进高校科技成果转化,提高产业核心竞争力和区域创新能力,落实"天津市高校科技创新工程",创新性地提出了在企业实施科技特派员制度的改革举措,启动了企业科技特派员工作(以下简称"科技特派员"),以充分发挥高校科技人员的科研优势,打通高校与企业的创新渠道,推动产业转型升级,打造创新发展新动能。

一、高校科研成果与企业需求对接不畅制约着科技成果转化

一直以来,高校科研院所与企业联系不紧密的现象大量存在,导致科技资源市场化流通不畅,制约着科技成果转化。一方面,从高校及科研院所来看,高校有着丰富的科研成果资源,但长期以来,高校的研究都具有一定的封闭性,缺乏与企业对接的完善机制,导致科研成果与企业需求衔接不紧、转化不畅,科研成果与市场需求存在脱节;另一方面,从企业来看,也亟须与高校专业人才进行对接,优化研发队伍,但由于缺乏有效的信息沟通,企业很难高效、精准地找到适合自己的科技成果和研究人员。

二、企业科技特派员制度有效打通了高校与企业的创新渠道

企业科技特派员是学校教学和科研的中坚力量,也是高校服务经济社会发展

的生力军。通过"三三制"做法，即企业科技特派员完成"专业到行业、项目到产品、论文到效益"的三个转化，在企业担当技术专家、行业专家、产品经理三种角色，搭建"学校和企业、专业和产业、教学和实践"三座桥梁。

特派员的选择以满足企业需求为导向，加强与企业的对接。由各区科委收集企业技术需求，市科委对需求进行汇总、整理，根据各高校院所的学科优势和专业特长，有针对性地组织对接活动，并以提高服务能力为基础，开展特派员培训。同时，以服务企业创新发展为原则，鼓励外地人员参与。借力首都和其他省份科技人才资源，聘请外地大学和中科院的科技人员到高新区企业开展创新服务。通过天津市有关部门予以资格认定，高新区给予资金项目支持，外地科技专家将自己的科技成果带到高新区企业就地转化，为推动天津市企业转型升级发挥了积极的作用。

特派员的主要职责是：参与企业研发，解决企业生产和新产品开发中的技术问题，提升企业产品竞争力；优化企业研发团队，为企业培养和引进高层次技术人才和管理人才；在充分摸清企业技术需求的基础上，收集新工艺、新技术、新产品信息，掌握相关技术领域的发展态势和资源布局，协助企业制定技术发展战略；根据企业技术需求和技术发展战略，聚集国内外优势科技创新资源，共建校企协同创新平台，推动科技成果转化；推动企业完善以知识产权为核心的知识、技术管理制度。发挥典型示范效应，加快提升产学研结合的层次和水平；协助企业策划申报各级科技项目，并与企业联合承担。

特派员派驻期间，实行特派员所在高等院校、科研院所和入驻企业联合管理，各负其责的管理机制。特派员服务派驻企业的时间一般为两年，到期后可根据企业实际需要继续申报。特派员派出期间，工资、职务、职称晋升和岗位变动与所在高等院校在职人员同等对待。特派员入驻企业期间，应按要求遵守企业相关管理制度。特派员可依据国家和市有关科技成果转化收益分配的法律、法规和政策文件，经派出单位允许，以技术、管理、资金等投资入股企业并取得相应的报酬。

为了吸引更多科技人员参与，每年从服务企业的特派员中择优支持200名，每人给予5万元项目资金支持。被认定为企业科技特派员后，第二年可以参加择优，各派出单位按照限额进行推荐，市有关部门统一组织专家进行考核评审，最终确定200名优秀特派员，予以项目资助。

三 企业科技特派员制度取得了积极成效

截至2018年6月，共选派3100多名科技人员作为特派员深入2700多家科技型企业一线开展服务。向企业转化1502项科技成果，解决企业生产工艺和新产品开发中的技术问题3767个。通过引入在校本科生、研究生及科研团队资源，参与企业研发和创新活动，为企业带来了更多的人才储备，帮助企业培养引进技术人才和管理人才3015人。特派员协助企业建设或联合共建科技创新机构、创新载体、创新平台。围绕企业的核心技术，完善企业研发结构的新技术方案，构建校企科技合作创新平台，帮助716个企业建立了科技创新平台。特派员立足企业发展需要，广泛收集相关技术领域前沿趋势，多渠道收集新工艺、新技术、新产品信息，掌握相关技术领域的发展态势，为企业提供技术咨询，协助882家企业制定技术发展战略，协助企业申请发明专利2473项。

三

科技金融创新

科技创新离不开金融创新的支持。历史上，每一次产业革命的出现都离不开金融制度的创新、保障和支持。若无金融支持，科技创新的成果只能存在于实验室而无法形成产业，更无从形成推动人类历史进步的产业革命。

当前，我国科技金融体系日趋完善，金融对科技的支撑作用越来越多样化，但仍存在一些问题，比如科技型企业普遍存在轻资产、未盈利的特点，贷款能力受到限制，较难在市场环境下获得综合性的金融服务，尤其是在资本市场难以获得融资支持，不利于企业发展壮大。针对以上问题，北京、上海、安徽、四川、沈阳等试验区域从设置科技创新专板、完善金融综合服务体系、建立融资风险补偿机制、中小企业商标质押融资、创新创业团队回购政府所持股份、市场化债转股等方面，探索出了金融服务科技创新的有效途径。

以关联企业从产业链核心龙头企业获得的应收账款为质押的融资服务

在全面创新改革试验中,四川省以长虹集团为试点,将其下属产业链核心大企业、供应商中小微企业作为参与主体,以核心企业购买商品、接受劳务等应付账款作质押,由集团内部财务公司联合中国银行等金融机构,为供应商企业提供应收账款融资。通过中国人民银行征信中心应收账款融资服务平台、供应商管理系统、金融机构信贷系统三方信息系统对接,实现业务数据自动化传输,为核心企业、产业链中小微企业和金融机构提供一体化在线融资服务,实现中小微企业快速融资。

一 应收账款融资服务解决了中小微企业发展面临的融资难题

当前,中小微企业融资难问题较为突出,金融机构应收账款融资业务准入门槛较高,中小微企业往往难以有效利用。应收账款平台融资方式是缓解企业融资难问题、拓宽企业融资渠道的一种新的有效方式。自中国人民银行建成应收账款服务平台以来,应收账款融资模式稳步发展,但仍然存在金融机构应收账款融资业务信息不对称、准入门槛高、对账款真实性确认难、质押或转让通道不畅通、权利登记公示不及时、核心企业配合度较低、企业认识不足等突出问题,严重制约了应收账款融资业务的开展。央行数据显示,2013—2017 年,中小微企业融资总额为 4.57 万亿元,同期社会融资规模为 53 万亿元,中小微企业亟须扩宽融资渠道。2016 年年底,我国规模以上企业存量应收账款 12.6 万亿元,中小微企业应收账款 7.8 万亿元，占应收账款总额的 61.9%。作为应收账款这一资金链条中的弱势群体，中小微企业缺乏话语权、主导权和支配权，影响了企业发展。

二 应收账款融资服务构建了中小微企业融资贷款的新模式

一是打造多方联动协同推动格局。筛选"经营和财务状况良好、产业链条较为完整、内部供应链融资管理比较系统"的大企业——长虹集团，作为核心企业试点突破。推动地方政府，联合核心企业，关联中小微企业、相关职能部门，成立了推进工作领导小组，制定推广试点方案。鼓励支持金融机构从机制、项目、平台、产品等方面创新，向上争取政策资源，加大对核心企业的金融支持。邀请中国人民银行总行领导和专家多次来绵阳市进行政策宣讲和业务辅导。在各方推动下，长虹集团以其全集团购买商品、接受劳务款项为供应链企业提升质押，积极投身试点工作。

二是构建银企线上融资对接链条。2015 年 9 月，中国人民银行征信中心、成都分行、长虹集团签订了全国首个依托中征平台推动应收账款融资的三方《合作备忘录》。征信中心与长虹集团制定了 IT 对接方案，为"长虹模式"量身定制网上融资业务流程，实现中征平台与长虹供应商管理系统的技术对接；成都分行制定了任务进度表，指导绵阳中支建立了简报通报制度、加强督导辅导；长虹集团制定了实施方案，融合了业务流程，优化供应链融资模式；长虹财务公司充分发挥自身优势，率先启动集团内部应收账款融资，通过平台融资 1.01 亿元；中国银行绵阳分行为长虹集团定制设计了"融易达"融资产品，为其供应链企业融资 2600 万元。

三是出台精准激励专项配套政策。中国人民银行绵阳中支充分运用货币政策工具支持长虹财务公司发展，向长虹集团释放货币信贷、外汇管理等多种优惠政策。2015 年 6 月试点以来，累计为长虹财务公司办理再贴现 34.72 亿元；落实"全面降准""定向降准"措施，增强信贷支持能力；累计支持长虹集团在银行间市场发行超短融、短融等直接债务融资工具 111 亿元。在宏观审慎框架下，支持长虹集团开展外汇资金集中运营试点，争取到可集中调配对外放款额度24.72亿美元、外债额度1亿美元，累计节约财务成本1200余万元人民币。

四是形成以点带链的发展模式。绵阳市按照"地方政府主导、人民银行推动、核心企业示范、金融机构参与"的工作思路，在全国率先探索出核心企业带动供应链中小微企业融资的标准化模式（详见图3-1）：把长虹集团作为核心企业，通过中征平台、长虹供应商管理系统、金融机构信贷系统三方IT对接，实现业务数据自动化传输，为核心企业、供应链中小微企业和金融机构提供一体化线上融资对接服务，实现了提高应收账款融资效率和风险防控水平的双重目标。

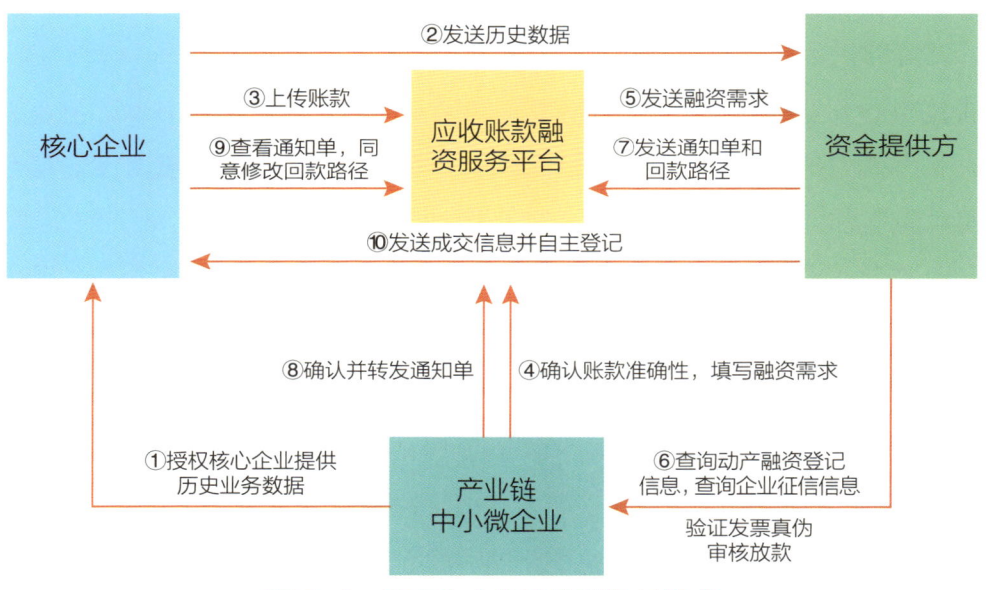

图3-1　绵阳市应收账款融资新模式

三　应收账款融资服务成为中小微企业发展壮大的制胜法宝

一是有效降低了企业融资成本。通过中征平台，为金融机构、债权人和债务人等关联方提供线上融资对接服务，既解决了银行应收账款商品交易真实性核实难、债务人确权难、信息不对称等问题，又推动金融机构更新营销理念。充分利用"互联网+"营销思维，筛选发现优质客户，降低贷前调查成本、融资成本，简化融资业务流程。据测算：绵阳市中小微企业应收账款融资综合成本为 5.76%，比同类银行信贷产品平均利率低 0.5 个百分点。

二是提升了企业融资效率。中小微企业应收账款主要集中在核心大企业，通过将信用度低的供应链中小微企业与信用度高的核心大企业"捆绑"，实现了对中小微企业信用"增值"。金融机构在供应链背景下，综合考虑并进行风险控制，在一定程度上降低了中小微企业在金融机构的信用风险考量门槛，提高了融资的成功率和时效性，获得贷款平均周转期较传统模式节省 3～5 天。

三是示范带动效应明显。2017 年 9 月，国务院办公厅印发《关于推广支持创新相关改革举措的通知》，明确要求在全国范围内复制推广应收账款融资服务。人总行、工信部先后在绵阳市召开专题会推广交流。

通过核心企业撬动的融资服务模式，银行不直接面对众多中小微企业，可用更低成本为更多中小微企业提供便捷融资服务。核心企业通过帮助供应链企业获得高效低成本融资，构建更加紧密的供应链协作关系。这种以点带链的双赢效应，在面上辐射带动了更多大型骨干企业参与。长虹集团带动集团旗下长虹股份、美菱股份、长虹教育、虹信软件等大企业以及 110 家供应链企业加入中征平台。新增九洲集团、富临精工、新晨动力等核心企业，带动 16 家供应链配套企业积极参与。国内知名企业广汽、奇瑞、美的、TCL 等实现复制推广。截至 2017 年 11 月末，绵阳市 173 家资金提供方、6 家核心企业和 240 家中小企业已加入中征平台，累计实现平台融资 464 笔、金额 80.034 亿元，其中 2017 年融资 415 笔、金额 48.68 亿元，金额同比增长 16.02 倍。四川全省通过中征平台实现应收账款融资 1078 亿元，融资金额同比增加 569 亿元，超出 2016 年全年融资总额 334 亿元，同比增长 112%。

面向中小企业的一站式投融资信息服务

在全面创新改革试验中，四川省以盈创动力为核心，以"汇聚信息、整合资源、政府引导、专业服务"为宗旨，以缓解中小企业融资难为目标，通过构建盈创动力科技金融服务平台，搭建物理载体和信息载体，形成债权融资服务、股权融资服务、增值服务三大服务体系，为科技型、创业型中小企业提供全方位"一站式"投融资服务，有效缓解了中小企业融资难问题。

融资难问题是科技创新型中小企业的发展瓶颈

纵观科技型、创业型中小企业的发展现状，其因为轻资产和市场风险，在以银行为主要间接融资渠道的现行金融体系中，普遍面临融资难、融资贵、融资慢等发展瓶颈。而融资难、融资贵，是制约科技型中小企业发展的首要问题：一是金融服务体系和产品不健全，对轻资产科技型企业支持手段有限。具体为债权融资方面，针对"轻资产、高风险"的科技企业信贷产品在审贷流程、审贷权限、抵质押方式等方面仍存在较高门槛，科技企业获得银行贷款仍然困难；股权融资方面，"种子期、初创期"科技型中小微企业获得风险投资仍然困难。二是各类金融机构联动和资源信息共享机制不健全，未形成有效的综合服务机制，企业信用体系不健全，银行不清楚企业的真实信用状况，同时企业需求对接渠道不通畅，形成严重的信息不对称。三是需厘清"有为政府"和"有效市场"的边界问题以及如何更好地发挥政府引导作用和市场在配置资源中的决定性作用。

三 科技金融创新

二 构建一站式科技金融服务平台是缓解企业融资难的新突破

2011年,成都高新区管委会下属国有独资公司成都高新投资集团有限公司出资成立成都高投盈创动力投资发展有限公司,主要负责盈创动力科技金融服务平台的专业化运营管理。平台自成立以来,始终坚持以"汇聚信息、整合资源、政府引导、专业服务"为宗旨,以缓解中小企业融资难为目标,通过构建两大载体,即物理载体和信息载体,三大服务体系,即债权融资服务、股权融资服务、增值服务,形成了独具特色的"盈创动力科技金融服务模式",有效破解了中小企业融资难、融资贵难题,为科技型、创业型中小企业提供全方位"一站式"投融资服务,具体如图3-2所示:

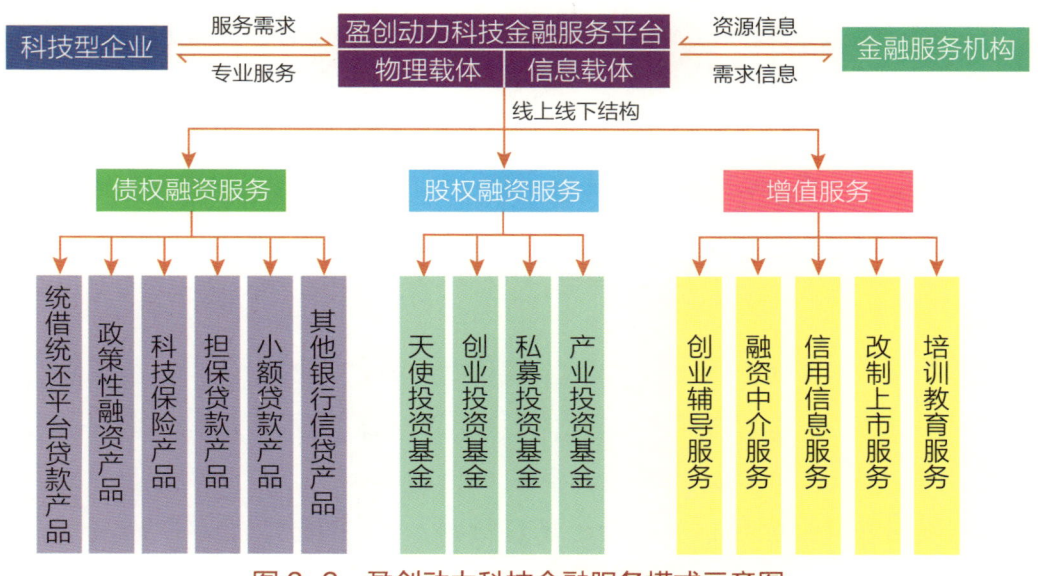

图3-2 盈创动力科技金融服务模式示意图

(一)搭建以"盈创动力科技金融大厦"为核心的物理载体和互联网信息载体,促进科技金融资源有效聚集

物理载体建设方面,为充分聚集优质科技金融资源,盈创动力依托盈创动力科技金融大厦建成了近6万平方米的物理空间,吸引了包括中国人民银行、天府股交中心、交通银行、成都银行等50余家金融及服务机构入驻,与近200家金融

及服务机构建立起战略合作伙伴关系，聚集资金规模超过500亿元，有效为科技型中小企业发展提供融资支撑。2017年，盈创动力还在高新区财政金融局指导下，利用盈创动力大厦二楼公共服务大厅实施了"成都高新区科技金融超市"普惠金融项目建设，将个人贷款、企业贷款、创业投资、中介服务、政策申报等8项服务整合为窗口服务，为企业和创业者提供标准化、规范化的产品和服务。

信息载体建设方面，除了传统的物理空间，盈创动力还积极响应国家"互联网+"发展趋势，利用自身技术，自主开发设计，打造盈创动力科技金融官方网站。目前，官方网站上建设有"天府之星"企业数据库，入库企业超过了9000家，同时，各项产品的申请、受理以及高新区贴息申报、科技项目监理等业务也已实现上线运行。目前，盈创动力正积极构建"公开大数据+政务数据+第三方数据"结合的模式，建立企业信用数据库，争取征信业务的开展。

同时，盈创动力还在国内首推了基于区块链技术的地方金融监管系统，旨在实现对地方金融机构资金往来的全流程监管，并与成都高新区的社会信用体系平台对接，组成成都高新区地方金融企业的信用数据库。目前，系统监管对象主要是地方小额贷款公司与融资性担保公司，预计未来将纳入成都高新区所有地方金融机构，由于采取区块链技术实现数据的不可篡改性，可以在全省乃至全国范围内推广应用。

（二）搭建集债权融资、股权融资、增值服务为一体的盈创动力科技金融服务体系，推动科技与金融有机结合

盈创动力现已建立包括统借统还平台贷款、政策性贷款产品、融资担保、小额贷款在内的债权融资服务体系；包含天使投资、创业投资（VC）、私募股权投资（PE）在内的股权融资服务体系；包括中小企业投融资培训、改制上市辅导、上市路演、项目对接、论坛沙龙在内的增值服务体系，能满足不同阶段、不同融资需求的企业，为科技型中小微企业提供全生命周期投融资服务。

债权融资新机制方面：一是在全国首创了"统借统还"贷款业务。以"打捆贷款"方式，集合多家创新创业企业融资需求，由盈创动力作为贷款主体向国家开发银行、中国进出口银行申请贷款，贷款通过后，平台再以委贷形式发放至中小企

业；截至 2017 年 6 月底，累计为上千户中小企业提供统借统还贷款超 61 亿元。同时，以"统借统还"为基础创新模式，成功实现了国家专项建设基金民营项目落地，也是四川省内唯一一个帮助中小民营项目获得国家专项资金落地的平台和模式。二是运营政策性信贷产品。盈创动力联合政府部门、银行、担保机构创新政策性融资产品，运营了"成长贷""新创贷""科创贷""壮大贷""园保贷"等多种政策性信贷产品；通过建立政府风险资金池，缓释银行和担保公司风险，切实降低创业型企业的融资成本和门槛。三是开展融资担保业务。盈创动力联合成都高投融资担保有限公司、成都中小企业融资担保公司等政策性担保机构，重点为科技型中小企业提供流动资金贷款担保、知识产权质押融资、法人按揭担保贷款、贷款周转金、担保换期权等服务。截至 2017 年 6 月底，累计为 1900 余家中小企业提供担保贷款超过 187 亿元。四是试点科技小贷。盈创动力平台上高投科技小贷公司、锦泓科技小贷公司等重点面向创新创业型中小企业及科技创业人士提供贷款服务。截至 2017 年 6 月底，累计发放贷款超过 135 亿元，有效缓解了企业的资金周转压力。

股权融资新机制方面：一是建立天使投资基金，支持早期科技型项目成长。2012 年 6 月，成都高新区设立国内首支由政府全额出资的创业天使投资基金，目前规模达到 1 亿元。截至 2017 年 6 月底，累计完成天使投资项目 49 个，投资金额逾 9700 万元。二是联合社会资本发起设立创投基金。以高投盈创公司和高投创投公司为基础，先后发起设立了新兴创业投资基金、盈创动力创业投资基金、创业加速器投资基金、盈创兴科创业投资基金、盈创德弘创业投资基金、盈创泰富创业投资基金等 8 支市场化运作的创投基金。截至 2017 年 6 月底，累计投资项目超过 50 个，投资金额逾 5 亿元，助推 7 家企业登陆中小板和创业板，16 家"新三板"挂牌。2016 年年底，盈创动力平台上的高投创业公司荣登"清科集团 2016 中国股权投资年度排名榜单"，被评为"2016 年中国创业投资机构 100 强"，成为四川省唯一一家荣膺此殊荣的创业投资机构。三是加强政府类引导基金建设。设立了规模为 15 亿元的银科创投引导基金，通过与境内外专业投资机构及社会资金联合设立更有专业性和针对性的各类投资基金，目前已参股设立 19 支合作子基金和 2 家基金管理公司，合作子基金总规模逾 68 亿元，累计完成 184 个项目投资，投资金额超过51亿元，投资的项目中，30家企业IPO挂牌，19家企业成功在"新三板"挂牌。

增值服务机制方面：通过开展"天府之星"企业培育计划、征信服务、改制上市辅导、上市路演、投融资培训、创业大赛等服务，进一步促进企业与资本有效对接。历年举办多届"海科杯"全球华侨华人创新创业大赛决赛、多届中国创新创业大赛四川赛区决赛、成都高新区创业行动大赛等。同时，盈创动力正在实施企业信用数据库构建工作，探索和中国人民银行合作机制，推动高新区、成都市、四川省的征信体系建设。

目前，盈创动力债权融资、股权融资、增值服务体系以及平台衍生的各项产品和服务，已能为科技型中小微企业提供全生命周期投融资服务。

三　盈创动力科技金融服务模式促进科技金融创新改革效果显著

截至2017年6月底，盈创动力累计为4900余家中小企业提供债权融资超过400亿元；累计为400余家中小企业提供股权融资超过72亿元；累计为16000余家中小企业提供投融资增值服务；累计助推80余家中小企业改制上市。

同时，盈创动力积极创新平台融资产品，通过管理运营省级股权、债权产品，有力补充全省推广工作。一是运营四川省创新融资基金，参股支持省内市（州）政府建立金融服务平台，改善当地中小企业融资环境。目前已向广元金服集团、遂宁工投公司、自贡国投担保等地市州企业进行股权投资，截至2017年年底，创新融资基金累计向8个企业投资约1.3亿元。二是开展四川省产业园区"园保贷"产品运营工作，着力为全省范围产业园区中小微企业提供定制化信贷产品服务。"园保贷"是省经信委、省财政厅创新开发的面向全省工业园区中小企业的债权融资产品，其中省财政出资2亿元，工业园区出资2亿元，构建4亿元的风险资金池，银行放大10倍，最高可以做到40亿元信贷规模，目前已在全省64个园区推动"园保贷"产品，累计帮助200余家企业获得贷款超过9.6亿元，有效形成债权融资"园保贷"全省覆盖、股权融资"创新融资基金"全省覆盖、增值服务以点带面的盈创动力全省服务雏形，将盈创动力服务半径延伸至四川省全境。

区域性股权市场设置科技创新企业专板

在全面创新改革试验中，上海、安徽等区域在区域性股权交易中心推出"科技创新板"，为科技型企业提供挂牌展示、托管交易、投融资服务、培训辅导等多重服务，有效缓解企业融资难问题。

一、科技型、创新型中小企业融资难问题突出

科技创新企业融资难问题突出，中小型科技创新企业由于轻资产等特征，更是难以利用资本市场获得发展。在区域性股权市场设立针对科技型、创新型中小企业的科技创新板并规范运营，能有效缓解企业融资难问题，助力"大众创业、万众创新"，贯彻落实国家创新驱动发展战略，健全多层次资本市场体系。

二、区域性股权市场设置科技创新企业专板

上海、安徽根据科技型、创新型中小企业的特点和需要，充分吸收区域性股权交易市场建设实践经验，积极探索科学合理的制度安排，推出"科技创新板"，为科技型企业提供挂牌展示、托管交易、投融资服务、培训辅导等多重服务，具有低门槛、低成本、形式灵活等特点。上海"科技创新板"先期主要面向上海市尤其是张江国家自主创新示范区（一区22园），形成科技创新的良好生态链，吸引境内外天使投资、风险投资、创业投资、私募股权等资本集聚，助推科技型、创新型中小企业加快发展。安徽"科技创新板"联合徽商银行、杭州银行等金融

机构，为科技型企业提供"挂牌贷""青年创业引导资金"等专项贷款服务；联合深交所设立"安徽省区域资本市场路演中心"，开展"安徽四板科技企业"常态化路演活动，取得了良好效果。

三 科技创新板助力高成长性科创型中小企业优化匹配金融资源

科技创新板开盘以来，市场功能发挥良好，受到社会各方的广泛关注。截至2017年年底，上海科技创新板挂牌企业137家，共获得发明专利172项、软件著作权453项，其中75家企业获得"高新技术企业""专精特新企业""小巨人企业""双软企业"等相关称号，促进挂牌企业实现股权融资8.96亿元、债权融资6.02亿元，挂牌企业业绩稳步增长，充分体现了科技创新板整合资源、实现综合金融服务的强大市场功能，成为具有融资功能的专业化市场板块。安徽科技创新板累计挂牌企业746家，支持121家科技板挂牌企业实现融资2.76亿元，其中股权融资1.97亿元、债权融资7953.4万元，融资覆盖率达到16%，超过全国区域资本市场6个百分点。

基于"六专机制"的科技型企业全生命周期金融综合服务

在全面创新改革试验中,上海华瑞银行作为全国首批、上海首家的试点民营银行,建立差异化金融特色,把自身差异化竞争能力的培养与先进科学技术的发展紧密结合起来,探索以平台思维打造"1+N"科技金融模式,以银行为核心,做好外部资源、创新产业以及金融链条的对接,扶持科创企业从微到小、从小到大,持续成长。

一 传统金融机构参与度低制约科创金融生态体系建设

由于我国"分业监管"的限制,商业银行不能投资公司的股权、期权产品,科技贷款业务的风险收益不对称,处于种子期、初创期的科技创新企业不符合传统的信贷准入门槛,商业银行也不能分享科技型初创企业成长后产生的高增值回报,降低了银行科技信贷产品服务创新的积极性。

同时,长期以来我国信贷产品创新大多大同小异,多以企业信用贷款、知识产权质押贷款与未上市企业股权质押贷款为主,实践中面临诸多制约因素。比如知识产权质押贷款,需要涉及认证、评估、估值、备案等一系列关键流程,但因知识产权评估、交易体系尚不完善,导致银行信贷依然过度依赖有形抵(质)押物,知识产权质押融资模式流于形式。

从银行科创金融的角度来看,如何在为中小型科创企业提供良好金融服务与降低银行风险、打造民营银行特色之间寻求平衡至关重要。

二　华瑞银行多方面探索投贷联动特色化服务

（一）明确标准

在科创金融的市场定位上，参照上海市提出的"四新"企业的定义，提出了"四新、三创"的具体标准，即：以科技型企业为核心基础，凡是符合新技术、新产业、新模式、新业态特征，并在公司及其主营业务上属于创业、创新直至创造的企业，都属于科创金融支持的范畴，并推出了服务投资机构、服务科创企业、服务科创上下游生态的三大业务板块。

（二）优化体制

将科创金融服务上升为行级战略，实现差异化的银行运作体系。成立专门的科创金融事业总部，作为全行仅有的三大前台事业部之一，专职从事科创金融工作的开展；在风险体系上，科创金融业务采取独立的风险评审路径，整个贷审会及审批人的设置均与其他业务分开；在信贷标准上，制定专门的科创金融准入、尽调和审批评价标准；在考核激励上，借鉴基金管理机构做法，采用类似 GP 的管理考核模式，针对投贷联动业务初步制定了 Carry 分配奖励制度。

（三）业务模式更新

采取"外部联动"与"内部联动"的做法。对外与超过 40 家优秀早期投资机构建立了业务合作关系，对内通过少量的认股期权的持有或少量股权的持有，通过个别价值成长客户贡献的少量超额收益对科创金融的信贷风险进行抵补，从而解决传统上银行对科创企业不敢贷款的问题。

（四）加强风险控制

建立了科创金融跟单融资的独特体系，自主研发投产了跟单融资系统，将贸易融资的风险管理理念、零售贷款中的跟借随还技术、保理业务的跟单技术等成熟的债权管理技术引入科创贷款中。

六专机制有效缓解科技型创新企业贷款难的困境

经过一年多的业务探索和积累，华瑞银行科创金融投贷联动业务模式的有效性得到了较好的验证。截至 2017 年 9 月 30 日，科创金融业务项下，实现与 40 家国内外优秀投资机构开展实质性合作，累计拓展科创金融客户近 400 户，实现放款客户数近 70 户，累计放款量近 80 亿元，科创企业资产余额 32 亿元。这些科创企业大部分为早期创业或成长期客户，覆盖了信息技术、医疗健康等多领域，目前超过 50% 的客户处于亏损期，在业务属性上，基本为信用贷款，无抵押或担保公司类担保贷款，反映了科创金融的业务特征。合计储备认股期权 41 笔，名义本金 1.9 亿元。

创新投贷联动"武汉样本"化解科技型中小企业融资难题

在全面创新改革试验中,武汉汉口银行探索实施投贷联动试点,形成了完善的"债权+股权"融资体系,促进了科技创新和实体经济的融合发展,缓解了科技型中小企业融资难题。

 融资难一直是困扰科技型中小企业发展的"痛点"

科技型中小企业自身特点导致其融资难。科技型中小企业尚处于成长发展阶段,规模小、整体信用水平不高,缺少金融机构可接受的有形资产,担保能力较弱;所经营的业务以科技创新为核心,具有高风险性,导致商业银行不愿为科技型中小企业提供贷款。

外部环境制约科技型中小企业融资。尽管我国不断出台鼓励政策,但是由于政府基金规模有限,知识产权价值难以准确评估,中小企业板、创业板上市门槛高,资本市场尚不完善等原因,大部分科技型中小企业仍无法有效融资。据统计,我国仅有 6.19% 的科技型中小企业认为自己的现行融资方式基本满足发展需求,98.7% 的科技型中小企业融资来自银行的间接融资。

 投贷联动是解决科创企业融资难的有效途径

2016 年 4 月,银监会、科技部与中国人民银行联合发布《关于支持银行金融机构加大创新力度开展科创企业投贷联动试点的指导意见》，明确了在武汉东湖国家自主创新示范区等5个示范区和汉口银行等10家银行开展投贷联动试点。图3-3为汉口银行投贷联动"银行+VC/PE"模式图。

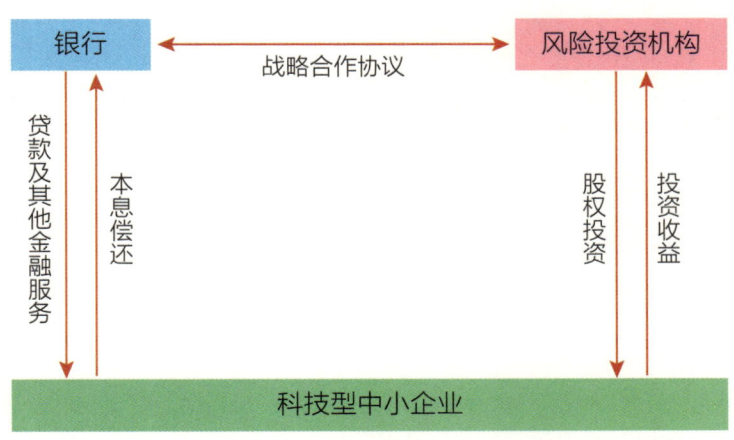

图3-3　汉口银行投贷联动"银行+VC/PE"模式

为抓好投贷联动试点工作，2016年10月，武汉市政府出台了《关于支持试点银行开展投贷联动业务的意见》，制定了政府与试点银行风险分担办法、试点银行考核办法等，建立了政府、银行共同参与的投贷联动风险分担机制，设立了总规模不低于100亿元的投贷联动风险补偿基金。2017年3月，武汉市金融工作局与湖北省银监局联合制定了《武汉市投贷联动信贷风险专项补偿基金实施细则（试行）》，对风险补偿基金的使用及补偿流程进行了细化。

汉口银行作为试点银行积极探索，迅速启动试点工作。**在组织架构方面**，成立了科技金融服务中心，专司开展试点区域科创企业信贷业务，现已获取相关金融监管牌照，正式对外营业，成为全国首家持牌经营的科技金融专营机构；其投资子公司的设立申请已报请国务院审核。**在机制方面**，明确了科技金融专属"九项单独"机制，即单独的考核激励机制、客户准入机制、信贷审批机制、审贷投票机制、风险容忍机制、业务定价机制、风险拨备机制、人才培养机制和先行先试机制。**在产品方面**，专门设计了"投联贷"等多种联动金融产品，建立"初创期""成长期""成熟期"三个科技企业项目库，对库内企业提供全生命周期的跟踪以及信贷、投资和顾问相结合的综合金融服务。2016年8月，汉口银行与武汉东湖国家自主创新示范区签署《投贷联动战略合作框架协议》。

为推动投贷联动业务平稳、可持续发展，汉口银行积极探索创新体制机制，打造投贷联动"武汉样本"。**针对投资收益少于信贷损失的风险**，汉口银行制定了试点业务总体管理办法，投贷联动各机构经营管理办法、业务流程、授权制度、风险管理办法、风险隔离机制等制度及投资收益对信贷风险的抵补机制、试点主体之间的联动考核机制、政府风险补偿资金划转机制等，并形成了操作性强的落地方案。**针对股权与债权投资周期不匹配的风险**，汉口银行制定了投贷联动业务策略，其中投资企业类型侧重于成长早中期、成长潜力比较突出的科技企业，行业侧重于光电子信息、生物医药、节能环保、现代服务业等试点区域优势产业及大消费产业，以财务投资为主，以匹配债权业务中短期的特点。**针对投资与贷款联动不紧密导致资产管理效率低下的风险**，汉口银行推进投贷联动试点机构业务、人员、机制多项联动，实施投资经理与客户经理共同经办投贷联动投资和信贷项目、共同开展投贷联动项目评审、共同评价项目风险收益等机制，加强投资与信贷业务在业务流程中的协同效应，实现信贷贷前、贷中、贷后和投资投前、投中、投后的联动管理。为扩大投贷联动业务规模，汉口银行设计了投贷联动考核激励机制。在总行考核层面，将科技金融和投贷联动作为加分项业务向全行推广；在专营机构考核层面，区别于传统商业银行考核指标，总行下达至投贷联动专营机构的考核弱化了对规模指标的要求，侧重于考核科技金融客户数量、渠道客户数量、投贷联动业务数量、创新产品数量等投贷联动特色业务指标；在创投子公司考核层面，按照创投行业的惯例，将管理团队考核与具体项目和投资收益报酬挂钩，并设计了信贷客户推荐数、私募基金托管客户数、高端零售业务数等投贷联动业绩奖励指标；在投贷联动业务层面，专营机构和创投子公司建立了联合设立、推动融资和服务方案的制度，总行、专营机构和创投子公司也制定了相应的奖励办法，鼓励全行推荐优质客户，集全行之力推进投贷联动业务。

三 投贷联动试点的开展在缓解科技型中小企业融资难方面取得了明显成效

投贷联动模式的推进，有效化解了科技型中小企业收益与风险不对称问题，放松了银行的风险容忍度，不仅可以通过股权融资满足科技型中小企业发展需要的长期资金，而且通过贷款解决了日常营运资金的缺口，切实缓解了科技型中小企业融资难问题。2017年，武汉市三家试点银行先后与39家内外部投资公司开展合作，支持科创企业94户，投贷发放额达到36.64亿元。其中，投贷联动贷款余额7.04亿元，同比增长84.29%；对应投资总额29.6亿元，同比增长38.1%。汉口银行投贷联动累计支持科创企业69户，通过投贷联动为客户累计引入投资27.17亿元，投贷联动客户贷款余额3.96亿元，服务的科创企业的多项研发成果位居全国前列，极大地支持了区域科创企业的成长与发展。

目前，汉口银行科技金融服务中心和创投子公司筹备组在牌照获批前提前启动业务储备工作，初步确定了22家企业为备选投资企业，其中，与武汉璟泓万方堂医药科技股份有限公司签订了5000万元"债权+股权"融资支持协议，与试点地区优势行业的重点企业，如默联股份、联宇技术、迪艾斯科技等14家企业签订了认股选择权协议，约定后期股权投资金额6000万元，目前浮盈1000余万元。待创投子公司获批后，将开展试点区域科创企业股权直投业务，从而在汉口银行内部形成"债权+股权"金融服务能力。

基于政府风险补偿的投贷联动模式缓解中小企业融资难题

西安市在推进全面创新改革试验中，发挥政府政策和资金的引导作用，结合风险补偿机制和投贷联动试点政策，试行中小微企业投贷联动试点业务，通过"搭建市场化平台+建立合作网络+制定支持政策"，探索推动银行业金融机构业务创新发展，为推动驻市银行业金融机构基于中小企业成长周期前移金融服务，充分调动了金融机构的积极性，为西安市种子期、初创期、成长期的中小企业提供稳定、持续的资金支持奠定了良好基础。

一 中小企业"融资难、融资贵"问题仍然存在

银行的经营特点决定了其风险厌恶型的风险偏好，更倾向于对资产规模大、盈利能力稳定、抗风险能力强、信息相对公开透明的大企业进行"锦上添花"，而对于需要"雪中送炭"的中小微企业的融资需求，往往慎之又慎。即便是"投贷联动"试点银行，在项目选择上也倾向于有一定成长基础的存续企业，在产品上甚至会倾向于仿照信贷产品设计固定回报的直投产品。缺乏风险缓释或补偿机制的支持，银行不情愿将资金投向"缺乏信任感"的中小微企业（相比较大企业，中小微企业和银行的信息不对称问题更为突出）。

二 基于政府风险补偿机制的投贷联动模式助力打通中小企业融资瓶颈

政府风险补偿机制是将政府的组织协调和财政资金撬动作用与银行的融资优势相结合，帮助银行弥补对包括科创型企业在内的中小企业提供融资支持的信贷风险，调动银行向中小企业提供"投贷联动"支持积极性的有效方式。西安市基于政府风险补偿机制，积极从机制和制度上设计科学的"投贷联动"模式，着力解决中小企业融资"两难"问题（图3-4）。

一是设立承接"投贷联动"模式的市场化平台。2016年9月28日，西安市设立了西安股权托管交易中心有限公司（以下简称"西安股权中心"），作为西安市"投贷联动"工作的承接载体和中小企业支持政策的综合运用平台。

二是通过西安股权中心与"投贷联动"试点银行广泛建立合作网络，建立投贷联动项目储备库，与相关银行签订合作协议。

三是拟定《西安市关于鼓励开展科创型中小微企业投贷联动试点业务的实施意见》，规定对投贷联动试点银行推荐的企业贷款项目涉及知识产权质押贷款部分

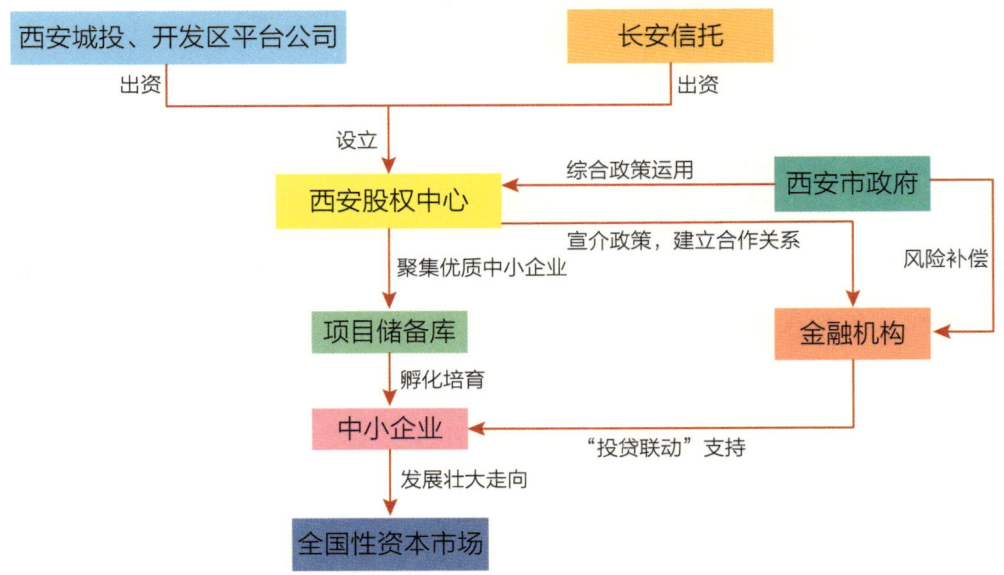

图3-4 基于政府风险补偿机制的投贷联动模式图

进行一定的贷款贴息支持。同时，对于符合投贷联动业务标准的，在推荐企业发生贷款坏账时，对坏账损失金额的 50% 给予风险补偿。对于符合投贷联动业务标准的关联投资业务，市科技创业种子投资等各类政府投资基金优先给予阶段参股和跟进投资支持，并对经认定的投资损失给予不超过 30% 的风险补偿。

 基于政府风险补偿机制的投贷联动模式在撬动金融资源方面取得了明显成效

通过"搭建市场化平台 + 建立合作网络 + 制定支持政策"，西安市基于政府风险补偿的投贷联动模式在撬动金融资源方面取得了明显成效。

一是广泛调动了金融机构的积极性。 通过西安股权中心作为政策的综合运用平台，大力宣介风险补偿等中小企业相关扶持政策，24 家金融机构（或投资机构）与西安股权中心签订了战略合作协议，其中银行 16 家，覆盖在陕所有投贷联动试点银行，意向性授信额度总计达 216 亿元。已有 34 家私募股权投资机构作为合格投资人，据不完全统计，其管理的金融资产总计超过 320 亿元。

二是建立了稳定、持续的投贷联动项目储备来源。 以"储备库"为抓手，成批量、成系统地构建投贷联动项目，积极推动中小企业与"投贷联动"试点银行对接，储备了逾 450 家中小企业，已向有关金融机构推荐了近 200 家。

三是中小企业获得显著的实质性融资支持。 截至 2017 年 12 月 31 日，在西安股权中心挂牌的企业已获得银行贷款 10870 万元，获得股权投资 215885 万元。通过发挥西安股权中心的融资对接作用，在中心挂牌中小微企业的间接融资满足率超过 12%，直接融资的满足率达到 4% 以上。

037

科技型进出口中小企业风险控制端口前移的融资补偿机制

在全面创新改革试验中，四川省搭建出口企业综合金融服务平台，借助出口信用保险和银行海外征信体系，提前对科技型中小企业境外意向项目以及境外金融机构开立的信用证进行风险评估，并建立相应的出口信用保险保单融资风险补偿机制，减少银行发放贷款的顾虑，支持科技型中小企业走出"有单无力接"的困境。

一 科技型中小企业进出口融资难问题掣肘企业发展

中小微进出口企业是发展对外贸易的重要组成部分，但这部分企业普遍轻资产，缺乏抵押或担保物，融资渠道单一、融资成本高，存在"有单无力接"的困境；企业对境外客户经营和信用状况掌控难，信息实时核查渠道少、成本高，进出口收汇风险大。银行机构出于风险控制考虑，对中小微进出口企业发放融资贷款顾虑较大，企业融资难、融资贵问题突出。

二 融资补偿机制将风险控制端口前移

四川省德阳市搭建出口企业综合金融服务平台，构建资源共享、风险联控、融资便利、补偿兜底的综合服务体系。建立出口风险控制机制，将企业出口风险控制端口前移，借助出口信用保险和银行机构海外征信体系，提前对企业意向合作项目以及境外金融机构开立的信用证进行风险评估。建立出口信保保单融资风险补偿机制，设立风险补偿资金池1000万元，用于出口信用保险融资担保风险补偿，对融资担保损失给予20%补偿。简化出口融资流程，降低出口信保保单融资成本，贷款利率在基准利率之上最高上浮不超过30%，出口融资担保费率不超过2%，对融资担保费、出口信用保费给予补贴，对金融机构给予支再贷款及再贴现支持。

安徽省财政、商务部门共同设立了总额1.6亿元的中小微进出口企业风险准备金，由省担保集团通过再担保、联保等方式，对符合条件的中小微进出口企业流动资金专项贷款进行风险补偿，其中，专项贷款中风险准备金呆坏账损失代偿比例为65%，担保机构为25%，贷款银行为10%；专项贷款利率上浮幅度控制在15%以内，担保集团担保费控制在1%以内。

三、助推提升科技型中小企业出口能力

2016年，四川省德阳市出口企业综合金融平台服务企业61家，支持出口规模8.2亿美元，累计办理出口信保保单融资业务97笔。截至2016年年底，安徽省累计支持900多家企业获得银行流动资金专项贷款60亿元，平均代偿率约2.0%，远低于目前大多数商业银行规定的小微企业贷款呆坏账容忍度，缓解了中小微进出口企业融资难、融资贵问题，极大地提升了中小微出口企业的出口信心和接单能力。

科技保险支公司体制机制创新推动科技创新风险管理

在全面创新改革试验中,安徽省完善以市场为导向的科技创新风险管理体制,给予科技保险支公司充分自主权,统领本系统全省科技保险业务经营和管理,允许其单独制定承保和理赔政策,积极探索科技保险支公司新的体制机制,有效防范科技创新与科技成果转化带来的风险。

一、传统保险机构经营管理体制适应性较差是保险服务科技创新的一大瓶颈

党的十九大报告提出,建立以企业为主体、市场为导向、产学研深度融合的技术创新体系。科技创新是高风险的活动,必须建立健全科技创新风险管理机制。保险是最基础的、最可持续的风险管理方式,在化解科技创新风险、支持科技企业发展方面发挥了积极作用,但由于科技企业面临的风险具有前沿性、专业性、不易度量的特点,传统保险机构的管理机制已无法适应科技企业风险管理需要。

具体来看,**一是管理机制不灵活**。总公司拥有保险产品设计权限,但与基层机构间信息传递需跨越多个层级。基层保险机构虽然掌握企业科技保险需求,却无法有效提供专业化服务。**二是创新考核导向不突出**。由于科技保险规模有限,在看重规模和利润的传统经营管理模式下,没有建立以创新为导向的考核机制,

持续性资源投入得不到有效保障。三是专业服务能力不足。科技保险人才和技术资源分散于各级机构，专业服务能力与创新企业客观需求之间差距明显。

 科技保险支公司体制机制创新进一步完善了科技创新风险管理方式

科技保险支公司体制机制创新的核心是实现了"三化"：

一是经营管理体制专业化。给予科技保险支公司充分自主权，统领本系统全省科技保险业务经营和管理，允许其单独制定承保和理赔政策。在管辖权限上，科技保险支公司直属省级分公司，可与总公司相关部门直接沟通业务政策、产品设计等，提升上下沟通效率。在监管政策上，优先支持科技保险支公司开展新材料首批次应用保险等创新试点。

二是考核体系专门化。保险公司内部对科技保险支公司采取有别于一般保险机构的考核体系，降低保费、利润等一般机构主要考核指标的比重，增加科技保险广度和深度、重点试点推进情况等指标权重，在考核导向上鼓励科技保险支公司充分发挥支持科技创新的作用。

三是资源配置集中化。相关专业人才、技术、风险数据等资源向科技保险支公司集中，在资源配置上形成强点，以提升数据挖掘、风险保障等专业化能力。

 科技保险支公司体制机制创新在完善科技创新风险管理方面取得了明显成效

2017年，在安徽省有关单位和总公司的大力支持和推动下，人保财险、太保产险、平安产险等科技保险人才、技术、数据等方面较具优势的3家保险公司先后在皖设立科技保险支公司，在专业团队建设、保险技术创新、风险数据积累、产品设计、经营机制适应性等方面进行了制度创新，提升了科技保险支撑科技企业发展的有效性和针对性，为全国科技保险创新了组织模式和管理模式。

目前，科技保险支公司试点开展新材料首批次应用保险，为淮北陶铝等企业40多批次重点新材料首次应用提供风险保障6.3亿元；支持50多项首台（套）装备，为企业提供风险保障10.2亿元，是2016年全年的50多倍。受此带动，2017年，安徽科技保险发展迅速，全年为全省高新技术企业提供风险保障超过1300亿元，是2016年的1.6倍。

基金化运作政策性融资担保新模式缓解中小微企业融资难题

在全面创新改革试验中，上海市按照"政策性主导、专业化运作、基金式管理"的原则，设立上海中小微企业政策性融资担保基金，引导金融资源回归到支持实体经济的本源，有效缓解中小微企业融资困难，促进中小微企业发展。

一、融资难仍是中小微企业发展过程中普遍遇到的难题

随着我国经济进入新常态，中小微企业在转型发展过程中面临的"融资难"问题日益突出，主要表现在贷款门槛高、办理手续繁、缺乏担保措施、贷款利率高等方面。造成这种现状的原因主要在于中小微企业普遍存在资产规模小、抗风险能力较差、可抵押物较少、信息不透明等问题，从而导致银行放贷意愿降低。

二、基金化运作政策性融资担保业务新模式

上海市设立上海中小微企业政策性融资担保基金（以下简称"担保基金"），担保基金首期规模50亿元。2016年6月，上海市中小微企业政策性融资担保基金管理中心（以下简称"市担保中心"）正式揭牌运营。担保基金的组织架构按照"政策性主导、专业化运作、基金式管理"的原则搭建。在管理层面，设立基金理

事会作为基金最高决策机构，理事长由分管市领导担任。在运作层面，设立市担保中心作为具体管理运营担保基金的独立法人机构。

（一）新型银担合作机制

一是银行业金融机构捐助机制。担保基金首期规模50亿元中，市、区两级财政出资45亿元，商业银行捐助5亿元。二是以合作银行送保的"间接担保"为主的业务模式。担保基金采用以合作银行送保为主的"间接担保"模式。三是银担风险分担机制。担保基金实行比例担保，原则上对担保贷款的代偿比例不超过80%，与合作银行共担风险。

（二）体现政策性导向的考核和配套机制

建立了以政策性为导向的考核和配套机制，其特点：一是服务对象仅限中小微企业，二是严格把关产业导向，三是实施政策性低担保费率。重在考核其支持培育的中小企业数量和质量。

（三）政府主导的后续资本补充机制

为确保担保基金的政策性导向，实现担保基金可持续运营，建立了以政府主导的后续资本补充机制。

（四）建立适应小微企业特点的担保机制

一是确立以"信用保证"为主的担保客户定位。针对小微企业特别是科技型小微企业"轻资产"的特点，担保基金实施了以"信用保证"为主的担保机制。二是开发适应小微企业"短、小、频、急"贷款需求的担保产品。专项开发出"批量担保"模式，即对于合作银行发放的单户授信额度在300万元以下的小微企业信用贷款，担保基金仅进行形式审查。三是与主管部门合作建立符合行业特点的政策性担保产品体系。例如：担保基金会同市经信委共同研究制订"专精特新中小企业千家百亿信用融资计划"工作方案。

（五）坚持整体风险把控的风险管理机制

与担保基金实施的"间接担保""信用保证"等制度相衔接，担保基金实施了一套整体风险把控的风险管理机制。一是建立与合作银行风险共担及风险评价制度。市担保中心与合作银行实行比例担保机制，担保比例为70%～80%，并对合作银行进行整体评估，实行差异化管理，合理确定下一年度的合作额度、担保成数等。二是实施"后代偿"模式。针对存在抵押或质押担保方式的担保贷款项目，在贷款逾期后，先由合作银行全额向法院提起诉讼并处置在抵、质押物，待处置完毕后担保基金再就差额部分按比例予以代偿。三是担保信息与全市公共信用信息服务平台互联互通。为防范企业信用风险，提高企业违约成本，担保基金与上海市公共信用信息服务平台对接，实现失信记录互联互通。

上海市中小微企业政策性融资担保基金运作流程如图3-5所示。

三　基金化运作政策性融资担保业务新模式成效显著

（一）融资担保业务初具规模，整体风险可控

截至2017年12月底，担保基金累计通过担保项目7133笔，担保贷款额109.79亿元。从平均担保金额来看，担保基金企业类担保项目平均担保金额仅267万元，个人创业担保平均担保金额仅22万元，平均保费占比为0.6%，切实做到了为小微企业服务。

（二）政策性担保特点显著，契合小微企业融资需求

从政策性担保业务开展情况来看，主要呈现三个方面的特点：一是以信用类担保为主，信用类担保约占企业担保业务的91%；二是政策性导向明显，科技型企业、战略性新兴企业等政府重点支持的产业领域企业占比为42%；三是审核效率较高，担保基金通过设立绿色审批通道、开发专项产品等方式，不断提高审核效率，一般3～7个工作日内即可完成审批。

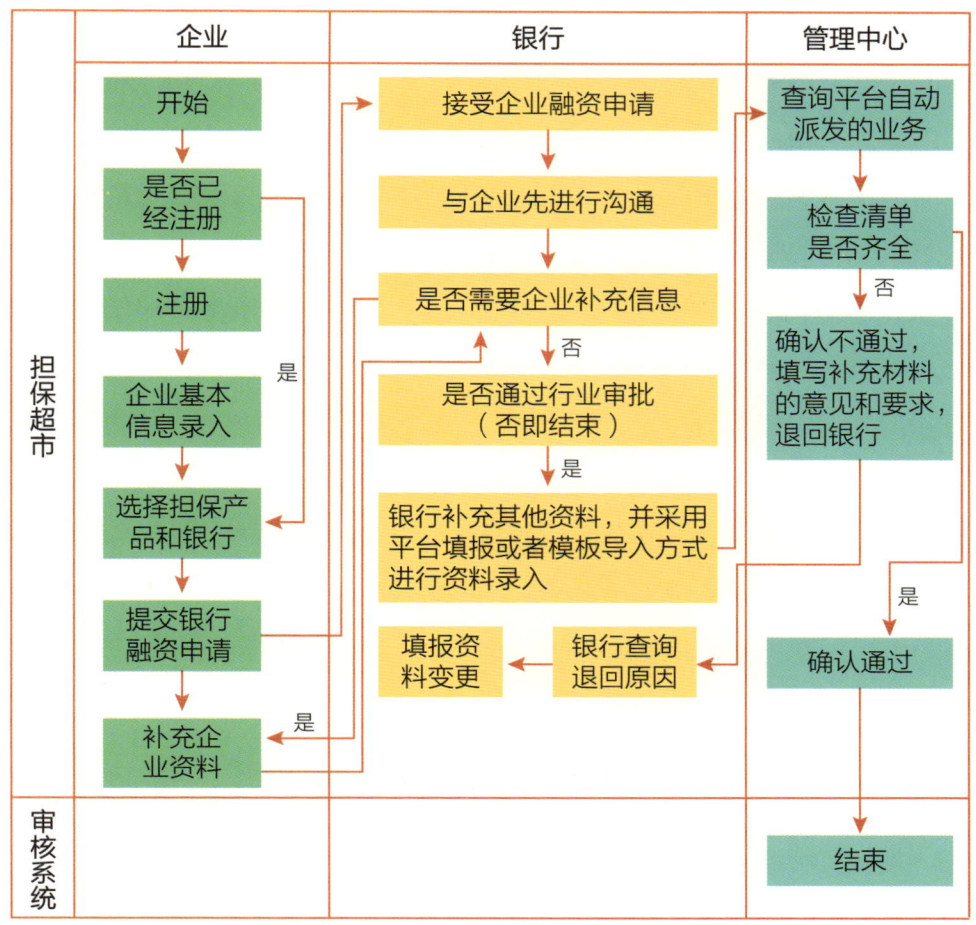

图3-5　上海市中小微企业政策性融资担保基金运作流程

(三)合作银行范围较广,银担合作体系初步建立

截至2017年年底,担保基金已与38家商业银行正式签订了合作协议,银行授信总额达371.5亿元,基本形成覆盖大型国有商业银行、全国性股份制银行、重点城市商业银行、部分农村商业银行和村镇银行以及外资银行在内的合作银行体系。

(四)创新担保产品逐步丰富,支撑服务体系初步建立

成立以来,担保基金积极拓展与各政府部门、合作银行的合作,开发出"专

精特新"专项担保、"科技小巨人信用贷""阳光贷""文创保""银税保"等多种专项政策性担保产品。此外，担保基金与各区政府及相关部门开展试点合作，形成市区合力。例如：与浦东新区开发区、孵化器、创业创新基地等小微企业服务机构对接，开展了"市区联动政策性融资担保业务合作"试点，鼓励各服务机构向市担保中心和合作银行推荐优质中小微企业融资需求，从而扩大政策性担保服务覆盖面。

银行间市场"双创债"模式开辟创新创业融资新路径

在全面创新改革试验中,四川省成都市高新区成功发行全国首单银行间市场"双创债",解决中小企业规模小、评级难、抵押资产少造成的难以独立发债的难题,在全国首次实现利用银行间市场资金直接支持双创企业,拓宽了双创企业和载体建设资金来源渠道,开辟了创新创业融资新路径。

一、融资难是长期制约中小企业发展的"痼疾"

目前,处于成长期的双创企业存在较强的融资需求,但因企业规模较小、缺少资产抵押,普遍面临融资难、融资成本高等难题。2016年3月,证监会启动交易所市场"双创债"试点,主要面对创新创业公司和创业投资公司,一定程度上缓解了双创企业融资难、融资贵的问题,但是交易所市场发行的"双创债"的一些"先天缺陷",使双创企业独立发债依然面临很大困难:一是创新创业公司多为轻资产公司,如果企业进行评级,难以取得较高评级。虽然"双创债"不强制要求评级,但是未评级的债项较难获得投资者的认可,导致企业综合融资成本较高、融资过程中谈判能力较弱;二是"双创债"支持设置转股条款,但是由于中小科技型公司的股权较难获得广泛被认可的公允定价,且公司因实施转股造成股权结构变化对其发行上市的实质性影响有待进一步明确,发行设置转股条款的"双创债"也面临一定的困难;三是目前专门投资于"双创债"的专项基金或产业投资基金规模有待扩大,相关配套支持措施有待进一步完善。

二 银行间市场"双创债"模式开辟金融机构支持双创企业新路径

2017年5月，成都市高新区以成都高新投资集团有限公司为主体，首次在中国人民银行下属中国银行间债券市场发行"双创债"，注册规模10亿元。首期发行金额5亿元，期限5年，发行利率5.6%。

一是首创资金来源。成都市高新区发行"双创债"是银行间市场首次直接支持地区双创工作，打开了银行间市场资金进入双创企业的渠道，金融资本与实体双创企业进行了对接，对推动成都市高新区实施创新驱动发展和助力地区经济转型升级具有十分重要的意义。

二是资金用途灵活。成都市高新区双创专项债务融资工具创新性地允许将募集资金通过委托贷款或股权投资的形式支持成都市高新区双创企业发展，可以投贷联动的方式对双创企业进行政策性投资扶持，有效地将金融体系的资金导入实体经济，加强了创新资源供给。

三是优化发债主体。沪、深交易所市场试点的"双创债"均以双创企业为发债主体，由于双创企业经营风险高、信用评级低、发行规模小，难以大规模推广。成都市高新区首单银行间市场"双创债"发债主体选择信用等级较高、园区经济发展态势良好、长期支持"双创"企业融资的园区开发平台，有效调动市场积极性，降低债券发行成本。同时，发挥园区经营企业引领辐射作用，探索大中小企业融合发展的新路径，依托资金输入，吸引众多双创企业成为创新共同体，促使创新创业资源集聚区域形成优势互补、相互服务、利益共享的产业生态。

四是创新风控手段。成都市高新区"双创债"发行拟建设的双创载体与拟支持的双创企业均需申报银行间市场交易商协会并向投资者公开，由市场来判断相关投资是否合理，风险是否可控，成都市高新区对企业培育和产业扶持的投入方式进一步实现了市场化、金融化和杠杆化。同时，中国人民银行和银行间市场交易商协会，通过开立资金监管专户、增加专项信息披露等方式，严格管理募集资金投向，提高用款情况透明度，确保专款专用，精准支持双创企业发展，实现

"促发展"与"防风险"并重。

五是规范平台融资。财政部等六部委出台《关于进一步规范地方政府举债融资行为的通知》(财预〔2017〕50号)和《关于坚决制止地方以政府购买服务名义违法违规融资的通知》(财预〔2017〕87号),对地方政府及其平台融资进行了进一步规范。在新形势下,成都市高新区按商业化原则履行相关程序,依法合规用"双创债"开展市场化融资,既贯彻落实了中央精神,又有力支持了地方实体经济发展。

成都市银行间市场"双创债"发行流程如图3-6所示。

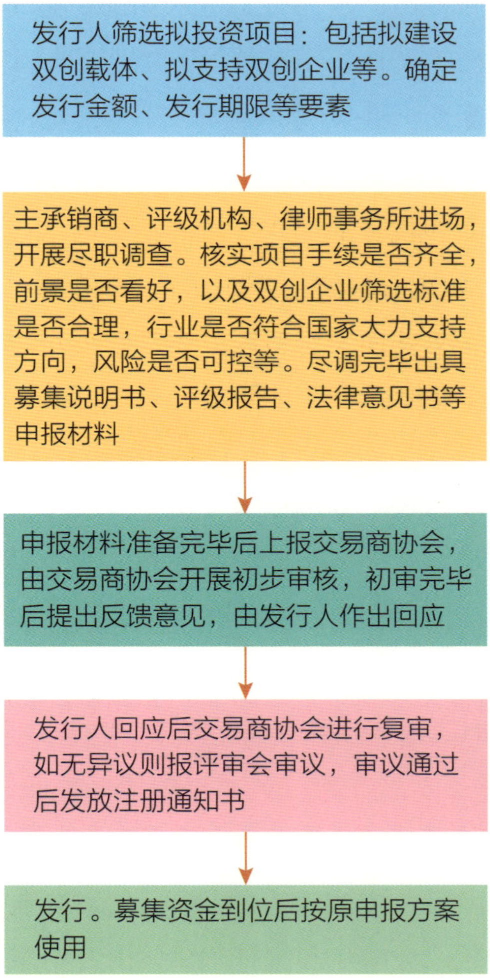

```
┌─────────────────────────────────┐
│ 发行人筛选拟投资项目:包括拟建设      │
│ 双创载体、拟支持双创企业等。确定     │
│ 发行金额、发行期限等要素            │
└─────────────────────────────────┘
                 ↓
┌─────────────────────────────────┐
│ 主承销商、评级机构、律师事务所进场,  │
│ 开展尽职调查。核实项目手续是否齐全, │
│ 前景是否看好,以及双创企业筛选标准   │
│ 是否合理,行业是否符合国家大力支持   │
│ 方向,风险是否可控等。尽调完毕出具   │
│ 募集说明书、评级报告、法律意见书等   │
│ 申报材料                           │
└─────────────────────────────────┘
                 ↓
┌─────────────────────────────────┐
│ 申报材料准备完毕后上报交易商协会,   │
│ 由交易商协会开展初步审核,初审完毕   │
│ 后提出反馈意见,由发行人作出回应     │
└─────────────────────────────────┘
                 ↓
┌─────────────────────────────────┐
│ 发行人回应后交易商协会进行复审,     │
│ 如无异议则报评审会审议,审议通过     │
│ 后发放注册通知书                    │
└─────────────────────────────────┘
                 ↓
┌─────────────────────────────────┐
│ 发行。募集资金到位后按原申报方案     │
│ 使用                                │
└─────────────────────────────────┘
```

图3-6 成都市银行间市场"双创债"发行流程示意图

银行间市场"双创债"模式在推动金融机构支持双创企业方面取得了明显成效

截至2017年年底，成都市高新区合计发行"双创债"7.5亿元，除用于支持双创载体建设外，计划投入1亿元用于支持双创企业发展。其中，新一代信息技术孵化园及生物医药创新孵化园2018年上半年竣工投入使用，为成都市高新区提供近80万平方米的双创载体，为新一代信息技术服务和生物医药研发企业提供全方位孵化支持。同时，通过高投集团利用"双创债"募集资金，以股权投资方式，已完成对中科大旗等7个双创企业投资4244.5万元，后续拟投双创项目涵盖生物医药、高端装备制造、互联网软件开发、节能环保等国家战略性新兴产业，为双创企业健康发展有效解决资金问题。

截至2017年年底，四川省辖内先后有成都高投集团、自贡高投集团累计发行3期双创债券13.5亿元。另外，天府新区、成都双流区以及德阳、泸州等4家企业双创债券注册资料已经上报交易商协会，预计注册金额为40亿元。

041

保证保险贷款模式开辟科技型小微企业融资新途径

在全面创新改革试验中，武汉市通过建立"保险保障＋财政风险补偿"的风险分担机制，创新开展科技型企业保证保险贷款业务，极大地调动了金融机构支持科技创新的积极性，有力地缓解了"轻资产"科技型小微企业融资难问题。

一 "轻资产"、不确定性大是科技型小微企业融资难的"拦路石"

科技型小微企业是典型的"轻资产"企业，缺乏有效抵质物，加之发展过程中，特别是初期有较大的不确定性，难以从银行获得贷款，严重地制约了科技成果向现实生产力转化。

近年来，金融机构服务科技创新企业，尤其"轻资产"科技型小微企业的金融产品与普通中小企业金融产品同质化严重，仍然走传统抵押贷款的"老路子"，科技型小微企业融资难问题并没有得到有效的缓解。开发出一款既能够让"轻资产"科技型小微企业无须抵押物，以信用的方式即可取得贷款，又能有效防范银行风险，提高其积极性的信贷产品，帮科技型小微企业搬掉融资难这个"拦路石"，有着非常重要的现实意义。

二、引入"保险保障+财政风险补偿"增信机制，探索出一条缓解科技型小微企业融资难的有效途径

中国人民银行武汉分行营管部联合湖北省保监局、东湖新技术开发区管委会，在东湖国家自主创新示范区引入"保险保障+财政风险补偿"增信机制，试点开展科技型企业保证保险贷款。

一是出台试点政策文件，规范创新业务流程。先后出台《东湖国家自主创新示范区科技型企业保证保险贷款业务》《改进和完善东湖国家自主创新示范区科技型企业保证保险贷款业务的补充意见》《进一步改进和完善东湖国家自主创新示范区科技型企业贷款保证保险业务运行机制的意见》，对贷款业务流程、风险补偿做出明确的规定，为创新业务开展提供了有力的政策保障。

二是合理设定风险控制措施，有效防范创新业务风险。业务开展过程中引入东湖信用促进会，对科技型企业进行认定和信用评级，信用评级达到BBB以上的科技型小微企业以信用方式即可从银行获得贷款。贷款逾期2个月进入风险补偿程序，保险公司赔付贷款本息损失的50%，同时代财政垫付贷款本息损失的30%，财政纳入下一年度预算后按年与保险公司进行清算。对追偿回来的资金，保险公司、银行、管委会按5：3：2进行分配。当经办银行保证保险贷款逾期率超过15%，或保险公司贷款保证保险赔付率达到150%时，停止办理此项业务。

三是加大财政金融扶持力度，不断降低产品融资成本。明确要求该项贷款产品利率最高不超过基准利率的1.3倍，保险费率最高不超过贷款本金的2.4%，并不得再收取其他任何费用。东湖新技术开发区管委会对贷款利息按基准利率给予50%贴息，投保费用给予60%补贴，信用评级费用给予全额补贴。

四是强化激励引领，提高金融机构开展业务的积极性，试点业务采取准入制。只有取得总部授权、建立运行机制、有储备客户的金融机构才能准入试点，同时建立试点业务资格退出机制，对累计半年不开展业务的试点银行、不按时履行代

偿职责的保险公司，取消其试点资格；建立创新容错（尽职免责）机制，试点金融机构各岗位责任人已依法依规、勤勉尽责地履行了职责，在贷款出现风险时，予以免责处理。

在试点取得成功后，2017年11月，中国人民银行武汉分行营管部联合湖北省保监局、武汉市科技局、武汉市财政局出台《武汉市科技型企业保证保险贷款操作办法》，在全市推广复制这一创新金融产品，并将贷款流程进一步优化。一是企业只需市科技金融中心认定为科技型企业即可以信用形式申请保证保险贷款，无须再进行信用评级，贷款门槛和时限进一步降低。二是贷款出现风险时，保险公司只需赔付自身承担的50%，无须代财政垫付30%，财政按季向银行机构补偿贷款损失30%，极大地提高了金融机构开展业务的积极性。三是提高业务准入的普惠性，金融机构在全市开展业务无须审批，有意开展业务的金融机构向中国人民银行、武汉市科技局、湖北省保监局备案后即可开展。武汉市科技型企业保证保险贷款业务流程如图3-7所示。

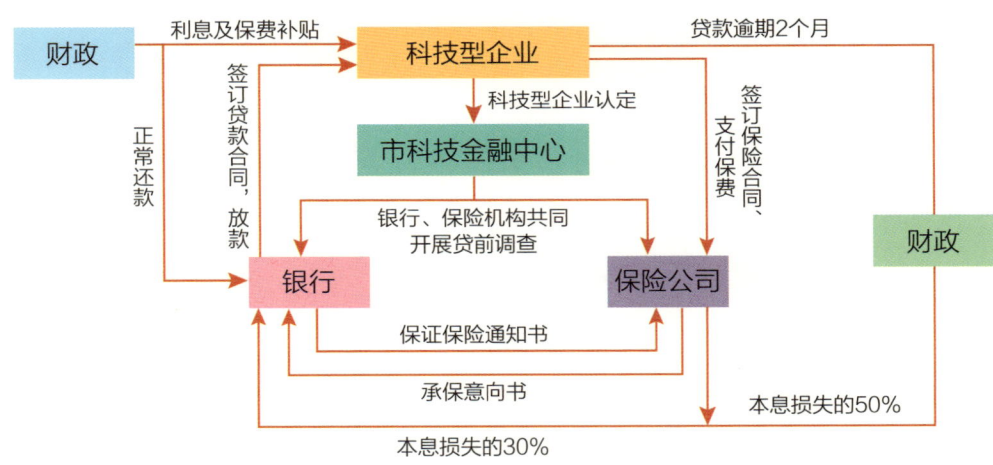

图3-7 武汉市科技型企业保证保险贷款业务流程图

总体来看，科技型企业保证保险贷款产品，解决了科技型企业融资过程中的两个问题：一是有效解决了科技型小微企业融资过程中缺乏抵押物的难题；二是通过市场化与政策性相结合的方式有效分担了银行信贷风险。

科技型企业保证保险贷款在支持科技型小微企业发展方面取得了明显成效

科技型企业保证保险贷款通过引入保险和政府风险分担的方式对企业贷款进行增信，企业无须再提供固定资产等抵押物，也无担保公司提供担保参与，因此也不要提供反担保物，贷款方式为纯信用，极大地降低了科技型小微企业融资门槛，提高了融资可得性。同时，由于财政对科技型企业保证保险贷款给予补贴的力度较大，通过该产品贷款的企业融资成本远低于普通小微企业，算上各项补贴，企业最终融资成本仅为4.44%，接近贷款基准利率（一年期为4.35%）。

该项创新业务被《新闻联播》《金融时报》等新闻媒体广泛报道。截至2017年年底，武汉市共有11家商业银行、4家保险机构实际开展该业务，累计为420家科技型小微企业提供融资近10亿元，其中，获得支持的科技型小微企业中有39家在"新三板"挂牌、23家在"四板"挂牌。

构建地方特色科技金融框架
提升金融服务能力

在全面创新改革试验中,上海市通过建立科技金融专营、专业、专用、专门、专项、专属"六专机制",形成"创投型"信贷模式和"区域版"投贷联动新模式,提升了金融服务科技创新的能力,为创新生态体系的加快形成提供了有力支撑。

一 我国金融市场化程度难以适应科创融资新需求

一方面,当前我国金融市场化程度仍不够充分,商业银行以批发金融做大规模,追求规模收益是其主要盈利模式,社会资金的总体配置方向没有偏重创新领域,金融体制和运行环境不能充分支持科创融资。同时,银行业金融机构经营管理不适应科创需求:单体机构没有充分竞争和市场退出的压力,没有差异化发展的动力,表现出高度风险厌恶和同质经营并存的特性,不能适应科技创新的个性化特征,以抵押为主的传统信贷模式不能满足"轻资产型"科创企业的金融需求,在战略定位上,也缺少内生动力去选择在科创领域培育"利基市场"。另一方面,金融监管不能充分平衡风险与创新的关系。在风险为本的监管中,忽视了产业结构升级和经济不增长产生的宏观风险,以总量指标控制为主的审慎监管不能够有效地应对实体经济动能不足和国际竞争力不足的问题。在督促金融机构加大服务实体经济力度时,没有相应安排监管机制,激发金融家的创新能力,没有专门为了创新战略安排金融家的容错空间,以允许其在科创领域开展更为积极的金融创新。

随着国家创新驱动发展战略的深化以及上海市建设具有全球影响力的科技创新中心任务的推进，金融如何更好地支持服务科技创新亟待破题。

二 科技金融框架打造科技资源和金融资源融合发展新优势

上海市着力构建有上海特色的"4465"科技金融框架，即：秉持"商业可持续、政策可托底、风险可控制、激励可相容"的经营理念；实现经营模式的四个转变，即：从"房变钱"转为"纸变钱"、从"向后看"转为"向前看"、从常规军转为特战队、从单干户转为合作社。通过这种整体设计与全行业推进的策略，充分挖掘商业银行的优势和能力，利用商业银行黏合各种资源，鼓励商业银行建立"1+N"平台服务模式。商业银行要与风险投资（VC）等专业投资机构、政府组织、科研机构联动，形成风险贷款、风险投资、政府担保基金、社会非营利组织、政策性金融工具、商业保险、多层资本市场工具开展广泛的联接，做好"政策、平台、工具、信息"等四个对接，协同打造能覆盖科创企业全生命周期的"金融服务链"，建设符合上海科创中心特点的科技金融生态环境。

三 "4465"科技金融框架有效支撑科技金融新发展

（一）科技金融专业队伍持续壮大

截至2017年第三季度末，辖内科技特色支行90家，较2016年年末增加13家，增速为16.88%；科技金融从业人员1475人，较2016年年末增加121人，增速为8.94%；挂牌科技支行较2016年年末新增1家。

2017年9月6日，上海市银监局向中国工商银行上海市分行核发张江科技支行金融许可证。这是上海市银监局在上海市科创中心建设以及大型银行分行业务转型需求背景下，具体指导和支持大型银行上海市分行在辖内设立的首家大型银行科技专营支行。上海市将创新监管体制，通过评估考核指导该行突出科技主题，体现专业和专注；突出政策导向，争取总分行更多的政策支持；突出风险意识，创新风险控制管理，同时进一步提升市场准入能力，为进一步壮大科技金融服务队伍贡献力量。

（二）科技金融业务稳步推进

根据统计监测，截至 2017 年第三季度末，上海市辖内科技型企业贷款存量家数为 4781 户，较 2016 年年末增加 478 户，增长率为 11.11%。贷款余额 2015.93 亿元，首次突破 2000 亿元大关，较 2016 年年末增长 34.36%，高于同期辖内整体贷款增速 23 个百分点。其中，科技型中小企业贷款存量客户数 4409 家，占比为 92.22%；贷款余额为 1060.95 亿元，较 2016 年年末增长 27.06%。

投贷联动业务方面，截至 2017 年第三季度末，投贷联动项下贷款存量家数 270 户，较 2016 年年末增加 87 户，增长率为 47.54%；贷款余额合计 50.81 亿元，较 2016 年年末增加 24.68 亿元，增长率为 94.44%。辖内银行通过投贷联动方式累计为 311 家科创企业提供贷款 105.91 亿元。

（三）产品服务不断创新

辖内金融机构积极拓展多样化科技金融服务，创新开发了一批科技金融整体服务方案和科技金融专属产品，如浦发银行的"FT 科创跨境通"，广发银行的"先行免息阶梯利率"，上海农商行的"鑫科贷"等。2017 年 12 月，上海市银监局指导中国金融工会上海工作委员会、上海市银行同业公会联合主办 2017 年上海市银行业"科技金融大擂台"劳动竞赛。

四
军民融合

习近平总书记在党的十九大报告中指出："坚持富国和强军相统一，深化国防科技工业改革，形成军民融合深度发展格局，构建一体化的国家战略体系和能力。"

现阶段，军民融合深度发展取得重大进展和成效，但仍存在一些制度性障碍。针对军民科研仪器设备不能互用、民参军资质办理流程复杂、军用技术难以适应市场化需求、军民标准缺乏衔接、军民企业融资较难、军民企业统计体系不健全、军工企业现代公司治理体系相对滞后、军品采购需求信息相对封闭等问题，四川、西安等试验区域从建立军民融合共享平台、形成民口企业配套核心军品认定与准入标准、建立军转民技术再研发机制、创制和整合军民标准、建立专门保密与金融服务机构、建立军民融合产业统计体系、实施军工企业混合所有制改革、采用竞争性采购制度等方面，设计了一系列促进军民创新资源双向流动的渠道，成效明显。

军民融合科学仪器共享平台推动军地科研资源开放共享

在全面创新改革试验中，四川省绵阳市建立四川军民融合大型科学仪器共享平台，提高军工科研院所仪器设备利用效率，缓解了国防科研资源高占用和民用领域资源相对短缺的矛盾。

一 我国大型科研仪器存在重复建设和资源浪费现象

长期以来，国家高度重视科研创新，不断投入大量物力财力，购置大型仪器设备，满足科研工作需求，国防军工科研院所更是具备了良好的科研、试验条件。但随着仪器设备逐年增多，科研仪器设备重复购置、分布零散、使用率低的弊端逐步显现。科学仪器设备的"利用率"，是指一定时期内科学仪器的有效工作机时与定额工作机时之比；科学仪器的"对外服务率"，是指一定时期内科学仪器的对外服务机时与有效工作机时之比。根据有关测算，我国大型科学仪器设备的利用率为86.5%，对外服务率为9.4%，相比发达国家仍有着明显的差距。

由于我国大型仪器资源分散在众多军工与民口科研单位、高校和大型企业中，部门与单位间缺乏沟通渠道，各单位对仪器设备实施占有式、封闭式管理，导致军工科研院所仪器设备共享受限和重复购置。主要表现：**一是开放共享优先级较低**。军工科研院所承担着国防建设的重要任务，科研生产设备设施首先要满足军工科研生产任务需求，对设备设施开放共享的主观意愿并不强烈。**二是保密管理模式限制**。在军工单位现有仪器设备保密管理模式下，很多单位为了避免出现保密问题，宁愿设备闲置，也不愿对外开放共享。三是利益激励机制缺失。军工单位激励机制大多与型号任务挂钩，对于向其他单位或民用领域开放还缺乏相应激励机制。

二、引入"互联网+""淘宝网""数据库"模式，建立市场化共享平台

2017年，四川省科技厅、绵阳市人民政府组建四川军民融合大型科学仪器共享平台。依托平台探索建立科研设施与仪器开放共享制度、标准和机制，加快推进科研设备和仪器向高校、企业、社会研发组织等社会用户开放。2017年11月，绵阳市政府出台《绵阳市重大科研基础设施和大型科研仪器向社会开放实施方案》，确定了平台以大型科学仪器设备、分析测试服务、测试方法与标准研究等为对象，充分利用现代信息技术、网络技术，通过对相关资源进行整合集成、优化配置、合理布局、开放共享，提高仪器设备资源的使用效率，为政府配置仪器设备资源提供决策依据，为企业提供开放服务，为科技创新及经济、社会发展提供支撑，促进科技创新驱动发展，提升科技创新能力。

平台总体定位"军地协同、共建共享、市场运营、价值服务"，按照"政府引导、市场运营、企业主体"的运营模式，在消除创新过程中信息不对称的公益性服务基础上，开展了以重大仪器联合攻关、委托定制研发等仪器开发，融资租赁、抵押等仪器金融服务为代表的六大服务平台，逐步建立了可持续的发展模式。一是建成科研资源共享的"大平台"。通过"互联网+"模式，有效聚集军工科研院所、军民融合企业、检测专家、仪器服务机构等军民融合资源，以仪器共享和检验检测等核心服务为主业，为企业提供方便快捷的检测服务，为科研院所带来实际的经济效益。二是建成仪器设备领域的"淘宝网"。将仪器设备信息进行了整合，仪器设备研发生产机构和企业可以通过平台发布供需信息；仪器设备所有者还能通过平台对仪器进行拍卖或抵押融资。三是建成军民融合发展的"数据库"。平台将采集的平台仪器数据、机构数据、检测数据、设备供需数据、设备使用数

据、设备耗材数据建立大数据库，为军民融合发展储备数据资源。军工科研院所大型科学仪器向社会开放后，提升了仪器设备利用率，降低了企业研发成本，实现互利共赢。

共享服务平台运营有效推进大型国防科研设施整合共享

四川军民融合大型科学仪器共享平台有效整合了以中国工程物理研究院为代表的 30 余家军工院所，以中国电子科技集团为代表的 50 余家军民融合企业，以大型科研仪器国家网络管理平台、四川省分析测试服务中心为代表的 20 余家服务平台，以风洞设备、核测试相关设备、物理性能测试仪器为代表的 15 个大类、3378 台套、总价值超过 36 亿元的仪器设备。聚集了以胡仁宇、胡思得、彭先觉三位院士为代表的各类专家 215 人，其中正高级职称 41 人，博士 63 人，专业领域涵盖了材料学、应用化学、仪器分析等多个领域，形成了 1 万余项指标的检测能力。自 2017 年 1 月运行以来，服务次数 5136 次，服务用户 1523 家，服务金额 2100 余万元，节省上千万元资金，大大减轻了创新主体的资金负担。

民口企业配套核心军品的认定和准入标准形成军工与民口企业"主配牵手"的合作模式

在全面创新改革过程中,四川省成都市在军民融合军品配套创新改革上,依托中国航发成都发动机有限公司(以下简称"420厂"),从加快推进军品科研生产入手,探索出民口企业配套核心军品的认定和准入标准,为企业参与军品配套完整解决方案,建立起军民融合的"小核心、大协作、专业化、开放型"的武器装备科研生产体系,推动军民科技资源集成融合,加快形成国防装备发展多元主体参与、开放协作高效的投资建设格局。

一 军工企业协作配套程度低,制约军民融合资源共享

军工企业不同程度地存在"政企不分""政资不分"的弊端。由于传统军工企业制度的封闭性,军品研制、配套领域更多的还是依靠原来的计划体制及指令系统在运行。传统军工集团内部配套、自成体系、"单打独斗"的倾向明显,军民资源共享水平不高,社会资源利用较少,民营企业很难进入军工领域。

现代武器装备的技术复杂性和研制成本进一步提高,迫切需要利用全社会资本、工业基础和高技术成果,支撑和保障武器装备建设。建立开放的军品采办市场和军品配套产品市场,一方面,可以扩大军工供给的来源,增加科研试错和技术扩散的机会;另一方面,尽快建立民口企业配套核心军品的认定和准入标准是

减轻国家财政负担和企业提质增效的需要。只要建立相关标准和准入机制,开放军品配套市场,并让供应商参与军品研制并"有利可图",市场自然会引导民营企业进入军工企业配套产业链,以市场竞争形成的价格或谈判价格为主导,缩小指令性定价的范围,也可减轻由国家包揽一切军品研制而给财政造成的负担。

二 建立民口企业配套核心军品的认定和准入标准

四川省成都市试点企业以某型发动机为主要产品,按照"小核心、大协作、专业化、开放型"原则,构建集成供应链,以产品研制生产过程为主线,以产业链上下游关键企业为依托,建立军民融合的供应商管理体系。

(一)战略上体现"产业生态圈"理念

一是重点关注航空发动机产业发展模式四个关键的影响因素:政府作用、产业组织、领头企业行为、自主创新体系。二是勇于借鉴和超越西方发达国家航空发动机产业发展的先进经验和做法。三是激发和释放企业推进航空发动机产业发展的动力活力,以近期、中期、远期为纵深,初融、中融、深融为高度的三维坐标系,引导支持更多优势民营企业有序进入装备建设领域。四是把改革创新企业管理和经营模式作为落实航空发动机产业发展的切入点。通过以上四个方面,在供应商中形成核心层、紧密层、松散层分层以及核心供应商、战略供应商、普通供应商分级,形成了较为完善的产业生态圈布局。

(二)规划上明确供应商管理体系目标

一是建立一套体系。一套涵盖流程、动作、规范和操作表单的完整供应商管理体系,形成上下高效互动、业务全面覆盖的供应链管理的核心能力。**二是搭建一个平台**。搭建一个覆盖上级机关、供应商及公司内部的供应商信息化平台。**三是打造两支队伍**。打造重点突出、全面覆盖、结构合理的供应商队伍,形成10~15家战略供应商,推动非核心能力调整,实现非核心零部件外协配套率不低于 50%，服务于公司各专业平台、中心，满足公司军贸生产需要；同时打造一支素质过硬的供应商管理专业人才队伍。

（三）路径上科学确定实施步骤

一是定制化开发。三大业务域组开发按照中国航发统一发布的流程和标准实施。**二是模块化优化。**将整个供应商管理体系划分为供应商选择管理、供应商过程控制、供应商评价管理三个业务域组，建立和完善企业的标准、规范、作业流程和表单。**三是系统化固化。**收集标准、规范、作业流程和表单在实际使用中发现的问题并对其进行改进完善，经过几轮迭代后使供应商管理体系文件逐步固化。

（四）完善供应商准入、过程参与等标准

一是加强准入管理。借鉴 GE、RR 理念和工具，对供应商从定性到定量评价，完善评价体系。以资质审查为基础，首件验证为核心，产能评估为关键，严格建立了准入标准。**二是加强过程管理。**构建外部专家培训认证、客户代表导入培训、公司内部系统培训督导、自主学习提高四维一体供应商培育发展体系是创新联合竞标机制。供应商准入流程如图 4-1 所示。

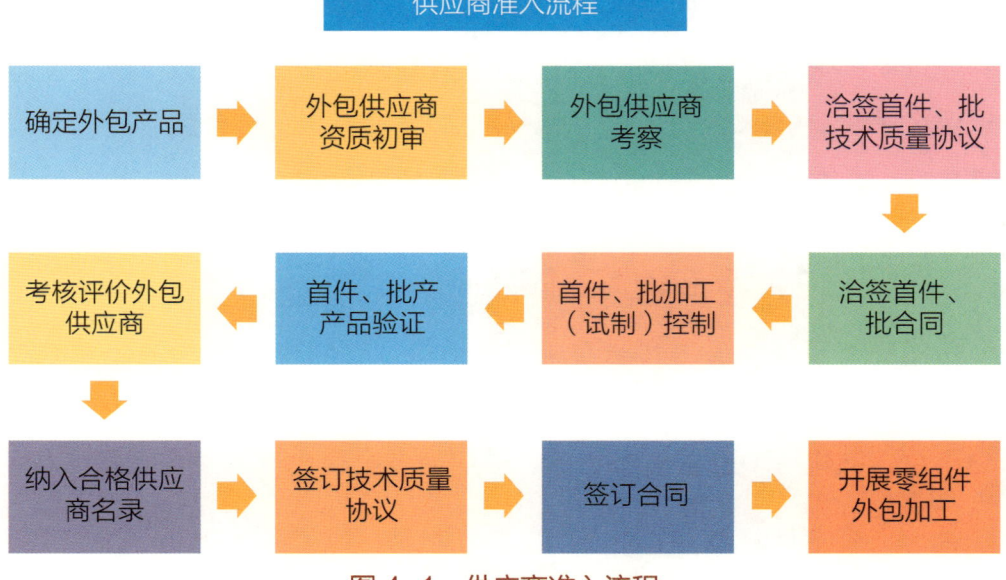

图 4-1　供应商准入流程

三 有效促进了军口企业和民口企业"主配牵手"的合作模式

四川省成都市通过民口企业配套核心军品的认定和准入标准，形成了军工企业与民口企业"主配牵手"的合作模式，在试点军工企业中确定可面向民口企业配套核心军品的认定标准和民品配套企业进入的机制，此举措已在全国推广。其中，420厂建立开放的军品采办市场和军品配套产品市场，在行业内外确定189家采购供应商和100家外包加工供应商。2016年，成发公司民企供应商产值占公司外包总量的55%，同比增长17.4%。对于扭转军工集团航空发动机研制生产"单打独斗"的局面可以起到助推作用，可以有效提升社会资源利用率。

在重大项目和战略性新兴产业领域，均可采用此类"小核心、大协作、专业化、开放型"武器装备科研生产体系，创新装备研发、批产的生产组织模式，让专业化分工更加完善，有力促进配套的民营企业提升制造和管理水平。

在军用技术转民用过程中建立技术再研发机制

在全面创新改革过程中,中国工程物理研究院(以下简称"中物院")为破解国防科技成果转移转化难题,探索在军用技术转民用过程中建立技术再研发机制,成立四川中物技术公司,依托国防科研院所的科研力量和资源优势,以利益共享机制调动多主体协作推进再研发,打造投资主体多元化、运行机制市场化、管理制度现代化的技术再研发平台。

一、军用技术向民用领域转移是军民融合深度发展的一大难题

军工技术研发指向性强,具有明确的工程应用或战略储备意图,存在技术可靠性尚需提高、工程化程度低、集成度不够、研发成本高等影响成果商品化、产业化等问题。国防科研人员市场开发能力较弱,缺乏准确把控市场需求的能力。目前,我国民用技术的质量和可靠性一般来说普遍低于军用技术,军用技术转为民用,有广阔的市场潜力,也能极大提升中国制造的形象。军用技术再研发是军用技术在向民用领域转移过程中,进行必要的技术调整、改造或者扩充等再次研发的技术创新活动。

目前,军用技术再研发需求巨大却面临掣肘:一是军工技术产品化程度较低、集成度不够、研发成本偏高,亟须植入技术载体小型化、成本连接化、产品标准化等因素。二是军民分离体制下,信息不对称,缺乏长效合作的渠道和平台。三是国防科研人员市场开发能力比较弱,普遍缺乏准确把控市场需求和市场经营的能力。

二 建立机制，引导市场主体参与军民两用技术市场化再研发

中物院通过开展项目储备、建立企业主体需求评估机制、建立市场化的多方联动研发合作机制、建立政府资金支持再研发机制等方式，引导和鼓励更多市场主体参与军工技术再研发，加速国防科技成果转移转化。

一是建立市场导向的项目储备机制。 基于中物院授权下属研究院自主实施再研发和成果转化，建立2000万元/年专项资金用于支持各研究所内部开展技术再研发。中物技术以市场化方式，与各研究所建立起技术输出和再研发协同合作机制。根据行业市场需求，综合初评该项技术优势和可行性、专利保护及知识产权状况、是否解决实际技术难点、契合市场痛点、技术人员的资质与后续支持能力等情况，为后续开展技术合作进行初选甄别和作价预评估。

二是建立企业主体的需求评估机制。 从需求领域、项目范围、时间要求、顾虑问题、验收指标等方面研判企业技术需求，以市场需求牵引开展技术筛选、评估、对接、协商和再研发，形成目的性明确的技术需求方案，以技术服务形式促进各方对再研发项目前景和发展方向形成共识，为合作创造良好的条件。

三是建立利益共享的联动研发机制。 由技术提供方、技术需求方和中物技术采取灵活多样的形式共建再研发平台，组建形式包括共建协同创新平台、技术中心、研发基地或直接创办企业。中物院各研究所通过技术评估和协商作价以技术入股，中物技术与技术需求方出资入股。研究所将持有的股份中不低于50%的部分直接奖励给原技术研发团队。若再研发成功，技术溢价收益按各自持股比例分配；引入新的战略投资者后，原技术团队返回，中物技术适时退出或是逐步建立自身功能型平台。若再研发失败，中物技术和技术需求方按出资比例承担损失，研究所和研发团队所持技术股份失效。

四是建立政府引导的资金支持机制。 依托绵阳工业技术研究院，成立四川省军民两用技术再研发中心，设立军民两用技术再研发专项资金，引入政府资金注入再研发平台，降低单个项目的再研发成本，缩短研发周期，构建起新的利益分

享机制和风险分担机制。

军民两用技术再研发是军工技术成果转移转化的关键点。实践证明，依托国防科研院所建立再研发平台，形成政府引导、多方参与、市场化运作的合作机制，共同推动军用技术再研发，是打通军转民通道，将军用技术成果有效转化为生产力的有效路径。军用技术再研发流程图如图 4-2 所示。

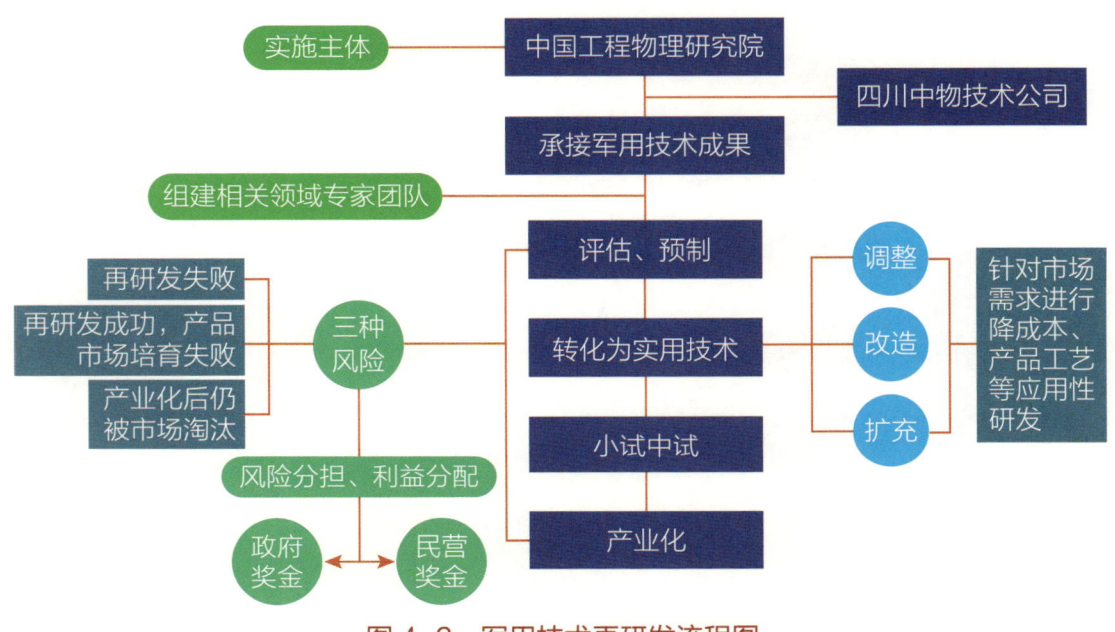

图 4-2　军用技术再研发流程图

三　推动军民两用技术市场化再研发取得显著成效

一是完成股份制改制，构建多个再研发平台。中物技术整合了科研院所（中物院）、军工企业（九洲集团）、地方创投公司（久盛创投）三方力量和资源，已整体改制为股份制公司。目前，已建成协同创新再研发平台 13 个，投资项目超过 30 家，资本投资累计 2.5 亿元、成长型企业投资 1.7 亿元，孵化企业 200 余家，参控股军民融合企业 7 家，公司总资产从改制前的 1000 万元增至 2.18 亿元，打造了一支 150 人的技术转移专业团队，被授予"国家技术转移示范机构""国家高新技术创业服务中心"（"国家科技企业孵化器"）称号。2017 年入选工信部"军民融合科技服务机构推荐名录"。

二是推进成果转化和项目孵化，组建多个科技项目公司。公司完成包括聚苯硫醚改性、工业 CT、激光表面干涉仪等一批具有自主知识产权的技术成果转化和项目孵化，组建了中物热分析、中物材料、中物仪器、秦皇岛耀华石英、太科光电、中物海通电源、中物超硬材料等近 10 个科技项目公司。其中，中物材料转让给专业创投机构中物创投，进入加速培育期，已具备持续盈利能力；中物仪器经整合产业资源后重组成立九九瑞迪，成为科技资源与产业资源结合的代表性高科技企业；中物神光、耀华石英、太科光电、中物海通基于资源整合和产业发展需要转让给久信科技集团，基本形成光电产业发展架构。

制度、机构、服务"三位一体"的军民标准通用化整合工作体系

西安市在推进全面创新改革试验中，通过政策创新，着力打破军民产品和技术标准通用标准化壁垒，合理推进军民资源标准化试点工作，促进军民融合技术共享，助力军民融合产业发展。

一、军民产品和技术标准不相容是制约军民技术共享的重要因素

军民深度融合的核心是技术共享，目的是军民产业融合发展，关键节点则是军民标准的通用化，因此只有通过抓住军民标准通用化，才能抓住军民产业深度融合的"牛鼻子"。但军民融合的标准化工作存在的问题制约了军民标准的通用化。一是国地各层面尚未建立军民融合标准化的工作体系，军民两条线管理体制没有交集，民用标准化规划与军用标准化规划衔接协调不够，资源难以充分共享。二是军民标准化相互转化的路径不畅：一方面，民用标准在国防与军队建设中使用不规范，没有形成指导性的国防建设推荐采用民用标准目录，难以保证装备质量要求，资源没有得到充分共享和利用；另一方面，军用标准转化民用标准工作进展迟缓，阻碍了先进的国防科技在民用领域的推广应用。三是军民标准化政策措施不配套。在技术标准方面，军品过分强调其特殊性和专用性，这也为吸纳民用高技术设置了技术壁垒和技术门槛。四是军民融合高技术产业相关技术标准缺失；军民融合高技术产业的创新性标准缺失，制约了我国具有自主知识产权技

的推广应用和战略性新兴产业的发展。五是军民标准信息资源不能共享。尚未建立军民通用标准化信息系统和服务共享平台，标准信息与平台资源不能整合共享，难以满足军民通用标准制定和使用的需要。

通过军民标准通用化改革试点，探索解决上述问题是实现军民深度融合的重要举措。

二 多措并举打破军民产品和技术标准通用化壁垒

制度方面，成立统一的标准化领导机构，多部门合力推进标准化工作。2016年年底，西安市质监局同陕西航空工业管理局、西安高新技术产业开发区管委会等6家单位联合签署了《共同推动军民融合产业标准化战略工作备忘录》，共同探索建立军民融合的标准化法规体系、管理体系、技术标准体系、工作体系和标准化服务保障体系，实现标准信息资源的优化配置和有效利用，促进军民技术双向转移和标准创新与技术创新深度融合。制定了《军民融合产业标准化扶持管理办法》，将军民融合标准化工作列入《西安市标准化+行动计划》中，建立了军民融合标准化奖励机制，对军工企业制定民用标准和民企制定军用标准进行奖励。

机构建设方面，成立了西安军民通用标准化中心有限责任公司，建设了军民融合相关1个高端智库、3个标准化数据库、6大服务平台，形成军民融合标准化全价值链服务供应体系，多手段推动技术标准联盟建设。

服务方面，建立军民标准化信息平台，探索民标转军标、军标转民标、军地协作制定军民通用标准。协助中航工业综合技术研究所（301所）、航空工业西安飞机工业（集团）有限责任公司、中国航发西安航空发动机有限公司在西安举办了"2017年军民领域先进工艺装备标准化创新发展高峰论坛"；成功举办"软件定义卫星技术联盟"大会；推动中国家用传感器标准和技术产业联盟、陕西省航空学会标准化专业委员会成立。

三 军民产品和技术标准化工作成效明显

一是修订了标准，编制了标准化体系。 2017年，西安市推动军口单位编制修订民用标准22项，其中国际2项、国家6项、行业14项；推动民口单位编制修订的31项军用标准（4项已发布）、1项团体标准和10项先进的企业标准被列入军品采购认定标准。试点单位编制了本单位军民融合标准化体系。

二是优秀企业引领标准，占据了行业主导地位。 西安新竹防灾救生设备有限公司主导制定的《舰船高倍泡沫系统通用规范》《舰船超细干粉灭火系统通用规范》《舰船湿式泡沫灭火系统通用规范》海军标准，已在海军舰船消防装备市场处于主导地位，使新竹成为海军舰船唯一的灭火系统供应商。

三是多项先进标准上升为国家军用标准。 61项民营企业先进标准被上升为国家军用标准；70项军工单位可民用化标准已经通过陕西省质监局上报国家标准委，期望转为国家标准，航空工业第一飞机设计研究院已将27项零部件标准推向民用市场。

四是形成了可推广、可复制经验上报国务院。 2017年11月，国家发改委来西安检查西安全面创新标准化工作，对西安的军民融合标准化工作取得的成效予以认可，并表示将以在全国可复制、可推广的经验上报国务院。同年12月，国家标准委和军委装发部明确表示支持西安市申报创建全国首个军民融合标准化示范城市。2018年1月5日，中央军民融合发展委员会办公室对西安市军民融合标准化工作给予了好评。

探索建立服务军民融合企业的专业金融机构

在全面创新改革试验中，四川省支持绵阳商行设立全国首家军民融合专业支行，在全国率先成立中国工商银行绵阳科学城支行、中国银行彭州支行等5家"军民融合金融服务中心"，填补了国内军民融合金融信贷服务的制度空白，专业化、系统化、特色化的军民融合金融服务体系正加快形成。

一、破解军民融合企业融资难题，亟需信贷制度创新

目前，大量军民融合企业"资产规模小、保密要求高、信息透明度低、经营风险大、有效抵押不足"，与银行传统信贷投放标准不吻合，融资难、融资贵等问题亟须解决。

军民融合企业对信贷融资有着特殊需求：**一是特殊的信贷风险评价**。由于保密制度，传统信用风险评价方法无法准确评价军民融合企业的财务状况、产品市场等信息。**二是特殊的信贷产品设计**。军民融合企业的整体价值与其资质等级、军品订单数量、国家支持的研发技改项目等关联度较大，传统信贷产品无法与之对应。**三是特殊的利率定价机制**。军企利率定价上需要区别于传统企业的利率价格。**四是特殊的安全保密要求**。军民融合企业对金融机构有着特殊的保密要求。

二 以设立全国首家军民融合科技支行为代表，创新工作运行机制

2017年3月，绵阳组建全国首家军民融合科技支行，针对军民融合企业的特点，在产品开发、管理制度、保密机制等方面创新设计了一整套独立运行机制，实现银行业务向军民融合企业覆盖。

（一）探索建立特色化的信贷产品和定价机制

实行有别于传统企业的特色化业务模式和定价机制。**一是创新信贷产品。**量身定制军民融合企业订单融资贷、技改融资贷、研发融资贷、补贴融资贷、军民融合供e融、军民融合保贷通等特色化专属信贷产品（图4-3）。**二是提供定制服务。**综合判断军民融合企业军工订单、军工产品、军工技改等要素，设计封闭管理项目资金、匹配系列金融产品的金融服务方案。**三是实行利率优惠。**适当降低利率浮动比例，减免有关收费，直接降低军民融合企业融资成本。

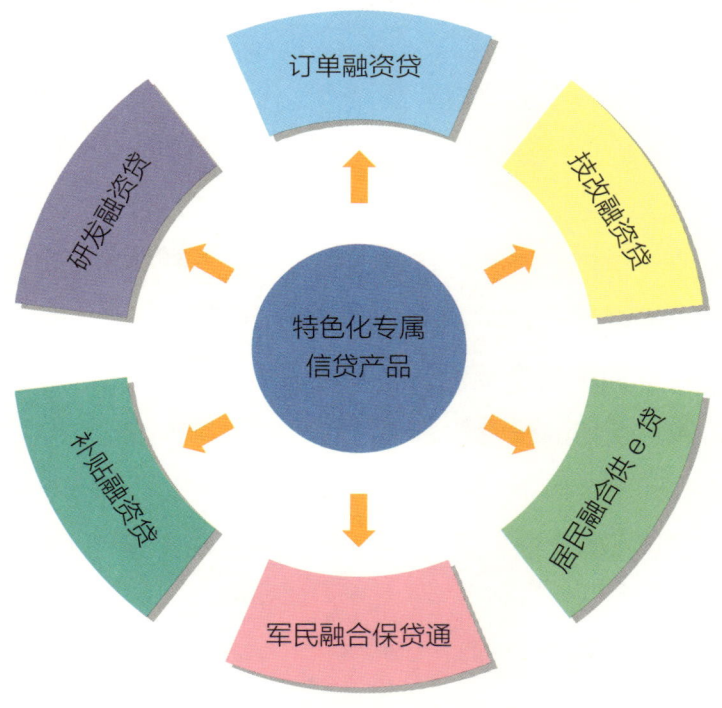

图4-3 特色化专属信贷产品

（二）建立指标管理、专门考核、独立审批的管理制度和风险分担机制

一是在顶层设计中通过指标管理和统一管理，将军民融合企业明确为金融服务主体。明确军民融合科技支行将在挂牌开业2年内完成"3个60%"指标，即军民融合企业客户数占总对公客户的比例、军民融合企业贷款占全部对公客户贷款比例、存贷比不低于60%，并且将原分属绵阳商行各支行的军民融合企业纳为军民融合科技支行统一服务对象。二是探索建立有别于传统银行的激励考核机制。提高不良贷款容忍度，执行军民融合企业不良贷款率不超全行平均不良贷款率2个百分点以内的容忍度指标；考核金融产品创新，创新研发针对军民融合企业实际需求的金融产品并给予奖励；考核管理层绩效，将军民融合科技支行主管行长、军民融合企业贷款客户经理的收入与绩效指标挂钩。三是探索建立个性化的信贷审批机制。实行信贷计划单列，军民融合科技支行执行高于全行平均信贷增长计划10个百分点的信贷政策；实行单独授权管理，对军民融合企业实行差别化授信；创新审批制度，总行在贷审委下成立专门的军民融合企业贷款审批小组，直接审定需报总行审批的军民融合企业贷款。四是探索建立符合军民融合企业特点的精细化风险控制机制。为严控信用风险，推行信贷风险评级制度，对信贷资产质量实行五级分类管理；为控制操作风险，统筹制定军民融合支行系列内控和风险管理制度、实施细则和操作规程。为降低市场风险，探索建立适应军民融合企业贷款的风险分担补偿机制，提升信贷风险的分担补偿能力（图4-4）。

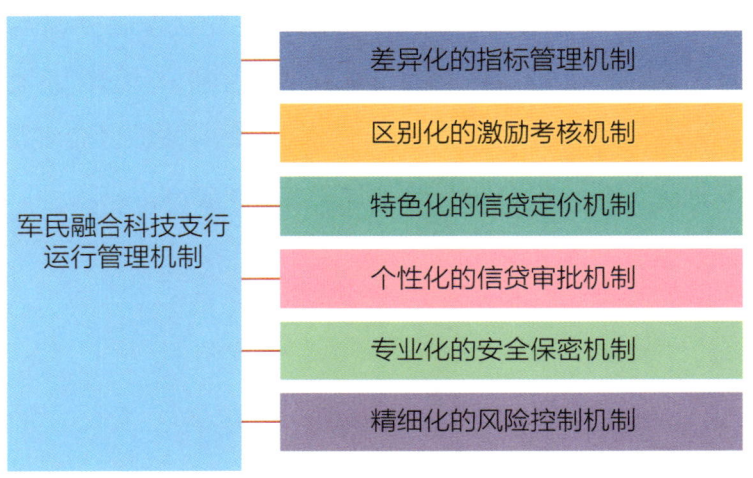

图4-4 军民融合科技支行运行管理机制

（三）探索建立服务军民融合企业的保密工作机制

强化保密管理。**一是切实提升物防水平。**建立军民融合企业客户安全通道，单独建立档案室，实行军民融合企业档案资料单独管理机制。设立了300平方米的保密区域、1个保密专柜。**二是精准设置保密岗位。**在保密主管部门指导下银行设立保密委员会（保密领导小组），明确行长为保密工作第一责任人，统筹领导和管理全行保密工作。按照军民融合企业信贷业务需求，拟定信贷审批岗、资料审查岗、业务受理岗等保密岗位，根据岗位分类确定涉密人员，突破以涉密项目确定涉密岗位再明确涉密人员的传统保密工作方式。**三是涉密人员持证上岗。**由市级保密主管部门牵头，对支行的从业人员进行安全保密业务培训。有12名员工通过了保密资格审查和培训，取得了《涉密人员资格证》。

三　金融支持军民融合企业发展，银企互动初显成效

截至2017年6月末，5家授牌军民融合中心和1家专业支行为军民融合企业授信149.2亿元，贷款余额65.88亿元，其中信用贷款42.8亿元。截至2017年6月末，四川全省银行业机构向军民融合企业提供授信742.18亿元，贷款余额241.18亿元，其中向持有"军工四证"之一的军民融合企业发放贷款166.14亿元。各银行业机构主动对接企业发展需求，军民融合企业金融服务覆盖面、可得性和满意度不断提高。此外，支行已在绵阳市军民融合企业中开展23笔保密业务，涉及贷款经额65585万元，有效缓解因保密问题导致军民融合企业融资难的问题，对促进军民融合企业尤其是中小型军民融合企业发展意义重大。

以"融合之路"有效推动军民融合统计体系创新改革

西安市在推进全面创新改革试验中，以全要素、多领域、高效益的军民融合深度发展为格局，以构建高效的统计调查体系为主线，以创新统计制度方法为重点，丰富调查形式，拓展监测范围，提升数据质量，在全国率先建立军民融合统计报表制度和统计监测指标体系。

 军地统计"二元"壁垒严重制约内外资源的整合

改革开放以来，我国军工企业开始了从计划经济向市场经济转变的积极探索，但由于保密制度要求，长期以来，军工经济与地方经济始终秉持独立统计的模式，军工单位的统计工作一直由国防科工部门负责。由于军工经济未真正融入社会主义市场经济，因此缺乏对市场的灵敏反应和有效利用，同时严重制约内外资源的整合。

推动军民融合统计创新发展，国防科工部门的支持与配合起着决定性、基础性的作用，如何打破军地统计之间的"二元"壁垒，全面反映地区的军民融合情况，是创新改革面临的重点难点，对支撑国防军队建设、推动科学技术进步、服务经济社会发展，均起着十分重要的作用。

二　"融合之路"有效推动军民融合统计体系创新改革

（一）工作模式：跨部门跨行政级别"融合"

一是系统内"融合"。 在统计系统内部，军民融合统计工作涉及统计设计管理、基本单位、工业、投资、科技、就业、能源、贸易等多个处室，改革的统筹推进必须由多部门相互配合、协同参与。为此，西安市统计局研究制定了《西安市统计局军民融合统计实施方案》，细化分解工作任务，形成全局动员、广泛参与、密切配合、有效推进的工作局面。

二是部门间"融合"。 从政府部门间协作看，军民融合统计工作需要得到国防科工、工信、发改、科技等部门的大力支持，部门间协同配合、数据共享是统计工作顺利推进的有效保证。西安市统计局、市发改委、市工信委等多个部门通过沟通协商，统一思路、形成共识。

三是省市"融合"。 由于涉军单位保密制度严格，西安市各类中央、省级驻市单位较多，市级统计部门没有中央、省级授权和协调，无法对其开展统计调查，调查工作布置存在难度。为推进工作，由陕西省发改委牵头，省统计局、省国防科工办等有关省级部门联合成立了支持西安市开展军民融合统计协调小组，全面负责协调有关工作。

（二）制度方法研究：理论与实践"融合"

一是政府工作部门与专业研究机构合作。 特邀长期从事军民融合发展研究的西安财经学院国防科技与经济发展研究中心与统计部门组成课题组，共同研讨，就军工经济的发展历程、现状特点、国家政策等方面内容，将理论研究与政府综合统计工作的要求相结合，进行全面研究。对军民融合统计制度和监测方案进行集中攻关。

二是深入各方调研。 西安市统计局多次赴陕西省国防科工办、航天四院、西安富士达科技股份有限公司、西安天和防务技术股份有限公司等部门和企事业单位，开展军民融合统计调研，就企业军品生产发展情况、如何反映军民融合产业发展、统计数据报送渠道和方式、统计口径和范围等问题进行深入沟通和了解。

（三）统计名录梳理：三张网"融合"

一是通过各类行政管理数据库，摸清军民融合统计对象。 融合检索统计系统内的基本单位名录库、国家统计局联网直报平台、西安市第三次全国经济普查数据库及其保密数据库，在国税、地税数据库中进行查找，检索属于军民融合经济范围的单位。

二是充分利用互联网公共信息平台。 分别在全国组织机构代码查询系统、企业信用信息公示系统、西安市红盾网、高德地图、百度地图等公共信息服务平台进行检索查询。

三是普查非电子化数据信息。 对统计系统存档的历次大型普查中涉密纸介质信息，组织人力进行人工查阅、核对，全力做到不遗漏信息。

三　军民融合统计初见成效，相关制度及体系基本建立

2017年6月5日，西安市统计局和陕西省国防科工办签订《军民融合统计改革试点工作备忘录》，着力打破军地壁垒和行政级别约束，取得了显著成效。

（一）在全国率先建立军民融合统计报表制度

在全国率先研究建立《西安市军工科研院所统计报表制度》及《西安市军民融合统计报表制度》两个报表制度，满足改革对统计数据的需要。

《西安市军工科研院所统计报表制度》：以满足GDP核算为目标，将军工科研院所纳入常规统计范围，并开展统计数据测算。

《西安市军民融合统计报表制度》：分别围绕军工企业、科研院所、产业园区等设计统计报表，重点反映融合状况的统计指标，以实现对军民融合经济的统计反映。

（二）在全国率先建立军民融合统计监测评价体系

建立监测评价体系，是对前述两项调查制度采集的数据进行深度开发和挖掘的延伸性工作。

遵循系统性、科学性、导向性、可操作性、可比性的原则，选取主体融合、技术融合、资本融合、人才融合、融合产出等5个一级指标和22个二级指标，构成"西安市军民融合统计监测评价指标体系"，全面反映西安军民融合创新改革的进程和结果。

（三）在全国率先探索解决军工单位统计数据安全问题

一是提升统计技术。 通过一系列变动的方法，例如，在调查单位填报的基层报表中增设其中项指标，在基层统计报表以外，增加由省国防科工办汇总填报的综合统计报表。有针对性地解决敏感度高且不可回避的涉军涉密数据的统计难题。

二是保障硬件基础。 开辟独立的军民融合统计数据处理办公室，配备涉密电脑、打印机等设备。为相关业务处室配备专用保密柜、碎纸机等设备。

三是完善制度约束。 将保密相关要求与规定贯穿于工作方案、统计报表制度以及统计试点改革备忘录等制度、文件中，形成保密约束无处不在的制度体系。在资料整理、复制、传递、存储等环节严格落实保密制度。

创设军民融合企业统计报表制度

在全面创新改革试验中，四川省绵阳市立足军民融合企业成长发展规律，率先创设军民融合企业统计报表制度，把军民融合企业纳入国民经济统计体系。研究梳理军民融合企业的一般性特征，形成10项认定标准，并开展了首批238家企业认定。认定结果纳入《军民融合企业统计报表制度》统计范围，建立起涵盖全市范围的军民融合企业库。全面准确掌握军民融合产业运行状况，为政策制定和研究决策提供有力支撑。

一 我国现行统计制度尚未建立军民融合统计体系

目前，现行统计制度尚未建立军民融合统计体系，缺乏获取军民融合统计数据的渠道，无法统计军民融合人才、资本、技术等要素双向流动和产业发展的情况，难以作出科学决策和制定有针对性的支持政策措施。

军民融合上升为国家战略后，相关地区加强了军民融合的统计工作，相继发布了军民融合产值等统计数据，但各地数据统计口径不一致，缺乏横向可比性。

解决这些问题亟须在国家层面建立规范统一的军民融合统计制度，形成科学的军民融合统计体系，真实准确地反映军民融合发展状况，把握军民融合发展趋势和规律，为探索军民融合发展方向和实现路径、制定具体有效的改革措施提供强有力支撑。

二　四川省率先探索开展军民融合企业统计工作

四川省率先在绵阳市开展军民融合企业统计工作,建立跟踪评价军民融合发展实际情况的长效机制,形成一套军民融合发展水平的统计指标体系,引导军民融合向更深层次、更高水平发展。

(一)省市协作,率先探索

创建军民融合统计指标体系的前提是准确识别和认定军民融合企业范围、口径。2015年12月11日,绵阳市人民政府办公室印发了《绵阳市军民融合企业认定管理办法(试行)》,对军民融合企业的认定管理做出了详细的规定。

2017年3月,绵阳市人民政府与四川省统计局签订"推进统计创新发展战略合作框架协议",明确将"探索建立军民融合统计调查工作体系,建立企业统计调查制度和指标体系,开展统计调查,探索核算方法"作为推进统计制度方法创新的重要内容之一。在四川省统计局指导下,绵阳市就军民融合统计制度的理论方法、技术手段等展开研究探索。按照监测指标必须要与地方经济建设相关联,客观反映军民融合产业对地方建设推动作用的要求,同步做好宏观层面上监测指标体系和微观层面上企业院所填报统计报表工作,研究如何从指标体系量化考核军民融合效益。

(二)创设指标,建立体系

制度采用统一的统计分类标准和编码,设置6张基层表、11张综合表,围绕企业基本情况、生产经营情况、研发情况、主要产品产量四个方面建立以产值、营业收入等为核心的指标体系。设定17张报表,包含204项指标。其中,设置基层表6张(包含74项指标)、综合表11张(包含130项指标)。基层表、综合表均分年报表和定报表,年报表每年报送1次,定报表每月报送1次。

(三)细分类别,科学实施

四川省绵阳市将军民融合企业细分为规模以上军民融合工业、服务业企业,规模以下军民融合工业、服务业企业。规模以上军民融合企业报表数据来源于国家一套表，根据《绵阳市军民融合企业名单》汇总；规模以下军民融合企业报表由绵阳市经信委负责组织实施并汇总；全部军民融合工业企业以及服务业企业数据由绵阳市统计局根据规模以上和规模以下企业汇总。

在科学设置统计指标的基础上，四川省成都市将军民融合企业认定作为企业申报政策资金项目的前置条件，建立完整的军民融合企业库，在统计中将库内企业作为填报主体，确保企业填报的积极性和数据的准确性。同时，定期获取纳入国防科学技术统计体系企业的有关数据，一并纳入统计，做到应统尽统。建立市级、区（市）县、企业三级报送体系，确定专人进行统计报送，明确责任，同时，采取闭环管理措施，以光盘的形式报送统计数据，确保数据的安全性和准确性。

三 开展军民融合企业统计工作的实践成效

四川省在绵阳市、成都市先行先试的基础上，建立了军民融合产业运行监测体系，为了解企业诉求、调整产业政策、支持企业发展提供了基础支撑。

四川省成都市在全国率先建立军民融合产业运行监测体系，实现对全市军民融合产业运行情况动态监测。目前，通过分析研究2016年统计数据，已编制完成《成都市军民融合产业2016年度运行监测报告》，为市级层面了解企业诉求、调整产业政策、支持企业发展提供了基础支撑。

2017年9月，《绵阳市军民融合企业统计报表制度》获四川省统计局正式批复（川统计函〔2017〕74号），正式成为法定报表，为健全军民融合统计体系提供了重要支撑。2017年是军民融合企业统计工作首年，军民融合企业统计已成为各级党委、政府实行科学决策，推动军民融合深度发展的一项重要基础工作。随着军民融合企业统计工作纵深推进，报表制度本身将在实践中进一步规范，逐步建立起绵阳辖区内军民融合企业统计数据库，为制定和检验支持军民融合发展政策的科学性、有效性提供重要依据。

军工院所研发业务、非研发业务分立改制的事转企新路径

西安市在推进全面创新改革试验中，依托中国电子科技集团公司第二十研究所开展事转企改革，通过探索事业单位分立转制，形成了"1（子集团母公司）+1（事业单位）+N（平台+子公司）"的转制新模式，既确保了军工科研能力的持续提升，又激发了生产经营业务的活力，为事业单位转制探索了新路径。

一、影响军工科研能力、关键技术人才流失等风险是事业单位整体转制面临的问题

现有事业单位可划分为承担行政职能、从事生产经营活动和从事公益服务三个类别。对承担行政职能的，逐步将其行政职能划归行政机构或转为行政机构；对从事生产经营活动的，逐步将其转为企业；对从事公益服务的，继续将其保留在事业单位序列、强化其公益属性。在对现有事业单位分类时，许多军工科研院所既承担军工前沿基础技术研究和核心装备总体研发的公益性职能，又从事生产加工等生产经营类业务。若整体转制为企业，以利润最大化为目标的经营管理方式将与原事业单位公益性职能存在冲突，影响军队服务保障能力。同时，由于体制及身份变化，没了"铁饭碗"，可能会带来关键技术及人才流失以及社会稳定性等风险。因此，亟须探索公益类业务与生产经营类业务分立转制新模式。

2011年发布的《中共中央国务院关于分类推进事业单位改革的指导意见》，标志着国家正式启动了事业单位分类改革工作。2012年，国家国防科工局作为推

进军工科研院所改革工作的牵头部门，确立了清理、分类和实施"三步走"的总体工作部署。

2017年7月，国家国防科工局下发《关于军工科研院所转制为企业的实施意见》（科工计〔2017〕673号），启动首批41家军工科研院所转制工作，规定"军工科研院所根据实际自主选择转制方式，包括整体转制为企业，整体或部分进入其他企业，鼓励转制为科技型企业，鼓励转制院所之间或与其他企业进行专业化重组"，为事业单位分立转制提供了政策依据。

二、以"1（子集团母公司）+1（事业单位）+N（平台＋子公司）"模式开辟事业单位转制新路径

通过深入调研系统内外单位，同时结合相关政策与本单位实际情况，二十所形成了《中国电子科技集团公司第二十研究所分立转制实施方案》，采取"1（子集团母公司）+1（事业单位）+N（平台＋子公司）"的母子公司体制模式进行事业单位分立转制。为确保并持续提升军工科研生产能力，将与国家安全紧密相关的军工前沿基础技术研究和核心装备总体研发的公益性职能继续保留在事业单位序列，建设成为子集团的创新中心；将共性技术研究、装备集成、生产制造、科技服务、物资服务、后勤产业等生产经营性业务及军民融合类业务分批有序企业化，相关资产、人员将遵循"业务引领"的原则随业务进入子集团各业务平台和子公司。

分立转制的流程如图4-5所示，主要包括子集团成立、事业单位业务分立、组建后机制建设等核心关键流程。

转制后，子集团以达到主板上市条件为目标，致力于打造市场化、企业化、集团化、国际化的百亿级高科技企业集团，大力开展产业培育、推动科技成果转化；创新中心以打造"世界一流科研院所"为目标，持续提升基础前沿技术研究能力和系统整机技术攻关能力，作为子集团可持续发展的基石和核心技术成果输出地，更深层次地促进科技创新和产业发展相结合；而新组建的各业务平台/公司将在子集团的战略引领下，充分发挥企业化、集团化的体制机制优势，明确功

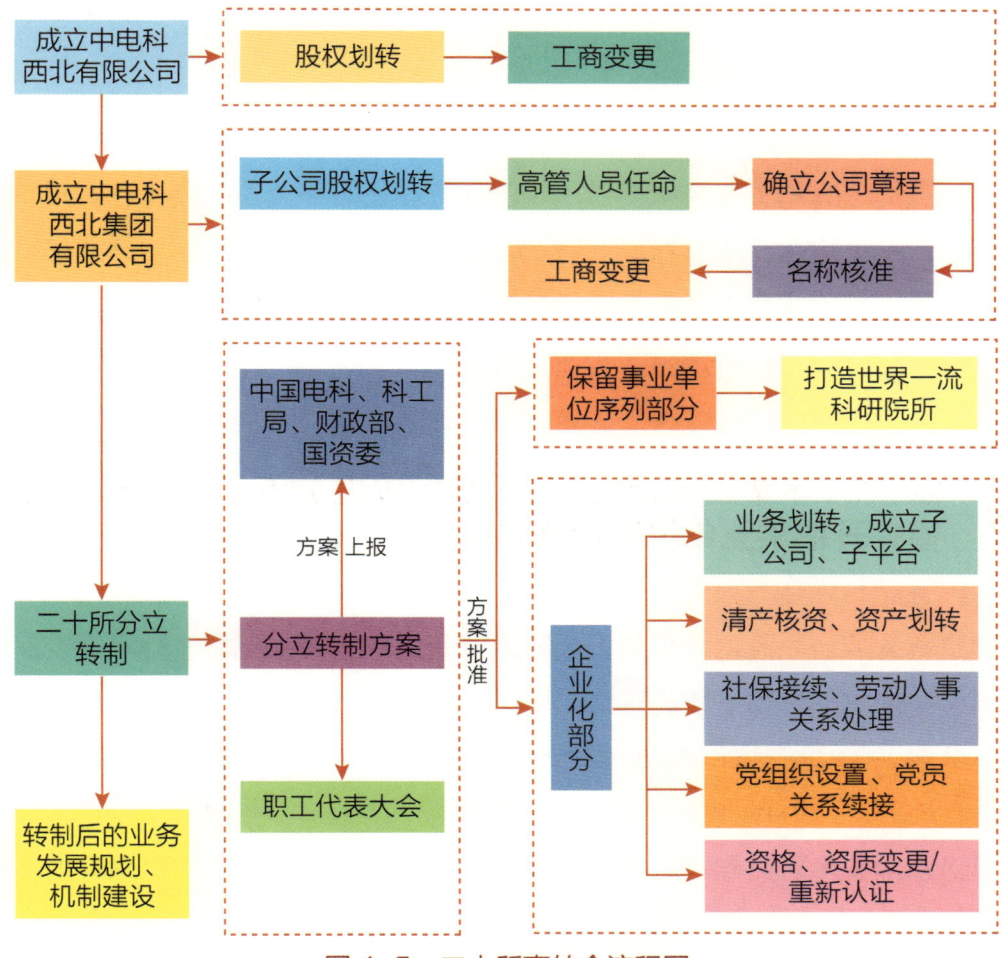

图 4-5　二十所事转企流程图

能定位，参与市场竞争，不断提高综合竞争力，支撑百亿子集团建设。

在分立转制过程中，机制建设将贯穿其中。深入推进"三项制度"改革，实现干部能上能下、员工能进能出、收入能增能减；探索采用职业经理人管理模式，在关键岗位通过市场化方式引进高端人才；出台项目追溯奖励、竞标类项目奖励等激励机制，推进项目收益分享，促进科技成果转化，引导科研及市场人员更加积极主动开展技术创新和市场开拓；发展混合所有制，探索实施骨干员工持股，积极引入"非公"资本，培育建立科技型创新企业，推动国有资本做强、做优、做大。

事业单位分立转制在理顺管理体制、激发经济活力等方面取得明显成效

一是基本完成子集团组建。 2017年7月14日,《中国电科关于中电西北子集团组建及相关公司股权投资的批复》(电科资函〔2017〕158号),同意二十所组建中电科西北子集团。2017年10月,通过股权划转及工商变更,子集团母公司"中电科西北有限公司"正式成立,注册资金10亿元。截至2017年年底,二十所下属的5家全资及控股公司股权已全部划转至子集团母公司,投资额共计4.5亿元。"中电科西北集团公司"名称已经国家工商总局核准下发。

二是军工科研能力持续提升。 以IPD思想为核心,通过科技创新体系重构,将二十所保留事业单位序列公益性职能打造成子集团创新中心。成立市场与研发委员会和科学与技术委员会,对新引入项目实行规范化管理。成立系统论证中心,提升国家重大科技项目研究能力。建立雷达、数据链重点实验室,组建智能与组合导航省级重点实验室,突出基础性研究、前瞻性研究。建立导航、雷达、通信、协同作战4个事业部,巩固应用研究,突出关键技术。建立数字与微系统、结构与控制、工艺、软件、天线与射频5个专业部,深化共性技术研究。推行"总师负责制",实现跨部门高效协同,开展流程再造,不断提高创新产出效率。形成"探索一代、预研一代、型研一代"的装备研发格局,树立"科技是核心战斗力"的思想,推进重大技术创新、自主创新,不断加强军工科研和保障能力。

三是业务平台建设有序开展。 将二十所生产经营性业务分批有序划转至子集团,成立业务平台/公司,为更多企业搭建共享服务平台。以二十所原下属现代导航公司为基础,打造子集团产业培育平台,成立中电科西北有限公司西安分公司,完成业务合同划转90多项、在职职工安置168人、资格资质转接7个;以二十所计量检测中心、信息保障中心软件测评业务为基础,打造子集团科技资源服务平台,组建子集团控股混合所有制公司,子集团以设备和现金出资2050万元,股权占比41%,同时预留8%的员工股权,发挥国有资本对产业链上下游资源的带动、

牵引和辐射作用，加强对核心人才的吸引力；以二十所物资保障中心非军品集采业务为基础，与下属导航技术公司重组成立子集团物资采购平台，拟增资4200万元，通过企业化运行，降低采购成本，提升经济效益。

四是机制探索成效显著。 以3D打印项目为试点，探索发展混合所有制经济，通过引入战略投资者、骨干员工持股等手段，融合外部市场的资金、人才、设备等优势资源，成立西安瑞特三维科技有限公司。在子集团建立起市场化选人用人、激励约束和收入分配机制，从能力培育、能力评价和激励约束三个方面，形成一套权责对等、多劳多得、鼓励增量的运行机制。出台了《经济运行绩效考核管理办法》《项目绩效考核管理办法》《追溯奖励管理办法》《民品产业竞标类项目专项奖励补充规定》等一系列制度，累计兑现奖金493.7万元。

探索出一套覆盖"创意—技术—产品—产业"的全链条科技成果转化机制，建立了所内导师加高校导师的"双导师"模式，拓宽科技成果来源，筛选具有较好市场前景的项目进行培育，针对不同类型和发展阶段的项目，设计专项奖励基金提供支持，给予相应的激励与约束，吸引、保留和激励骨干人才队伍，促进科技创新和科技成果转化。截至2017年年底，已有9个项目进入孵化阶段，并已成立1个高科技公司。

五是重大军民融合工程持续推进。 通过全面创新改革，子集团军民融合深入推进。在北斗系统建设和应用方面，承担了北斗系统建设一类监测站、二类监测站、监测接收机系统重点任务及北斗三号地面监测站建设，科技部三类精密近进卫星导航技术攻关与应用项目，工信部民机重大专项北斗系统多模接收机技术攻关项目；在天地一体化工程建设方面，承担西安地面信息港建设和国家网络信息科学技术创新中心（西安）建设；在海洋电子系统工程建设方面，承担了"电科一号"综合电子信息系统、岸岛观测系统、浮台观测系统、VTS系统等重点应用系统的研制工作；在通航/民航系统工程建设方面，作为国内最早的无线电导航设备提供商，发挥空中交通管理行业的技术优势，开展面向民用航空、通用航空、无人机行业的技术研究和市场应用开拓。目前，正在积极和陕西省、西安市策划推进北斗应用和导航科技小镇建设。

非战略武器装备科研生产军工企业混合所有制改革

西安市在推进全面创新改革试验中，依托西京电气总公司开展军工企业混合所有制改革试点，针对下属不同企业采取"一企一策"方式，极大改善了公司治理模式，激发了企业活力，有效提升了企业的经营业绩和可持续竞争力。

 **军工企业市场化程度不高、创新发展活力不足，长期困扰我国国防科技工业发展**

传统军工企业因为多年股权单一和市场化程度不高造成了核心竞争力不强和创新发展活力不足，加之国家政策的放开过程较长，外部投资者和军工企业员工未能充分认识混合所有制的潜力，对参与军工混合所有制改革的意愿不够强烈，造成军工企业尤其是非上市军工企业混合所有制改革进程缓慢。然而，纵观世界百强军工企业，尤其是2017年进入百强的美国42家军工企业，都是借助金融和资本市场形成的混合所有制企业。深入推进军工企业的混合所有制改革，是我国提升军工企业经营效率和持续竞争力、培育世界一流军工企业的必然选择。

 混合所有制改革助力提升军工企业持续竞争力

2016年，西安市人民政府印发了《西安市系统推进全面创新改革试验打造"一带一路"创新中心实施细则》，提出推进军工企业混合所有制改革的措施。

西京电气总公司秉承"一企一策,做出特色"的混合所有制改革理念,公司针对不同历史背景和产品特色的子公司,采取不同的方式实现混合所有制改革。

一是引进民间资本与自然人持股混合所有制试点。试点单位西安创联超声技术有限责任公司是一家具有轻资产、技术实力雄厚的高技术公司,拥有多项自主知识产权,在军民领域都拥有广阔的市场前景。其混合所有制改革方式目的是引进先进的竞争激励理念及管理机制,通过加大资本投入,实现混合所有制改革,促进公司跨越式发展。目前,公司成功引入战略投资者丰年资本,通过现金出资,持股41%,自然人持股比例由22.5%降低到13.275%,目前后续手续已完成,"国资+民间资本+自然人"持股的混合所有制改革模式已基本形成。

二是侧重于军工企业骨干员工持股的试点探索。试点单位陕西华达科技股份有限公司2016年收入4.2亿元,军品2.8亿元,占比67%,占总公司军工收入的65%。该公司在传统元器件制造产业虽然具有深厚的技术积累,但也存在着产业发展升级慢的问题。为了提高员工的积极性和凝聚力,公司有针对性地提出了管理人员和技术骨干持股计划,在完善优化股权结构的同时,加大了股权适度向核心技术与管理人员倾斜的力度,提高员工的积极性,优化了混合所有制的结构。公司注册资本6990万元,62位骨干人员共出资490万元,持股7.01%,2017年11月末员工出资已到位,已完成工商登记变更。

三是"一企一策"量身定制。针对西安宏星电子浆料公司,员工持股人数多、股权分散的特点,依据"一企一策"制的原则,通过对管理层定向增资,优化股权结构,加强集团化管控,不断突出骨干持股的作用,从而使混合所有制改革的效果不断显现与升华。

总的来看,军工企业混合所有制改革的核心有两点:一是股权多元化,实现了以市场为导向的资源优化配置,推动军工企业建立现代企业制度,进一步完善了现代法人治理结构;二是核心员工持股,西京公司在如何确定持股范围和持股比例、如何完善退出机制和保持好公司上下级的持股平衡与公平方面做了积极探索,从而推进了军民融合深度发展,激发了组织活力,提高了军工企业的运行效率和可持续竞争力。

三 军工企业混合所有制改革在提升军工企业可持续竞争力方面取得了良好成效

混合所有制改革以后，公司的治理模式得以优化，极大调动了员工尤其是核心员工的积极性，使公司迸发出新的活力。西京电气总公司现有民品生产线14条，贯国军标生产线10条，军品生产线3条，生产7大系列、4000多个规格的电子元件、器件、电子材料等产品，重点产品均通过了GB/T19001—2000质量管理体系认证。

混合所有制改革后，公司经营业绩大幅提升。西安宏星电子浆料有限责任公司2017年实现营业收入28189万元，同比增长36.4%，利润总额2646万元，同比增长119.4%，净资产收益率13%，同比增长49.6%，企业的资产周转率稳步提升。陕西华达科技股份有限公司的利润总额2016年为2868万元，2017年增长到3815万元，同比增长33%，公司的盈利能力和竞争能力明显提升。

区域性军工单位竞争性采购服务体系促进军工供应链转型升级

西安市在推进全面创新改革试验中,以互联网思维和信息化手段,通过建设军民融合采购平台和区域性军工单位竞争性采购服务体系,建立公平有序的竞争性采购机制。同时,依托陕西中兵物资有限公司,提升中西部地区军民一体化服务保障体系建设,推动军民技术、能力双向交流和开放,促进军工传统供应链转型升级,提高军工单位企业外部协作配套率。

 国防军工企业外部协作配套率低,缺乏公平有序的竞争性采购机制

国防科技工业是军民融合发展的重点领域,是实施军民融合发展战略的重要组成部分,对提升中国特色先进国防科技工业水平、支撑国防军队建设、推动科学技术进步、服务经济社会发展具有重要意义。

然而,国防军工企业当前的竞争性采购比例较低,采购需求信息发布渠道不通畅,外部协作配套率低,缺乏公平有序的竞争性采购机制,缺乏区域性供需资源整合和智慧化交易平台,"军—军""军—民"之间的要素流动障碍和壁垒依然存在。

结合2017年12月4日国务院办公厅印发《关于推动国防科技工业军民融合深度发展的意见》精神,要推动军民资源互通共享,扩大军工开放,推动军品科研生产能力结构调整；扩大军工单位外部协作，充分发挥市场在资源配置中的作用，激发各类市场主体活力。"军工单位竞争性采购改革"旨在扩大军工开放，提高军工单位外部协作配套，推进武器装备科研生产竞争，加快建设军民结合、寓军于民的中国特色先进国防科技工业体系。

建立"互联网+"供应保障体系，推动军工集团竞争性采购业务模式创新

西安市以互联网思维和信息化手段促进兵器传统供应链转型升级、促进军品竞争性采购模式创新。其中，陕西中兵投资建设的"兵器西北集中采购中心和现代物流项目"是兵器集团在西安规划建设的军民融合生产性服务平台项目，项目位于西安经济技术开发区兵器产业基地，是陕西省、西安市两级重点建设项目。

一是构建互联网共享平台。充分借助和利用成熟的中国兵器电子商务平台和电子招标投标交易平台，推动军民融合双向交流，特别是民口单位参与支持军品装备科研生产的通道建立。

二是搭建信息化共享体系。通过信息公开、交易机制、信用体系和监督方式的采购模式创新，将军工传统采购业务与电子商务有机结合，扩大竞争性采购范围和影响力。

三是推进服务保障体系建设。为满足武器装备系统全寿命、全要素、全层次的保障需求，构建和推进军民一体化服务保障体系建设，以兵器集团技术和资源优势为依托，中国兵工物资集团被指定为服务军方的主体单位，对接军方大型活动的保障需求，配合兵器集团组织各承研承制单位完成装备维修保障的组织协调和技术服务、随装培训等工作；统筹规划和开展集团级军民一体化维修保障综合信息平台建设；负责军方维修保障器材、备件的筹供、仓储及物流等业务。集中采购服务为军工单位在供应商优选和渠道管理方面提供了重要保障，也为推动军民技术、能力双向交流，为军品的竞争性采购提供了最为直接和便捷的平台。

三 陕西中兵"兵器西北集中采购中心和现代物流项目"初见成效

陕西中兵投资建设的"兵器西北集中采购中心和现代物流项目"规划用地22.6万平方米，计划总投资为5.7亿元，规划新建建筑面积约13万平方米。

一是初步形成建设规模。2015年11月，该项目通过国家发改委审核，获得"军民融合专项建设基金"支持。由国家开发银行国开发展基金对陕西中兵增资5700万元，用于该项目建设。截至2017年12月，"兵器西北集中采购中心及现代物流项目"一期已经全面建成，完成投资1.48亿元。项目一期新建建筑面积2.18万平方米，建成采购中心部分基础设施、大型仓储配送设施设备，建立了管理信息系统，建成中国兵器电子招标评标交易平台电子评标室（西安2号）。

二是致力于打造采购交易平台。主要建设军民融合采购交易平台，现代工业品展示和集中采购区、制造业仓储物流服务区、后勤保障服务区等板块，打造军民融合的专业平台型集中采购中心、产业支撑型服务保障中心、区域综合型商贸物流服务中心。

三是采购业务不断拓展。陕西中兵集中采购业务覆盖了在陕的所有兵器系统的企业和研究所，并将服务业务拓展到邻近的河南、湖北等省份的兵器企业，服务品种和内容还在持续增加，服务广度和深度还在继续拓展，主要客户有西北工业集团、北方光电集团、特能集团、通用电子集团及各科研院所等，业务辐射至湖北江山重工、武汉重型机床、河南豫西弹药集团、北方光电集团在嘉兴、焦作、扬州、泰安、襄阳等生产板块，集中采购金额累计突破3亿元。

"同步受理、多证联审、顺序发证"新模式优化军工资质办理流程

西安市在系统推进全面创新改革试验中，依托西安科技大市场创新军工资质统一受理与服务模式，通过"同步受理、多证联审、顺序发证"的新模式，缓解目前军工资质办理过程中存在的流程衔接不畅、审查程序烦琐、审批周期长、准入门槛高等问题，将企业认证时间缩短一半以上，加快优势民口企业获取军工资质的速度，对国防装备发展和经济建设意义重大。

军工资质办理门槛高、周期冗长、程序烦琐是困扰民口企业参与军民融合的重要因素

军工资质是申请承担武器装备科研生产任务的单位应具备的能力和资格，也就是进入军方市场的"通行证"。依据《中国人民解放军装备采购方式与程序管理规定》（2003年12月总装备部颁布）和《国防科工委关于非公有制经济参与国防科技工业建设的指导意见》（2007年2月原国防科工委颁布）的有关规定，民用企业参与武器装备科研生产和军民一体化装备维修保障，首先要取得武器装备科研生产许可证和装备承制单位资格（即进入《装备承制单位名录》）。申请装备承制单位资格，需先获得武器装备科研生产单位保密资质认证和武器装备质量管理体系认证。上述制度对提升装备科研生产能力、提高装备建设质量效益、确保国家安全发挥了重要作用，但是在实行中存在审查程序和审批流程较为复杂、审查项目重复、审核标准不一、办理周期长以及民口企业对政策理解不到位导致反复整改等一系列问题，给企业带来很多不便。

二 优化军工资质办理流程，建立军工资质办理服务生态体系

按照陕西省、西安市对系统推进全面创新改革试验工作的统一部署，西安科技大市场积极推动军工资质受理和服务改革。

一是积极推进军工四证统一受理改革探索。组织军工资质审核专家和中介服务机构，举办军工四证统一受理研讨会5场次，制定了《西安科技大市场军工资质统一受理服务试点改革方案》和《西安科技大市场创新改革试点授权建议》，探索进一步流程优化和再造，建立整体协调、流程简化、科学高效的办理机制。着力创新突破，提出"同步受理、多证联审、顺序发证"的新模式，即将原来依次取证的模式，变为企业可以同时申请四证，将武器装备质量体系认证、武器承制单位资格证和武器装备科研生产许可证的受理时间大幅度提前。审核部门同步审

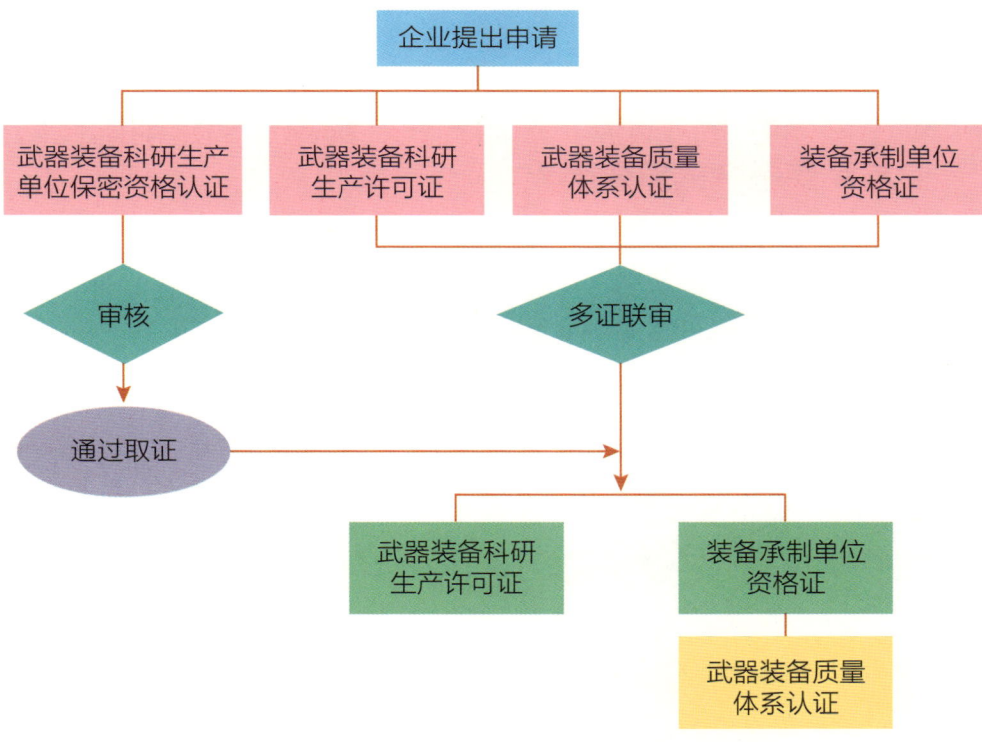

图 4-6 同步受理、多证联审、顺序发证流程图

核，对武器装备质量体系认证、武器承制单位资格证和武器装备科研生产许可证三证联审。在获得武器装备科研生产单位保密资格认证后，再发放武器装备质量体系认证、武器承制单位资格证和武器装备科研生产许可证（图4-6）。

二是积极构建军工资质中介服务生态体系。 制定了《西安科技大市场军工资质受理中心对入选服务机构的管理暂行办法》《军工资质委托办理申请表》和《西安科技大市场军工资质受理中心加盟申请表》，与西安宇杰信息科技有限责任公司、西安信安保密技术研究所等5家优秀军工资质中介服务机构建立战略合作关系，引导军工资质办理服务市场的规范化、规模化和专业化的良性发展局面，形成服务标准，培育专业化龙头服务企业，共同致力于建立军工资质中介服务生态体系。

三是积极开展军民融合政策培训和咨询工作。 围绕军工资质办理工作，常态化开展军工资质办理培训和咨询，加深了企业对政策的理解和把握，提升企业申请军工资质所需要的能力，减少申请材料退回和整改次数，减轻审核部门工作量，缩短军工资质审核周期。

军工资质受理和服务改革在优化取证流程、建立生态体系方面取得的成效

"同步受理、多证联审、顺序发证"的军工资质办理新模式试点工作，将顺序流程变为并行流程，大幅度缩短办理时间。同时，初步建立了军工资质中介服务生态体系，引导军工资质办理服务市场的规范化、规模化和专业化的良性发展局面，形成服务标准，并培育了一批专业化龙头服务企业。目前，已办理军工资质92项。其中，办理武器装备科研生产保密资格证39项、武器装备质量管理体系证47项、武器装备科研生产许可证1项、装备承制单位资格证4项。围绕军工资质办理，推出军民融合大讲堂，专业化、常态化、系统化开展军工资质办理培训，累计培训达到19场次、1500人次，设置专人解答军工资质办理和民参军政策，激发民参军积极性。西安市通过军工资质办理改革，推动了更多优秀技术和产品加入国防经济，使军工科研和生产能力显著增强。

054

军地协同创制新兴产业军民通用标准

在全面创新改革试验中,四川省成立全国首家磁性材料领域的军民融合标准创新中心——中国(绵阳)科技城军民融合磁性材料标准创新中心。通过构建军地协同、平等合作、开放共享、互惠共赢的新机制,开展磁性材料军民两用标准研究和制定,促进新兴产业军地协同。

一 军用标准和民用标准缺乏有效对接,阻碍军民技术共享

军民技术创新体系由于体制和历史原因有各自的特点。在我国,国防科研与产业自成体系,相对封闭和独立,军民品的市场环境不同,创新主体的行为规则和目标也不同。军品是国防独家采购的买方市场,技术需求由军方提出,产品研制必须满足国防采购要求,而民品市场有众多买家,创新产品要通过竞争赢得市场,市场风险较大;军品研制主要以国家安全和政治利益为核心,技术或产品的功能优先于成本,而民品的技术选择主要面向市场,以经济可行性为主,以盈利为主要目标。同时,我国军用标准信息相对封闭,军用标准与民用标准之间有效的沟通协调机制较少,军用、民用标准难以相互借鉴和使用,无法及时体现和应用最新技术发展的成果。随着军民融合上升为国家战略,军民技术创新体系需要进一步加强对接,尤其是通过军民通用标准制定,促进新兴产业领域的军民技术共享,成为一大关键突破点。

二 建设军民融合标准创新中心，开展军民两用标准研究和制定

中国电子科技集团公司第九研究所、四川省标准化研究院、绵阳市产品质量监督检验所、西磁磁业等单位共同发起，成立全国首家磁性材料领域的军民融合标准创新中心——中国（绵阳）科技城军民融合磁性材料标准创新中心。

绵阳科技城军民融合磁性材料标准创新中心以探索构建军地协同、平等合作、开放共享、互惠共赢的新机制，开展磁材军民两用标准研究和制定，为民营企业和军工科研院所搭建合作交流、技术共享平台。

绵阳科技城军民融合磁性材料标准创新中心通过建立标准信息发布和共享制度、建立检验检测设备军地共享机制、军地共同开展两用标准分析研究等方式，对磁材在军用、民用不同应用条件下的关键技术要求、试验方法和检验规则进行适用性研究，对现有的军用标准提出民用转化结论，对先进适用民用标准提出替代军用标准的适用修改建议，对性能参数、环境适应性以及质量保证等方面进行科学合理的规定，制定出磁材军民通用标准。

创新中心的成立，在提高磁材行业的整体水平、提升军民两用技术创新能力、突破关键共性技术、推进磁材资源共享等方面将发挥重要作用，有利于经营能力强的民营企业顺利进入军工市场，提高军工磁材市场的整体效益，充分发挥其在"军转民"和"民参军"上的积极作用，实现军民融合深度发展。

三 标准创新中心初具规模，将有效促进新兴产业军地协同

经过努力的探索和实践，标准创新中心已吸纳电子九所、西磁磁业等24家企事业单位，21名国内知名专家，整合磁性能检测、电子电器安全性能检测、环境检测、ROHS检测、物理性能检测及原材料检测研发所需的各类大型检测设备300余台（套），绵阳市质检所已为"创新中心"规划落实实验室，整合和采购了价值近千万元的设备资源，共建成1200平方米标准研究实验室、电磁标准创新检验检

测试验平台，初步实现从标准的立项到联合研发、标准实施、应用效果评价、动态使用维护等多个阶段开展军地工作协同。

绵阳西磁磁业科技有限公司、四川靓固科技集团有限公司和四川省科学城凌云科技有限责任公司等3家企业正式入驻军民融合磁性材料研发共享平台；确定了创新中心首批推出的两个团体标准研究方向；开展了钐钴永磁材料的对标工作，通过对国内8家企业产品的测试分析，基本掌握了行业质量现状，向绵阳市政府、绵阳市质量技术监督局提交了《绵阳市磁材产业质量对标分析报告》；目前，钐钴永磁军用检测标准正在进行团体标准的制定和申报，将成为创新中心推出的首个军民通用标准。

军民融合企业认定标准和认定机制推进军民融合政策精准实施

在全面创新改革试验中，四川省绵阳市在全国率先开展军民融合企业认定工作，通过建立军民融合企业认定标准和认定机制，更好、更准、更快地区分军民融合企业，吸引更多市场主体参与军民融合发展，地区军民融合发展水平显著提升。

一 准确界定军民融合企业，是我国推动军民融合深度发展工作的一大"空白"

军民融合企业是推动军民融合发展的核心载体。对比科技型企业和高新技术企业，军民融合企业有着自身独有的发展规律和特殊诉求。但军民融合企业在全国范围内尚无统一的界定标准，各地对军民融合企业培育范围、军民融合产业的统计监测分析做法不一。军民融合企业缺乏认定标准，导致军民融合政策没有准确的落脚点。比如四川绵阳军工资源富集、军民融合特色鲜明，但对军民融合企业的判断依据是"军转民"企业和取得"四证"的企业，涵盖面小，准确性差，军民融合中小型企业难以受惠。

二 建立军民融合企业认定标准和认定机制，完善了军民融合深度发展重要一环

2015年12月，绵阳市政府率先出台了《绵阳市军民融合企业认定管理办法（试

行)》(图4-7)。按照院所自转、军工自转、院企联转、民企参军等4类军民融合企业的主要发展模式,明确了10项认定标准。2016年1月,研究出台了《〈绵阳市军民融合企业认定管理办法(试行)〉实施细则》,首次开展了军民融合企业认定工作。

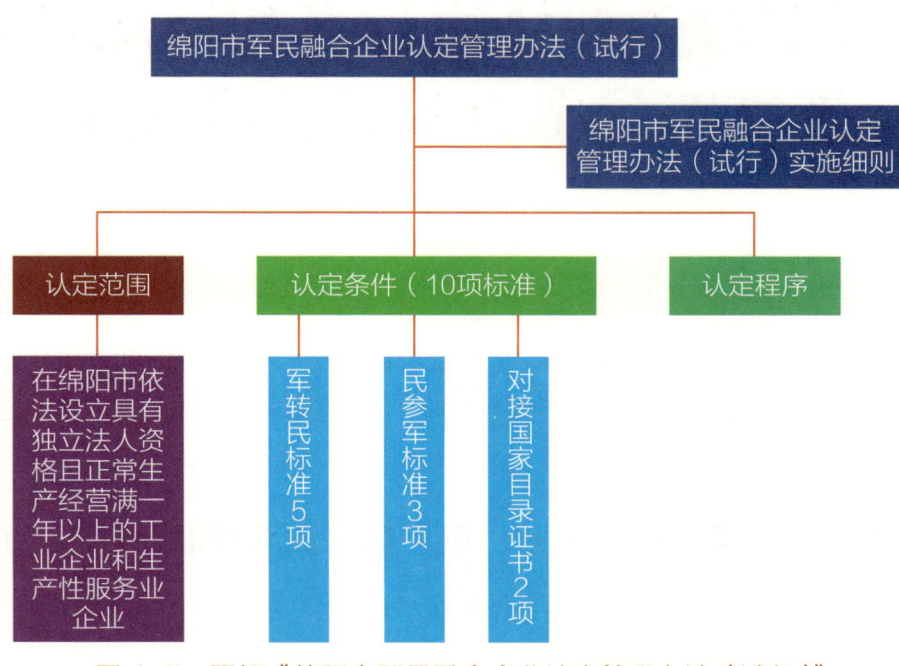

图4-7　图解《绵阳市军民融合企业认定管理办法(试行)》

(一)建立10项标准作为认定条件

建立5项"军转民"认定标准,涵盖军工企业、国防科研院所(校)转移转化的企业,包括"整体转制形成的企业""投资成立或以科技成果入股成立的企业""利用自身资源提供技术服务所成立的企业""科研人员(管理人员)或军转干部领办创办属高新技术产业或战略性新兴产业类别的企业""承接军民两用技术成果从事生产性的企业或从事军民两用技术交易为主的生产服务性企业"五大类别。

建立3项"民参军"认定标准,即承担有参军业务的企业,具体形式包括"直接承接国防军工采购合同的企业""为军品生产单位提供配套的企业""为保障军品生产提供特种或专用设备的企业"三大类别。

建立2项对接国家"目录"和"证书"的认定标准，包括纳入《军用技术转民用推广目录》《军民两用产品与技术信息共享目录》或《民参军技术与产品推荐目录》的企业，取得武器装备质量管理体系证书、武器装备科研生产保密资格证书、武器装备科研生产许可证和装备承制单位资格证书之一的企业。

（二）探索认定程序，指导实际操作

设立责权分明、监管与操作分离的认定管理工作体系，确保认定工作高效、公开。市经信委、市科知局、科管委军民结合办三部门为认定管理工作成员单位。认定工作分为企业申报、初审、合规性审查、认定及政府授牌4个阶段。按照企业申报、县市区初审、专家组评审、专家组与市级部门联审、市政府审定等程序，每年组织一次认定（表4-1）。对军民融合企业实施动态管理，建立军民融合企业数据库，按照每季一报、年度一查、三年一复审做好审查和复审工作。

表4-1 《绵阳市军民融合企业认定管理办法（试行）》认定程序

认定程序	具体描述
企业自我评价及申报	按照属地管理原则，企业自我评价，向工业主管部门提出书面申请
县市区（园区）初审	县市区（园区）工业主管部门初审，将合格的企业汇总上报市经信委
合规性审查	市经信委委托专业机构或抽取专家库内专家对申报企业进行审查，提出认定意见
认定及授牌	经过资料审查、实地考评、专家答辩、部门会审，形成认定报告，报市人民政府审定并授牌

认定结果纳入《军民融合企业统计报表制度》的统计范围，逐步建立起涵盖全市范围的军民融合企业库。

（三）提供政策服务，做好后续保障

认定标准确立后，绵阳市设立了5亿元的绵阳科技城军民融合产业发展基金和 20 亿元的军民融合成果转化基金，支持军民融合企业发展，已累计发放扶持资金 1300 余万元。绵阳市正着力构建国家、省、市三级军民融合产业发展联动机制，争取军民融合企业能够享受税收减免、资金扶持等多层次的优惠政策。

探索建立军民融合企业认定标准和认定机制，是建立军民融合企业统计制度和制定军民融合企业专项政策的重要基础，为壮大军民融合产业奠定了坚实的基础。

 军民融合企业认定标准和认定机制深入实施，推动了区军民融合深度发展进程

2017 年，绵阳市实现军民融合企业总产值 1500 亿元以上、同比增长 11% 以上，预计到 2020 年年底，绵阳市军民融合企业总数将达到 500 家以上。2017 年新认定军民融合企业 85 家，总数突破 321 家。其中，规模以上企业 139 家、亿元以上企业 64 家、10 亿元以上企业 12 家、100 亿元以上企业 2 家。通过认定的军民融合企业大多数分布在高新技术产业和战略性新兴产业中，主要涉及电子信息产业、制造、机械及冶金产业新材料、汽车、化工、环保等行业。既有长虹、九洲这种产值和知名度在全省名列前茅的老牌国有军工企业，也有利尔化学、科莱电梯这种"军转民"的后起之秀，还有龙兴科技等一大批目前产量不大，但在全国的市场占有率高、发展前景十分乐观的"民参军"企业，绵阳市在军民融合产业领域构建起"大企业顶天立地、小企业铺天盖地"的发展格局。

以联盟为载体构建区域军民融合创新体系 带动军民融合产业发展

四川省在推进全面创新改革试验中，积极构建军民深度融合产业培育体系，组建了省内第一个以军民融合为特征的"四川军民融合高技术产业联盟"（以下简称"联盟"），作为推动军民融合产业创新发展的"试验田"。联盟充分利用市场和政府"两只手"，线上线下双结合，将区域内军、民两个系统的各类创新主体有机联结起来构建区域军民融合创新体系，在推动军民资源互通共享、产融对接、人才培养等方面发挥了积极作用，有力地支撑了四川军民融合产业的发展。

一 军民创新体系长期分离是制约军民融合产业发展的一大障碍

长期以来，我国创新资源分散在军民两个体系的企业、科研院所、高校中，两个体系相对独立、封闭运行，部分创新服务机构能力不足、服务模式陈旧，无法对产业技术创新提供有效服务，军地"两张皮"、重复研发、资源浪费、创新效率不高等问题较为显著。究其原因，主要是我国发展过程中形成的"军民分割的二元结构"导致的政策和制度障碍。在国家大力推动军民融合深度发展的背景下，运用新的技术手段、新的业态、新的组织形式和管理方法，开展军民协同创新，推动军民科技基础要素融合，建立军民融合创新体系解决当前存在的问题显得尤为重要。构建军民融合创新体系，核心要素是在军民两大创新体系之间构建一个双向开放的系统，整合科研院所、军民企业、军队、高校等各创新主体、创新链各环节形成创新网络，加强军民互动统筹协调，促进创新要素的良性互动，推动军民融合体制机制创新、军民资源开放共享、军工科技成果转化、军民融合服务体系和军民融合产业发展。

二 打造"四大服务平台"，构建一体化区域军民融合创新体系

2016年4月，四川省委省政府、四川省经信委、四川省国防工办先后批复同意由四川九洲电器集团有限责任公司（简称"九洲集团"）联合国内从事研发、生产、检测、销售和服务的企事业单位、科研院所、高校共同成立四川军民融合产业高技术联盟（简称"联盟"），九洲集团任首届理事长单位。作为"政产学研用"为一体的跨领域、跨行业新型创新合作组织，联盟秉承"共创、共享、共融"的发展理念，针对军民融合产业发展亟须的信息、技术、资金、人才等核心要素打造了"四大服务平台"。

一是建立资源共享云平台。 联盟通过"互联网+"技术手段，打破信息壁垒，与四川航天云网科技公司合作打造"四川军民融合在线"资源共享云平台，设置军民融合政策解读、供需对接、军工资质认证咨询、科技成果评价、金融融资服务等五大线上板块，改变传统的"点对点"线下对接方式，在线实时发布技术、产品、基础设施、大型仪器设备、创新平台等供给和需求，在更大范围内实现信息交流，促进产品对接。同时平台还可为企业提供规划咨询、供需对接、资源共享、金融服务、军工认证咨询等军民融合一站式服务。

二是建立产融对接平台。 在四川省政府的支持引导下，联盟与四川省银监局、保监局联合开展银行、保险等专项对接，并与四川100亿元的军民融合产业发展股权投资基金对接并达成战略合作，围绕"军民融合高技术产业、企业技术改造、军工能力专业化重组"等六大工程进行股权投资。联盟理事长单位九洲集团向基金出资1亿元并推荐1名投决会成员参与基金管理，定期或不定期向基金管理机构推荐军民融合优质项目和专家顾问，充分发挥产业基金在金融服务产业发展中的"纽带"作用，帮助更多、更好的"军转民"和"民参军"产业项目顺利落地。

三是搭建合作交流平台。联盟通过举办和参与全国及地方的大型军民融合对接会、专题论坛、专业展会等活动，聚集军方、军工企业、民营企业、中介机构、金融机构等各类创新主体开展广泛合作交流。至今举办了包括军民融合资源共享机制创新发展论坛、无人机防控技术研讨会，参加青岛军民融合发展战略高端论坛、第二届中国军民两用技术创新应用大赛等省委组织部等重大军民融合活动20余项，了解行业趋势、技术主流、热点问题，推动形成军民信息互通、军地良性互动的良好局面。

四是军民融合智力保障与支持平台。依托九洲技师学院，联盟建成全省唯一的军民融合产业高技能人才培训基地，培养军民融合产业紧缺的高级工、预备技师、高级技师等高技能人才。同时，联盟理事长单位九洲集团与北京中科航天人才服务公司、绵阳科创园投资控股公司共同出资成立全国首个军民融合人才交流服务平台——绵阳科技城军民融合人力资源服务公司，开设"航天科技专班"为中国航天科技集团等12家军工企业量身培养军民融合专业技能人才。目前，累计培训军民融合高层次技能人才1500余人次。

三　联盟对军民融合产业发展的辐射和带动作用逐步显现

经过两年的建设，联盟吸纳了多家央企集团、院校、民企以及创新个体陆续加入，成、德、绵成员单位快速增长，截至2018年7月，联盟成员单位122家，专家委员会委员45位，得到全国的高度关注。联盟先后接受国家部委、科研院所、地方政府、知名企业等单位及领导80多次到九洲集团及联盟成员单位调研，《人民日报》头版发文点赞九洲集团及联盟。2017年12月，中央军民融合发展委员会常务副主任金壮龙到九洲集团调研，充分肯定了联盟的做法及成效。

联盟对区域军民融合产业发展的辐射和带动作用逐步显现。

一是推动军民资源互通共享。联盟与四川航天云网公司共建的"四川军民融合在线"云平台是四川省首家以军民融合资源共享为主题的网络互动平台，于2017年6月15日正式运行，市场信息、技术储备、仪器设备等可共享资源范围大大延伸。截至 2018 年 4 月底，云平台共入驻企业近 650 家，可共享外协供需求 11000 余个、产品供需 53000 余个、仪器设备 700 余套。

二是提升区域核心竞争力。 2018 年，四川省获批全国首个低空空域管理改革试点，民航二所、川大智胜、九洲集团、九洲空管等联盟成员单位积极参与"四川省低空空域协同运行中心"等重大项目建设，提供操作平台、软件和专业设备等技术和人才支撑。2018 年 5 月，联盟在深圳成功举行"目标防护与低空安全学术研讨会"，开启与深圳的跨域合作，努力利用深圳的创新资源打造低空试点的龙头工程、精品工程，提升四川省在全国的影响力。

三是促进军民融合产业发展。 联盟成员单位联合承担的国家发改委"北斗卫星导航产业区域综合应用示范项目"在 2017 年率先通过验收，部署北斗终端 12 万余台，使成都、绵阳成为国家首批 10 个北斗卫星导航产业区域重大应用示范城市，有力地推动了北斗技术在物流、旅游、交通等领域的规模应用以及北斗产业与关联产业的融合互动发展。2017 年，联盟成员单位军民融合产值达到 2135 亿元，约占四川省军民融合产值的 65%。

国防科技创新生态圈开创科研与成果转化军民联动新局面

沈阳市在推进全面创新改革试验中，依托中国航空工业集团公司沈阳飞机设计研究所开展国防科技军民融合创新生态圈建设，创新军队科研项目管理模式，变计划管理为项目管理，充分调动了科技人员的积极性，有效激发国防科技研发动力，提高军民两用科技成果转化效率，有力推进军民融合深度发展。

一 军地二元结构体制机制障碍亟待破解

沈阳市军工科技资源实力雄厚，拥有一批驻沈央属国防科技单位。面对新的时代要求，传统的军地二元结构和计划管理模式，在推进军民深度融合发展中表现出了明显的不适应性。**一是军民融合动力机制不足。**从科研计划、课题管理、成果处置等整个科研链条来看，缺乏军民融合发展的内生动力。**二是科技研发效率不高。**严格的计划管理机制，导致不同程度地存在研发决策迟缓、审批程序烦冗、科研效率不高、科技成果实用性不强等问题。**三是成果转化效率不高。**沉淀了大量的科研成果，却缺乏成果转化的动力机制，科研成果转化率较低，不能满足国防装备现代化日益增长的科技需求。

二 国防科技军民融合创新生态圈建设开创科技研发与成果转化军民联动新局面

2017年6月19日，沈阳市人民政府印发《沈阳市2017年全面创新改革试验方案》，对601所实验室向社会开放等作出了安排部署。

601所结合自身特色探索建设国防科技军民融合创新生态圈（图4-8），出台了《军民融合生态圈建设实施办法》，围绕前瞻性、先导性、战略性科技攻关和加快推进军民深度融合的发展任务，以重点前沿技术和创新型产品为依托，深化改革项目研发与转化机制，显著提高了技术攻关和成果转化效率。

<u>一是创新科研项目研发团队机制，形成"内创圈"。</u>601所以重点技术创新和产品创新项目为依托，在身份不变、待遇不变、课题任务不变的前提下，抽调各专业精干力量组建跨部门的矩阵式"内创"团队（重点实验室）；同时实行项目化管理和项目负责人制度，赋予团队更多研发自主权，大幅提升科技研发效率。

<u>二是实施创新团队激励，对重大创新及成果转化给予重奖。</u>601所为前瞻性、先导性、战略性科技攻关项目团队人员上浮工资1.5～2倍，任务完成通过验收后给予负责人及团队50万～100万元奖励；针对产品创新项目，则在项目产业化后按照后续入所收益的20%～50%奖励给项目团队，充分调动起科技人员的研发积极性，进一步提高科技研发效率。

<u>三是引入社会资本参与军民两用技术研发转化，形成"外创圈"。</u>601所积极探索受托开发与联合开发等模式，针对"技术同源、产业同根、价值同向"的军民两用技术从设计、研发、孵化各阶段引入社会资本，促进所内技术、人才、设施等与民口企业资本、市场、机制等要素高效对接，优化军民资源双向配置，提高科技研发与成果转化效率，形成国防科技军民融合"外创圈"。

总的来看，国防科技军民融合创新生态圈建设核心在于"两个构建"：一是通过构建"内创圈"和"外创圈"，分层次整合了包括军工企业和社会资本在内的研

发转化资源。二是通过构建科技成果研发转化收益合理共享机制，有效激发了利益相关者价值共创意愿，打造了科技成果研发转化收益共同体，激发了科技成果研发转化内生动力和整体活力。

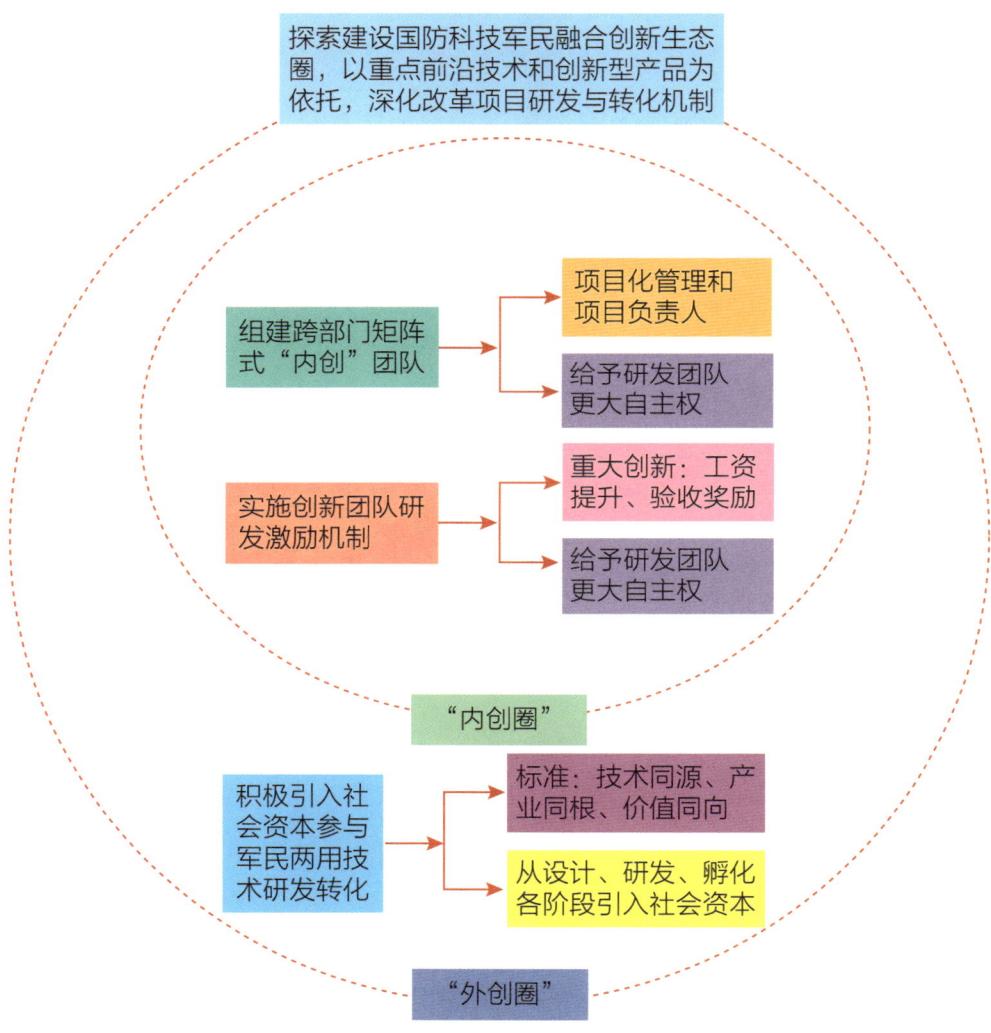

图 4-8　国防科技军民融合创新生态圈

四　军民融合　**209**

三 国防科技军民融合创新生态圈在激发国防科技研发动力、提高国防科技成果转化效率方面收到了显著成效

601 所国防科技军民融合创新生态圈建设，极大激发了科技人员的创新创造积极性，有效促进了国防前沿科技研发和科技成果转化。目前，旋翼无人机和智能螺栓 2 个产业化项目已落地沈阳，其中，智能螺栓项目先期 100 万元专利授权使用费，奖励技术发明人 25 万元，奖励项目团队 10 万元，其余 65 万元作为研发经费由团队自主支配用于后续研发；沈阳旋飞公司投资 4000 万元的旋翼无人机项目，仅半年时间成功研发样机并参加迪拜航展。另外，增材制造的 3 个创新产品与上市公司深圳金信诺公司合作开发，深圳市政府 2000 万元和金信诺公司 1000 万元的研发投入已到账，项目产业化正加紧推进中。

国防科技军民融合创新生态圈建设引起了社会各界的广泛关注。2017 年 6 月 21 日，新华网以《沈阳飞机设计研究所实验室向军民融合开放》为题，对 601 所开展国防科技军民融合创新生态圈建设进行了专题式报道。

构建开放式协同创新体系 提升军工企业装备制造核心竞争力

沈阳市在推进全面创新改革试验中，依托中国航发沈阳黎明航空发动机有限责任公司（下称"黎明公司"）建设军民融合开放式协同创新体系，迈出了打破军地二元体制机制障碍、促进军民深度融合的关键步伐，充分吸引社会优质创新资源"民参军"，有力地激发了国防科工单位的自主创新能力。

一 军地二元体制不适应新的发展形势

新形势下，军地二元体制机制的不适应性，在航空发动机研发制造领域主要表现在：**一是自成体系**。存在企业社会化协作程度不高、建设重复投入等问题。**二是封闭管理**。产品研制、设计、制造、销售、保障等全生命周期和供应链体系，基本都在行业内封闭运行，技术、人才、资本等要素与外部联系较少。**三是涉密限制**。军工产品研制，特别是航空发动机研发制造属国家高度机密，在与外部交流、合作、共享等方面受到严格限制，存在"信息孤岛"的现象。

2017 年 11 月，国务院办公厅印发《关于推动国防科技工业军民融合深度发展的意见》，明确提出了加强军民资源共享和协同创新的要求。航空动力装备是专业涉及广、技术难度大的产品，建立军民融合开放式协同创新体系，可以充分调动全社会生产资源要素，突破关键技术瓶颈，迅速提升航空装备研发制造能力和水平。

二 全方位多维度构建军民融合开放式协同创新体系

沈阳黎明发动机打破航空发动机科研生产壁垒，从产品外委、物资外购、产学研合作、军工技术民用产业化、军工资源社会化利用等方面，形成开放合作的产业系统（图4-9）。

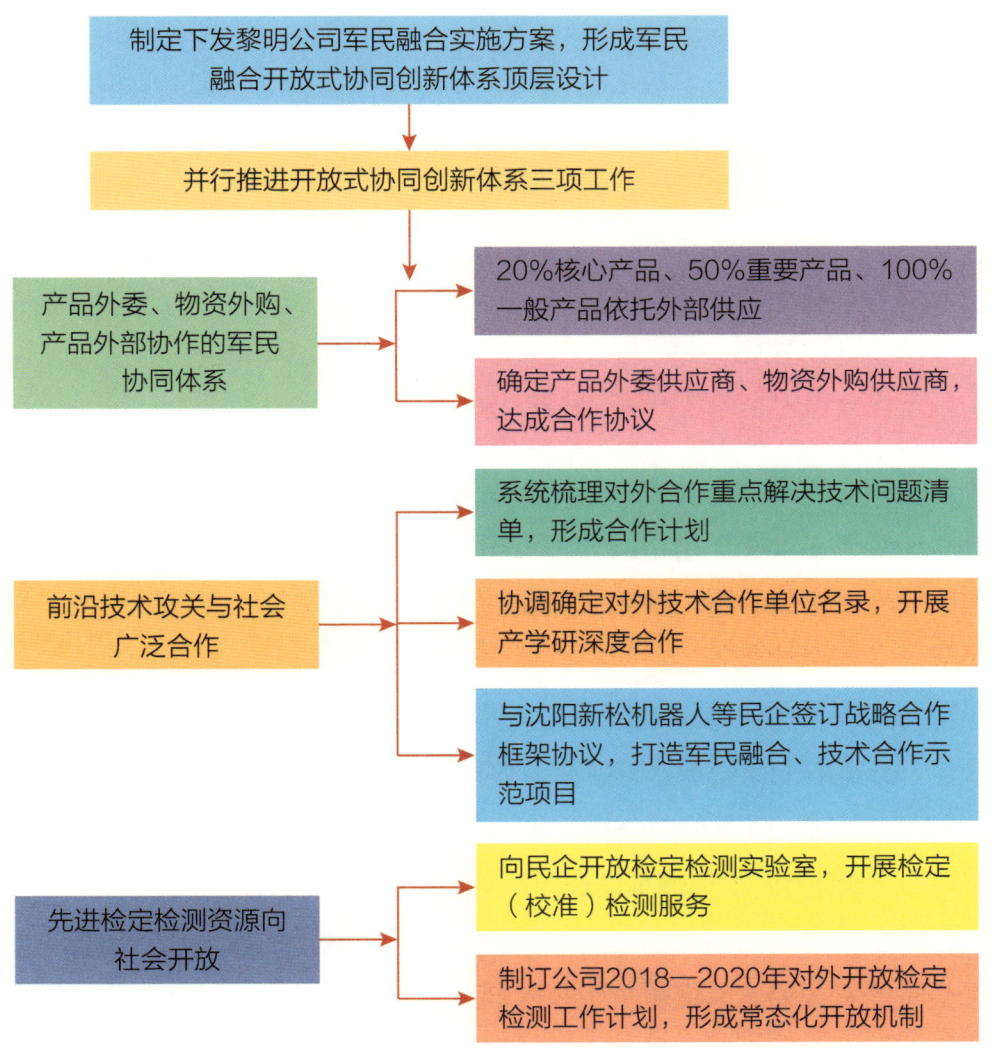

图4-9 军民融合开放式协同创新体系

一是一般产品采购全部竞争性招标。公司从"民参军""军转民""军民共享"三个方面梳理了产品外委需求、物资外购风险和产品外部协作 3 张需求清单，将 20% 的核心产品、50% 的重要产品、100% 的一般产品的研发采购全部采用竞争性招标完成配套，形成军民良性融合互动的科研生产体系，显著提升了核心技术研发水平和社会化协作配套能力。

二是前沿技术攻关与社会广泛合作。主要在跟踪前沿技术、提升技术创新能力、培养高端人才等方面，梳理对外合作重点解决技术问题清单，通过联合申报国家项目、建立联合实验室、联合技术研发、课题联合评审、开展技术交流、建立专家库等形式，开展产学研深度合作，协同促进高校、科研院所的研究成果向工程应用转化，获取最先进、最前沿的技术，提高公司整体技术水平和创新能力。

三是先进检定检测资源对社会开放。充分发挥检测技术专长，开放公司检定（校准）和检测资质实验室，为民口企业提供检定（校准）服务。依据国防科技工业 2112 计量站和国防实验室的授权范围及军民融合相关要求，制定了公司 2018—2020 年对外开放检定（校准）和检测工作的目标和计划。

总体看，黎明公司推进军民融合开放式协同体系建设的核心在于"**两个开放**"：**一是国防科工技术研发向社会开放。**突破军地二元体制机制障碍，引入高校、科研院所、企业等社会研发力量参与国防科工技术研发。**二是军用资源配置向社会开放。**一方面，创新军用物资、产品供应方式，促进民用资源向军方流动；另一方面，将军用检定检测资源向社会开放，使军方资源惠及社会民生。

军民融合开放式协同创新体系显著提升了军工装备研发制造能力

目前，黎明公司已与国内 74 家具有专业技术优势的单位建立合作关系，公司 37 名专业带头人已与 14 所高校、17 家科研院所的 66 个专业形成了固定联系点，通过与社会优质创新资源深度合作，大幅提升了公司的整体科研能力。按照"强两头、瘦中间"的思路，黎明公司以前所未有的力度扩大了对外开放，共梳理

10300 余个（项）产品或技术，全部面向社会实行竞争性招标采购与合作研发，并确定 400 余家物资外购、产品外委供应商，极大促进了"民参军"。公司已对外开放检测项目 73 项；已对外开放计量服务 49 项，其中经国家国防科工局计量考核机构考核合格的区域最高计量标准 16 项，经辽宁省国防区域计量站组织考核合格的企业最高计量标准 33 项。

黎明公司军民融合开放式协同创新体系建设，得到了中国航发集团和省市领导的充分肯定。2017 年 12 月，辽宁省委书记陈求发率考察团前往黎明公司等驻沈军工企业开展调研，对黎明公司军民融合开放式协同创新体系建设给予了高度评价，要求要进一步深化改革，着力破解制约军民融合发展的束缚和障碍，推进军民协同创新实现新突破。

民口企业"资本介入"组建混合所有制企业开辟民参军新路径

在四川省推进全面创新改革试验中，四川海特高新技术股份有限公司（以下简称"海特高新"）和中国电子科技集团公司第29研究所（以下简称"中电科29所"）以资本为纽带，开展了社会资本以股权形式介入军工研发、生产领域的混合所有制改革，让民营企业以控股形式取得新组建混合所有制企业的控制权，体制机制与资金优势得到发挥，让国有军工企业的技术与渠道优势得到延续，为民营企业民参军、国有军工企业军转民提供了新的路径选择。

一 国资管理和决策机制限制"民参军"

长期以来，中国的军工领域有着国有资本绝对控制的格局。由于国资管理和决策机制限制，"民参军"尤其是资本融合渠道不畅，军工单位投资项目资金来源渠道单一。需要通过组建混合所有制企业，建立现代企业制度，引入社会资本和技术力量，形成军民合作的技术合力，开发生产填补国内军工空白的高精尖核心产品，提高"军转民"民品开发和技术转移的积极性，拓宽军民市场，提升产品竞争力。

二 海特高新和中电科 29 所通过社会资本参与军工企业方式开展混合所有制改革

海特高新是一家成立了 20 多年的综合性高科技服务民营企业集团，主营业务涵盖航空、电子信息等多个业务板块，资金实力雄厚。中电科 29 所是我国最早建立的国家骨干研究所，专业从事电子信息对抗技术研究、装备型号研制与批量生产。2015 年，中电科 29 所牵头筹建海威华芯，引入具有丰富军民融合实施经验的海特高新加入项目。海特高新以收购中电科 29 所旗下成都嘉石科技的方式，获得新组建混合所有制企业海威华芯 52.91% 的股份，成为其控股股东，负责企业的管理和运营；中电科 29 所成为海威华芯第二大股东，同时也是海威华芯目前的主要客户。

海特高新成为新企业海威华芯的控股股东后，积极推动其发展，利用公司体制机制灵活、市场反应灵敏、决策迅速、资金实力雄厚等优势，推动海威华芯在核心人才引进、技术创新能力建设、团队建设、管理制度等方面进一步完善，并大力推动芯片项目基础设施建设进度，实现了项目的早日投产。海特高新这一民营企业通过出资入股、收购股权、认购可转债、股权置换等多种方式参与混合所有制改革，充分发挥自身机制灵活、融资渠道多样化的特征，充分利用被收购国有军工企业既有的产品销售渠道，开发生产填补国内军工空白的高精尖核心产品，进入和拓展军品市场，顺利实现"民参军"。

中电科 29 所则借助此次混合所有制改革缓解了研究所陷入资金困境、管理效率不高的问题。国有军工企业借机转换经营机制，提高国有资本配置和运行效率，放大国有资本功能，发挥国有军工企业原有的技术优势，在"军转民"道路上迈出实质性步伐。

以下为社会资本参与军工企业混合所有制改革流程图（图 4-10）：

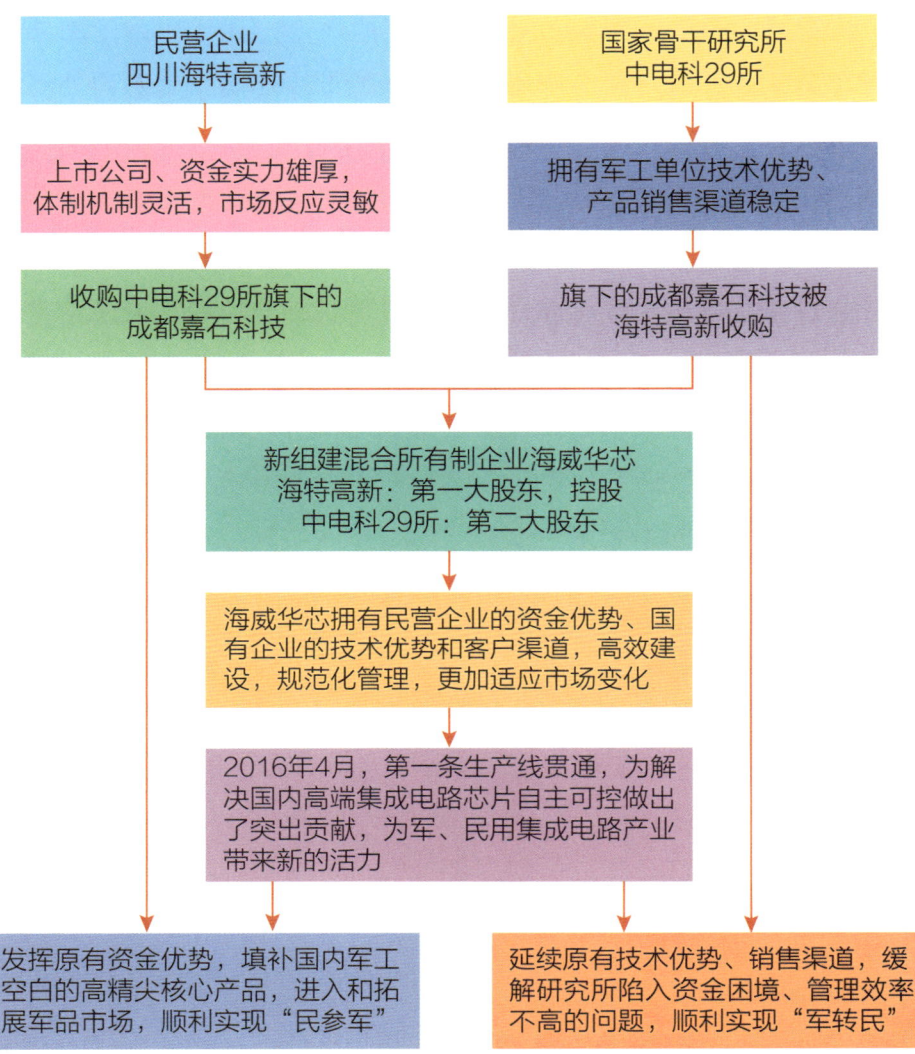

图4-10　社会资本参与军工企业混合所有制改革流程图

三　民口控股军工，焕发企业研发、生产活力

　　海特高新通过股权形式介入军工研发、生产领域，以控股形式取得了新组建混合所有制企业（海威华芯）的控制权，取得了民口控股军工企业的成熟经验。随后，投入大笔资金、改革企业管理体制，推动海威华芯迅速焕发活力。海威华芯第一条6吋第二代/第三代化合物半导体集成电路生产线贯通，生产线同时具

四　军民融合　**217**

有砷化镓、氮化镓以及相关高端光电产品的生产能力，其 0.25 微米的功放电路生产工艺和砷化镓无源集成电路生产工艺的技术指标，已经达到国内外同行业先进水平，成为国内首个具有自主知识产权的集工艺开发、器件模型、产品生产制造于一体的第二代/第三代化合物半导体集成电路领域的开发平台，项目填补了国内市场空白，打破了欧美垄断，是军、民用集成电路产业的新发展。

通过社会资本参与军工企业混合所有制改革这种合作模式，民营企业和国有军工单位之间打通了资本、技术、市场的通道，打破现有民口企业"资本介入"国防科技工业体系方式，突破当前行业、军民以及所有制界限问题，改变国有企业体制机制现状，拓展企业融资渠道，同步解决民口企业"话语权"薄弱的问题，为民参军提供了一个新的路径选择。

区域产学研联合共建办学开创军民融合协同育人的新模式

西南科技大学在推进全面创新改革试验中，坚持政产学研用联合办学，秉持"需求牵引、方案对接、资源共享、军地联动、共同培养"的原则，构建面向"经济社会发展、国防军队建设"军民融合学科体系，创办服务核工业、兵器、电子、制造等军民融合行业的本、硕、博国防特色学科专业，形成了特色鲜明的"军民融合协同育人"模式。

一、军民两用人才缺乏是制约军民融合发展的一大"瓶颈"

军民融合发展上升为国家战略，培养、造就和储备一批军民融合意识强，既能致力于推动国防科学技术发展，又能促进国民经济产业转型升级的军民融合创新型、应用型人才，意义重大。如何统筹军地优质资源，建立需求导向性的协同育人机制，是地方高等院校培养军民融合人才迫切需要解决的现实问题。

我国长期军民分割的人才培养体系，导致资源有效利用率不高、人才培养效率低、军民融合类人才缺乏。**一是人才供需信息不畅**。院地企三方的利益诉求存在分歧，国防科研院所、地方政府、军民融合型企业之间衔接机制不顺，各管理部门之间各自为政，自成体系，缺乏综合管理，存在"三条块"现象。**二是资源共享体制不全**。大中专院校开设专业一般与军民融合关联度不高。军民融合型企业实践场地充足，但培养人才的渠道狭窄，在人才培养管理方面缺乏经验，难以培养高层次人才。**三是人才共用机制不活**。国防科研院所聚集大量国防科研领域的高端人才，军民融合型企业拥有大量实践经验丰富的高技能型人才。由于现行激励和人员管理机制不活，学校难以引进高层次军民融合人才和聘请企业、科研院所的优秀人才兼职任教。

二 区域产学研联合共建办学是军地协同育人的有效模式

西南科技大学构建"区域产学研联合共建办学"模式，通过中央部（委）、省、市共建，科研院所和大型企业等董事单位参与联合办学。整合、共享区域教育科技资源，搭建现代开放式教育与科技合作、交流平台，优化配置区域科教资源，促进办学水平与人才培养质量快速提升（图4-11）。

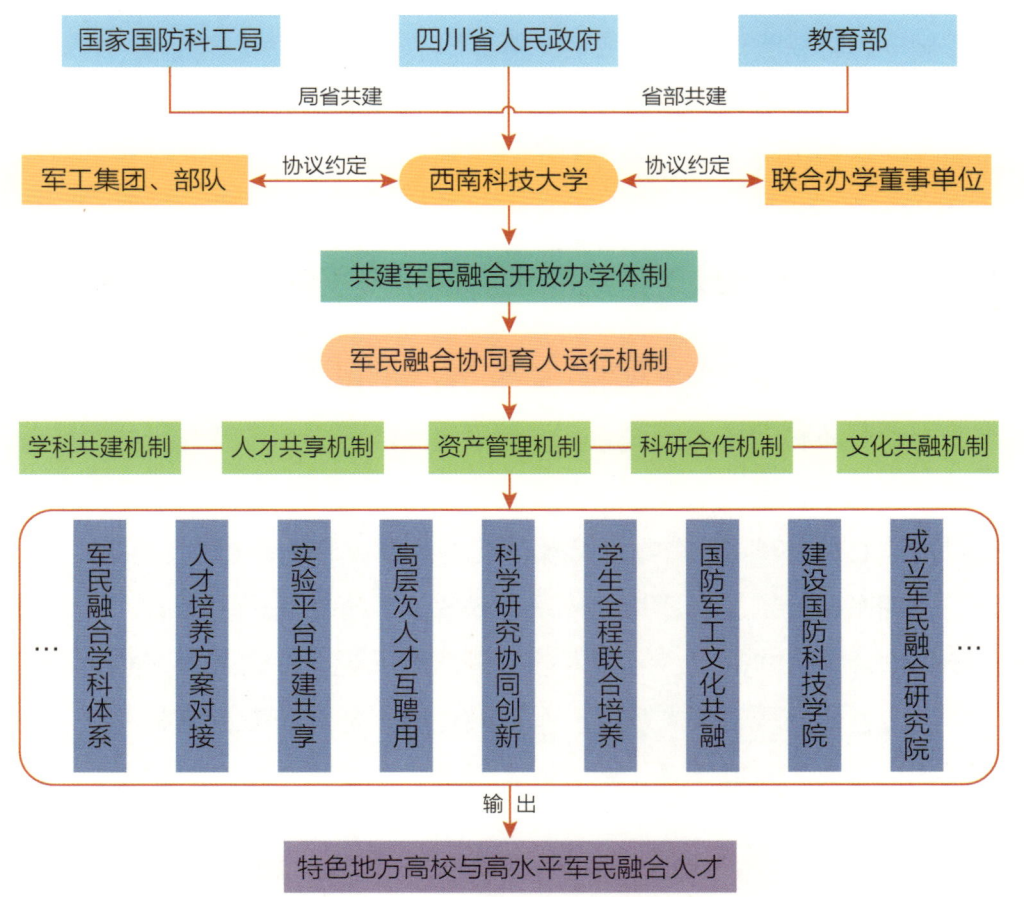

图4-11 军地区域产学研联合共建办学机制

一是建立"体制联合，章程约定；协议实施，优势互补"的联合办学运行机制。精细设计产学研联合办学体制的运行规则，提倡开放共享和民主共商的办学原则，共同制订共建与联合办学章程。共建与联合办学各方根据具体项目和要求签订共建协议、成立相关办事机构。学校授权二级学院与相关董事单位及其二级机构签订互动双赢协议，具体开展教学和科研合作。

二是建立"以人为本，互聘人才；学科互补，协调统筹"的人才资源整合机制。实施产学研合作人才资源共享互动。考虑产学研各方高层次人才的学科分布和工作任务的实际，成立了各方专家组成的学校顾问委员会，统筹考虑互聘人才，使共建各方学科资源互补、利益互惠，既充分调动高层次人才工作的主动性，又调动各共建单位的积极性。

三是建立"产权明晰，共建共管；资源优化，特色鲜明"的共享共育平台机制。产学研合作建设高效益实践基地，破解工程类专业实践基地建设投入大、政府和学校投入难以完全满足实践教学需求的困局。根据产学研共建单位的科研设备和生产设备的实际，做到大型实验系统不重复建设，优化设备资源配置，建设特色鲜明的实践基地，满足教学、科研、生产一体化要求。

四是建立"学术交流，联合攻关；成果共享，技术共用"的科研协同合作机制。联合进行技术攻关，开发新产品，加快科技成果转化。在科技项目立项或委托研究前，以提出课题的单位牵头，组织项目研讨和交流，并以协议形式正式立项或委托开展攻关研究，所得成果和技术归相关研究人员共享，并无偿归共建单位使用。

西南科技大学开展区域产学研联合共建办学成效显著

2012年，教育部与四川省人民政府共建西南科技大学。国家国防科工局与四川省人民政府签署"十三五"继续共建西南科技大学协议，军民融合协同育人步入新阶段。区域军民深度融合协同育人模式如图4-12所示。

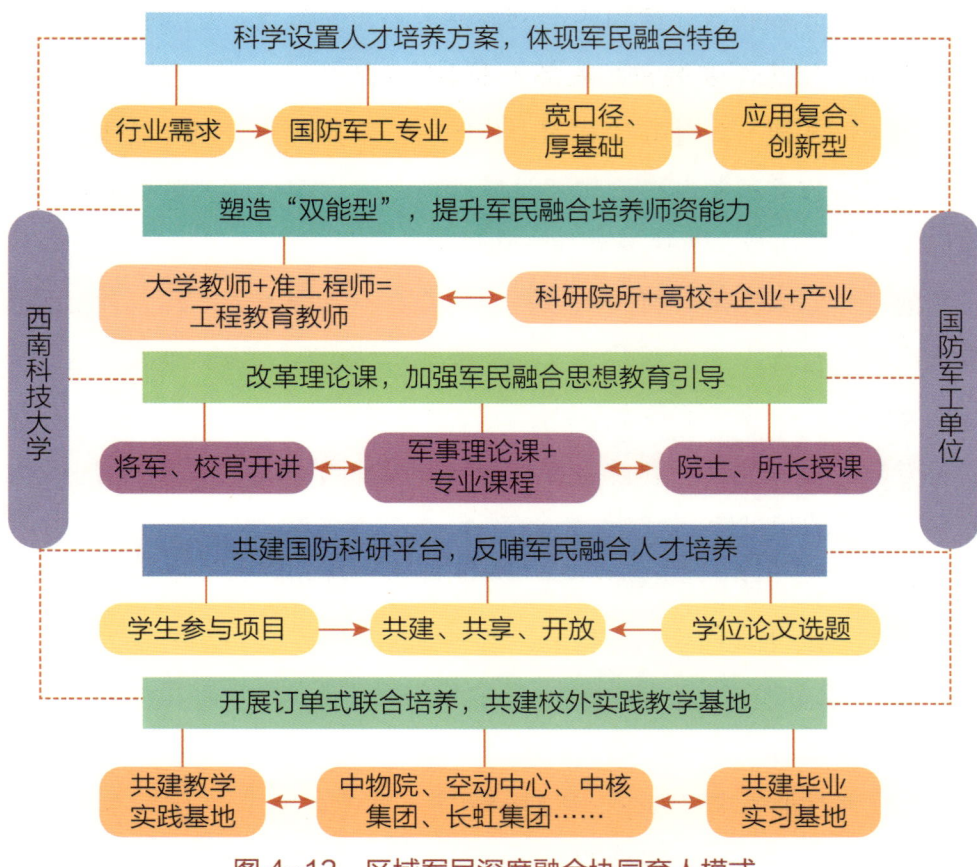

图 4-12　区域军民深度融合协同育人模式

一是教学科研成果累累。西南科技大学统筹军地优质资源，军地联合编著出版《核技术应用》《含能材料实验》等教材 23 部，建成 292 个实习基地群，共建共享 47 个实验室，12 个硕士点与董事单位联合培养硕士研究生，4 个学科方向与董事单位联合培养博士研究生。

二是军民融合人才辈出。近 5 年，西南科技大学为社会培养人才 3.5 万余名，为军工行业输送 6000 多名优秀毕业生，有 259 名在校大学生应征入伍。与气动力中心联合培养的工程力学专业毕业生已经成为该单位中坚力量，10 余人已获上校军衔；与中物院联合培养的硕士、博士成为各科研院所的科研骨干。

三是育人模式全国推广。"区域产学研联合共建办学"办学体制改革、军民融合协同育人模式创新得到了李岚清、刘延东等国家领导人和国家国防科工局、教育部、科技部、中央军委装备发展部等部委的充分肯定，并应邀在教育部2015、2016年省部共建高校研讨会等重要会议上做关于军民融合人才培养专题报告，50多所兄弟院校专程学习交流相关经验。"西南科技大学军民深度融合协同育人的创新与实践"获评四川省政府教学成果一等奖。

"地方政府+军工"的股权合作模式推进民机新品研发

西安市在推进全面创新改革试验中，支持中国航空工业集团公司（以下简称"航空工业"）以筹划启动新舟700项目为契机，对中航西飞民用飞机有限责任公司（以下简称"西飞民机"）进行混合所有制改革，成立民机产业平台，以股权多元化、增资扩股等方式实现社会化融资，分散融资风险、增强企业活力与核心竞争力，不断做实、做强、做大。

一、市场化程度不高、体制不灵活、投入不足、发展缓慢长期困扰民用航空产业

我国航空产业主要由国家政策导向进行产品控制和布局安排。国内民机产业依附于军工企业，存在着市场化发育不足、体制不灵活、管理落后、投入不足等问题。

从航空产品的发展轨迹来看，民用航空产业一直依存于军事航空制造业，投资渠道单一，缺少自下而上的投资动力与受益人的问题，在具体项目研制中的突出特点是：计划管理为主，军民混线生产，项目之间合作沟通不足，资源分散，导致资源配置效率低下，多家地方企业竞争项目和投资。这种宏观和微观管理体制上的不协调使得民用航空产业发展迟滞，市场开拓能力不足，最终难以形成与国际航空工业巨头竞争的产品及市场营销、支撑体系。

二、建设产业发展平台，扩股融资加速发展

为巩固和扩大在涡桨支线飞机领域的市场基础，中航工业启动了新型涡桨支线飞机研制工作。新舟700是国家中长期民机发展规划中"两干两支"的重点项目，该项目的实施将填补国内空白，建立我国涡桨支线客机自主创新体系，为打造世界知名涡桨支线飞机制造基地奠定基础。

为提早进入市场，抢占市场先机，新舟700飞机项目面临时间紧、任务重、资金乏力等问题。新型商用飞机项目的研制需要庞大的资金，且投资回收期很长，因此新舟700飞机项目的研制必须依靠多家企业尤其是地方企业的融资，并充分利用社会及国际等优质资源，从而把航空工业技术优势和地方经济发展形成的资源优势结合起来，形成民机可持续发展的商业模式，实现我国民机产业发展的新突破。

一是建立产业发展新平台。2015年4月10日，为落实航空工业的发展战略，结合中航飞机改革发展的整体思路，中航飞机将民机业务进行专业化整合，组建西飞民机。通过这种方式设立的新公司，一方面，有利于统筹航空工业优势资源参与项目研制，确保项目技术成功；另一方面，通过股权多元化的方式实现社会化融资，分散融资风险。

西飞民机成立后，依托经中国民航总局批准的民机研发体系，集中中航飞机的民机资源，开展新型涡桨支线飞机设计开发、研制生产、适航取证、试飞交付、服务保障等工作，并根据中航飞机改革发展的实际进展，逐步实现对民机研制资源的整合，建立中航飞机民用飞机产业的专业化发展平台。

二是创新股权结构。根据项目研制资金需求情况，西飞民机注册成立时注册资本为人民币19亿元。其中，中航飞机股份有限公司出资7亿元，陕西航空产业发展集团有限公司出资6亿元，中航国际航空发展有限公司出资3亿元，中航航电系统有限公司出资2亿元，中航航空电子系统有限责任公司出资1亿元，并依法设立股东会、董事会、监事会，组成公司治理架构，形成政府+军工的股权合作模式。

三是增资扩股助力发展。 西飞民机结合公司的股权组织结构和后续发展，拟定了西飞民机增资扩股方案；中航飞机对划拨的资产范围进行了梳理，并与相关股东进行了初步沟通；西飞民机结合业务发展需求，完成设计保证系统的建设和质量系统的建设。向民航局提交型号合格证、生产许可证证照的申请。2017年12月26日，西飞民航局颁发了型号合格证和生产许可证。

初步形成政府+军工股权合作模式，促进军用技术向民用产业转化

（一）政府+军工的股权合作模式初步形成

地方政府与军工企业共同参股合作，有利于军工技术融入地方发展，地方企业以股东代表、董事、监事的身份参与投资企业的公司运营决策，可制定有利于促进地方行业经济发展的政策。同时，可以以西飞民机为平台，促进央企与政府人员的交流与挂职锻炼，加强地方与央企的联系，提高地方政府对企业支持的积极性，又促进企业的发展，形成良性循环的企业发展生态环境。

（二）发挥军工优势资源，促进民用产业发展

从军工企业剥离或者重组的产业以军工企业为依靠，充分发挥军工企业的制造、技术等资源，提升企业的生产制造及经营能力，将军工技术转化用于民用产业，促进民用技术提升的同时又创造了更大的社会价值。

（三）构建民用产业行业标准体系

依托新舟700研制，采用了项目管理、系统工程等先进的管理理念，将民机适航要求贯彻在研制的全生命周期中，以满足民机市场的需求。在制造方面，采用三维数字化设计、并行工程、IPT设计等管理模式，为传统飞机制造模式向数字化、自动化高端制造模式转变积累了经验，实现主制造商—供应商共同研制过程的受控规范。

军地共建军民融合产业园
创建"军工+地方"发展新模式

西安市在推进全面创新改革试验中，以西安兵器基地为依托，开展了"军工+地方"模式创新探索，提升了军工建设能力，实现了军地双向产业结构的优化升级，推动了西安军民融合产业深度融合发展。

 军工企业布局分散，制约军民融合产业要素融合

21世纪以来，国内军民融合产业园区的发展进入了一个新时期，尤其是国家将军民融合战略上升为国家战略以来，各地军民融合产业园区迅速发展。但是，目前大部分军民融合产业园区仍以军工单位为主导，"军转民"的特色强，"民参军"的因素少，军民界限明显、资金渠道分离、人才流动受限的问题突出；军民资源配置效率不高，统筹协调不够，合力不足；军民交流互动不畅，融合深度不够。

 以"退城入园"为契机，构建军民深度融合发展园区

陕西省西安市与兵器集团联合共建西安兵器基地，遵循"统一规划、统一建设、统一管理"的原则，推进军民深度融合。

（一）坚持高效协同的管理体制和企业主导的运行机制

一是在管理体制方面，兵器工业集团与西安市联合成立兵器基地管理委员会，与西安市经济技术开发区管理委员会合署办公,行使政府经济管理职能。兵器工业集团成立了基地建设领导小组及办公室,负责管理、协调、处理基地建设中的重大问题。二是在运行机制方面,兵器工业集团委托北方发展投资有限公司,具体对接西安市经济技术开发区管理委员会,坚持企业主导、市场运作,承担基地开发建设工作和基地建设领导小组办公室日常事务工作。

(二)以"退城入园",促进军工和地方双优化

一是坚持统一规划、统一建设、统一管理的原则,始终坚持维护规划的严肃性,依据规划快速推进承载能力和服务能力的建设。西安兵器基地企业发展规划引领区域发展规划,并纳入全省"十三五"军民融合规划体系。二是以"退城"促进城市转型升级。有效释放出约133万平方米城区商业建设用地,有力地支持了西安城市规划和工业布局调整,解决了西安市东郊城市发展空间不足的问题,保障了西安市幸福林带的建设。三是以"入园"推动军民融合资源整合。鼓励城区生产企业搬迁布局西安兵器基地,按照资源整合和专业化协作的思路,统一建设计量理化、环境测试等生产配套中心,促进军民资源统筹和共享,健全了生产配套体系,实现了园区军民要素资源的集约高效利用。

(三)建设健全市场化的生产生活服务体系

一是按照"政府大配套、兵器小配套"的思路,军工和地方共同推进基地基础配套设施建设。二是园区水、电、气、暖等设施建设提前规划,按照适度超前原则,道路建设时统一实施。三是统筹布局建设职工需求的居住、教育、医疗等基础设施。

(四)统筹优化军民融合的体制机制

一是兵器工业集团制定下发的《科技创新改革20条》提出的"进一步强化科技创新激励约束机制,努力构建市场化、资本化的投入机制,大力促进科技成果转移转化"在西安兵器基地推广。二是率先在兵器基地开展了科技成果转化分红

激励、科技创新奖励工作。三是设立了军民融合产业基金，推动科技与金融的深度融合。四是提高外协配套水平，提高"民参军"水平。

三　开展军工企业"退城入园"，实现军民融合深度发展和聚焦

一是规划引领，形成了兵器产业聚集。 编制了《基地数字化园区规划》《综合保障园修建性详细规划及城市设计》等一系列专项规划，为建设一流军民融合示范基地提供了系统全面的科学依据。西安兵器基地内配套的工业服务体系统一规划、建设和管理，避免了各企业自成体系重复建设，集约节约使用了土地，降低了企业协作配套成本。截至 2017 年年底，西安兵器基地共落地产业化项目 28 项，总投资 142 亿元，聚集了约 300 亿元/年的综合产出能力。

二是促进了国防建设和地方经济发展。 西安兵器基地建设，实现了成员单位间的资源融合，带动了兵器工业西北地区结构调整和产业升级。通过厂区搬迁释放了大量城市用地，为城市发展提供了空间，并彻底解决了重大危险源制约西安城市发展的问题。

三是形成了军民融合产业发展的服务保障体系。 西安兵器基地首期职工住宅建设使用，同时统一配建了兵器幼儿园、兵器小学。兵器三甲医院已完成方案设计。西安兵器基地内配套建设了公租房。成立市场化运营的专业物业公司，为入驻西安兵器基地的企业解决了生活配套需求，优化了"三供一业"产业布局。

四是转化一批军工科技成果，实现一批军工大型仪器设备共享。 已初步确定北方动力微涡发动机、前沿动力公司 CAE 工程中心等 10 个项目，通过"总部+飞地"模式在基地孵化。面向社会共享了 335 台/套（原值约 4.35 亿元）大型仪器设备、23 个重点实验室（原值约 7.93 亿元）。

成立混合所有制公司 探索中央军工科研院所成果转化新模式

安徽省在推进全面创新改革试验中，选择中国电科集团驻皖单位开展试点，探索中央军工科研院所科技成果转化新机制。中国电科集团第38研究所（以下简称"38所"）通过成立混合所有制公司的形式，成功转化太赫兹安防技术，取得了良好的经济和社会效益。

一、科技成果转化不足制约了中央军工科研院所军民融合创新发展

党的十九大报告明确指出，要深化国防科技工业改革，形成军民融合深度发展格局。目前，在军民融合发展方面，政策创新主要集中在"民参军"领域，即鼓励民间资本、非公有制经济参与国防工业建设。但是，对主要从事军工科研任务的军工科研院所，如何将其研发的技术成果转化为民用产品和社会生产力，还缺少相关的配套政策。**一是军工科研院所自主投资权限不明确**。军工科研院所资产由国务院国资委管辖，研发任务由国家国防科工局主管，具体管理由国资委下属的中央企业负责。在投资权限上，国家国防科工局、国资委以及中央企业目前还没有统一的规定，视为对外投资的知识产权作价入股存在政策风险。**二是人才激励机制不足**。国家已出台的促进科技成果转化政策对科技人员在科研成果转化后的奖励措施做出了明确的规定，但国务院国资委、国家国防科工局、中央军工集团配套政策与国家相关政策还有待衔接，军工院所科研人员还无法享受科技成果转化的各项激励措施。

二 通过成立混合所有制公司，畅通了科技成果转化投资渠道，强化了对军工科研院所科研人员的激励

太赫兹安防仪具有安全零辐射、非接触式安检、探测范围广泛、高效便捷等优点，逐渐成为产业发展热点。但是，国内企业普遍不掌握核心技术，不具备与国外产品竞争的实力。为攻克太赫兹安防关键技术，38所从美国引进了高层次人才团队，支持其在所内创新创业，取得了多项技术突破。

为促进太赫兹安防领域科技成果转化，38所通过成立混合所有制公司，一方面畅通了军工科研院所自主投资有效渠道，另一方面创新了对科研人员的科技成果转化激励方式。

一是组建了由中国电科、地方投资平台以及科研团队共同参股的安徽博微太赫兹信息科技有限公司。公司注册资本8200万元，其中38所以现金、技术作价等方式投入4060万元，省高新投公司、合肥创投基金公司以现金方式投入2500万元，核心团队以现金、技术作价等方式投入1640万元，成为中电科集团首个以技术入股方式成立的混合所有制企业。

二是探索了"股权激励+项目跟投+基金奖励"相结合的科研团队激励机制。股权激励方面，太赫兹安防技术评估作价3008万元，38所将其中的18%奖励给了科研团队；项目跟投方面，团队自筹资金1100万元；基金奖励方面，公司业绩达到一定条件，合肥创投基金投入的500万元将允许科研人员回购。

三 混合所有制公司成立以来，取得了良好成效

安徽博微太赫兹信息科技有限公司成立以来，取得了良好的社会效益和经济效益。太赫兹安防设备填补了国内太赫兹装备整机的市场空白，已在新疆反恐维稳重点区域实现全覆盖，在国内大中城市的机场、火车站、地铁站

等实现了拓展应用,为保障国家稳定和人民群众生命财产安全提供了有力保障。2016年下半年公司成立后,当年即实现合同额4亿元、销售收入1.2亿元;2017年实现销售收入超过10亿元,净利润1.1亿元。作为一类军工科研单位,38所近年来"军转民"步伐不断加快,产品销售收入中民品占比已超过50%。

五

公平开放市场环境

习近平总书记在中央财经领导小组第十六次会议上强调，我们提出建设开放型经济新体制，一个重要目的就是通过开放促进我们自身加快制度建设、法规建设，改善营商环境和创新环境，降低市场运行成本，提高运行效率，提升国际竞争力。

近些年来，我们在构建开放公平市场环境方面取得了巨大的成效和突破性进展，但仍然存在外籍人才引进难、部分行业准入门槛高、企业办理流程复杂等深层次问题。在全面创新改革试验中，北京、上海、广东等区域围绕这些问题，开展了外籍留学生在华创业就业、药品上市许可持有人制度、企业投资项目承诺制、企业登记全程电子化、国地税联合办公等试点，引起了社会强烈反响，取得了积极成效。

064

出入境改革创新助力外籍学生实现在京创业梦

在全面创新改革试验中，北京市按照公安部支持创新发展的出入境政策措施，允许在京津冀高校的外国学生经所在高校同意并出具推荐函，在中关村国家自主创新示范区实施兼职创业活动（不包括注册企业），可以申请在学习类居留许可上加注"创业"，拓展了吸引外籍人才的渠道，提高了外籍人才在华创业就业的积极性。

 制约我国聚集外籍青年人才在国内创业的政策瓶颈亟待突破

根据有关规定，外国留学生应届毕业后无法直接就业，需在境外获得2年以上工作经历后，方可在境内申请工作类签证入境，有关规定不利于充分吸引和有效利用海外人才资源。长期以来，外国青年人才在中国创新创业难以得到居留许可，影响了外国留学生创新创业的积极性，制约了我国有效利用全球青年人力资源。

北京是全国创新创业资源最为集中的地区和外国在华留学生最密集的城市，外籍留学生作为文化交流使者，在中国创新创业具有宽广视野、比较思维和世界眼光，有利于促进产学链全球延伸。为了吸引和集聚外籍青年人才，促进他们在创新创业中发挥重要作用，亟须破解制约束缚我国吸引聚集外籍人才的政策瓶颈和制度障碍，有效引导外籍高学历人才在华创业就业。

五 公平开放市场环境 **235**

二　全力推动出入境新政获得国家授权并落地见效

在全面改革试验中，北京市公安局坚持首善标准、需求导向，主动作为、积极争取改革新政在京先行先试，努力创造经验、做出表率。

一是广泛调研，研提意见。 会同中关村管委会等相关单位开展系列调研，组织全市涉外企业、外国人才、归国创业外籍华人、外国留学生等群体代表开展10余场座谈，细致梳理现有涉及外籍人才引进的法律政策，充分借鉴发达国家移民政策，结合在京外国留学生群体在京创业就业需求，按照"创新服务、放管结合"的思路，向公安部梳理上报2项具体改革创新意见，为改革新政在京先行先试奠定了坚实的基础。

二是积极争取，先行先试。 在深入调研的基础上，邀请公安部来京专题调研，积极为公安部研究推出支持外籍学生留京创新创业的出入境政策措施提供参考和依据。2016年年初，公安部正式出台"支持北京创新发展20项出入境政策措施"，在京试点支持在京创新创业的外籍留学生提供申办签证、居留许可等政策便利，为北京吸引外籍学生人才提供了有力的政策支持。

三是整合资源，强力推进。 北京市公安局主动争取市人才工作领导小组的支持，会同市委组织部、市科委、市人社局、市侨办、市教委、中关村管委会等单位，组建专班，克服无先例、无场地等难题，按照"条件明、材料少、程序简、效率高"的标准，逐条逐项细化申请材料、申请流程和审批标准，制定《实施细则》等配套文件，确保新政顺利实施、取得实效。

四是内外结合，广泛宣传。 新政实施以来，北京市在充分利用新闻发布和网络宣传的基础上，坚持走出去、请进来，调动相关单位力量，先后召开面向各类涉外群体的政策解读会100余场，积极接待中宣部"调结构、转方式"采访团、中央电视台《创新强国》纪录片组，到外国人服务大厅实地采访，并通过美国《侨报》、法国《欧洲时报》等知名媒体开展海外宣传，让新政广为人知。

五是创新手段，优化服务。 主动工作、加强协调，结合外籍学生的个人意愿，与市教委、在京高校、企业用人单位建立完善沟通协作机制，为符合政策的外籍人才提供简化办理流程、放宽居留许可办理时限等政策便利，同时为人才家属提供相应的保障措施，大大激发在我国高校毕业的外籍学生在京创新创业的热情。

出入境新政助力外籍学生创业取得初步成效，并进一步推广扩大政策效益

截至2018年6月，北京市公安局已为2名在高校的外国学生办理了加注"创业"的学习类居留许可业务：来自北京交通大学的法籍留学生丹尼尔，在中关村注册成立了万美丹尼科技有限公司，专门从事互联网领域创新创业；在清华大学攻读博士研究生的马来西亚籍留学生赖国强，创建"运动故事"动故事，积极为爱运动的人士搭建互联网社交平台。

为4名我国高校毕业的外国留学生加注"创业"的私人事务类居留许可。分别为：创建了北京挪威之印咨询有限公司、来自挪威的卡米拉；共同创建了北京乐移科技有限公司、来自哈萨克斯坦的居丁强和来自乌克兰的卢思朗；创建了北京瀚海亚美迪创业投资有限公司、来自墨西哥的伊万。

2017年3月，公安部出台关于复制推广吸引外国留学生来华创新创业等7项出入境政策措施的通知，明确将支持中关村国家自主创新示范区的出入境便利政策措施复制推广到全国8个全面创新改革试验区，全面支持区域经济社会建设发展。国务院办公厅《关于推广支持创新相关改革举措的通知（国办发〔2017〕80号）》向全国推广"鼓励引导优秀外国留学生在华就业创业，符合条件的外国留学生可直接申请工作许可和居留许可"等13项改革创新举措。这些都有助于进一步便利海外高层次人才来华发展，激发外籍华人创新创业热情，支持外籍青年学生创业，将对全国进一步吸引聚集人才和经济社会发展发挥重要作用，也将进一步释放人才"红利"，解决制约束缚有关地区吸引聚集外籍人才的政策瓶颈和制度障碍。

五 公平开放市场环境

深化外籍人才政策、管理和服务创新 打造国际人才集聚高地

上海市在推进全面创新改革试验中，创新人才居留政策，全面放宽外籍华人申请永久居留、长期居留条件，助力人才留沪创新创业，为上海打造国际人才集聚高地以及科技创新中心建设发挥重要作用。

一 中国"绿卡"成为外籍人才的奢侈品

"绿卡"制度是欧美发达国家在全球范围内开展人才竞争，吸引和留住高层次人才的一项重要制度。2004年8月，《外国人在中国永久居留审批管理办法》出台，这标志着我国首次采用国际通行做法，实施"永久居留证"制度，也被称为"中国绿卡"。不过，由于要求比较高，审批环节较多，制度实施的十几年来，一共只发放了不足1万张。中国绿卡也成为外籍人才眼中的"奢侈品"。不仅是绿卡问题，外籍人才来华工作也面临行政审批程序繁杂、政策碎片化严重和办理证件多、时间长等问题，外国人才在中国遭遇"办证难"的窘境。比如外国人才来华工作从国家到地方层面要涉及10余个部门；对外国人在中国就业、外国专家在中国工作、引进外籍高层次人才等，要依据不同部门发布的不同管理规定，规定的内容也有所差异。另外，外国人才在中国工作需办理多种证件，费时费力。例如，外国专家来中国工作，需要到至少7个部门，花费近2个月时间，提交20多份材料。

二　积极争取国家授权并协同推进政策落地落实

深化外籍人才工作和居留的政策、管理和服务创新。上海市在与公安部、国家外专局部市合作机制的推动下，开展政策调研、提出政策建议、开展政策宣传，联动开展政策服务，为张江示范区外籍人才搭建了从工作许可到居留许可的通道。

一是在联合政策调研基础上，推进国家政策授权。 上海市坚持需求导向，组成多部门联合调研队，结合实际深入外资企业开展调查研究，听取企业的人才政策需求。结合上海科创中心建设需要、结合张江示范区建设国际人才试验区需要、结合企事业单位外籍人才需求，并征求专家意见。在此基础上，推动公安部授权持续推动和支持上海科创中心建设出入境政策措施，包括已经施行的22条出入境政策措施和即将施行的"聚英计划"以及国家外专局批准的推进张江示范区建设国际人才试验区的4个方面23项工作，全面放宽外籍华人申请永久居留、长期居留条件。确保改革举措符合实际、紧扣需求，既有可操作性又有前瞻性。

二是联合建立便利化服务点，推进政策落地。 为上海自贸区、张江自主创新区吸引海外高端人才定制政策，允许"双自"推荐外籍人才办理永久居留。2016年，通过采取举办揭牌仪式、集体授牌等形式在全市设立了18个"张江国家自主创新示范区出入境办证服务点"，"新十条"实施以来，又在各分园设立了22个外籍人才服务点、15个体制外人才服务平台，为企业和人才提供更加便捷的就近办证服务。

三是主动服务，构建引才软环境。 公安部支持上海科创中心建设"新十条"施行以来，受到了张江示范区外籍高层次人才和外籍华人的高度关注和欢迎，上海各相关职能部门密切配合，采取平时定期沟通、特殊情况一事一议、高峰人才主动服务等方式积极为外籍人才服务。尤其是在为华东理工大学、上海科技大学、复旦大学、上海交通大学8名外籍高层次人才（含2名诺贝尔奖获得者）从工作许可、准备永久居留申报材料、体检到递交申请，提供全程主动服务。

四是联合开展政策宣传和解读，提升政策知晓度。 为提高外籍人才工作和居留创新政策的知晓率和覆盖面，联合制订宣传计划，利用张江示范区的公共服务平台和海外机构，有计划、分批次地深入园区企业联合进行政策宣讲、辅导及培训。编印5项40000册出入境政策宣传手册，寄送张江示范区区域内高校、科研院所、跨国公司总部、外资研发中心、留学生创业园及重点企业等2000余家单位。同时，上海市还利用在海外建立的联系点与园区积极开展出入境创新政策的宣传和推介工作。

三 人才政策放宽助力上海留住国际优秀人才

"新十条"实施后，国际著名药企药明康德的美籍华人吴先生凭博士学位证书等相关证明顺利成为上海首位以华人博士身份申请永久居留的外籍高层次人才。截至2017年年底，共办理外籍高层次人才申请永久居留670人，家属376人，其中华人博士申请永久居留69人、连续在"双自""双创"区内单位工作满4年的外籍华人申请永久居留19人。外籍华人申请5年期居留许可2815人、外籍华人申请5年期Q2签证6人。同期，办理学习类居留许可加注"创业"12人，办理私人事务类居留许可加注"创业"35人，外国留学生在沪实习办理S2（私人事务）签证44人，口岸加注"实习"S2签证17人，口岸创新创业S2签证264人。

2017年1月，公安部委托第三方评估专家组，对公安部支持上海科技创新中心建设有关出入境便利政策措施的经济与社会效果开展第三方评估，评估认为：新政对海外高层次人才的吸引力度加大，对创业初期人员的孵化支持力度加大，打造了优质便捷的出入境软环境。评估显示：群众对改革内容的满意度为96.8%，对改革效果的满意度达97.3%。其中诺贝尔化学奖得主费林加因和维特里希目前分别担任华东理工大学和上海科技大学的特聘教授，按照原政策只能申请签证或居留许可，现根据新政，张江自主创新区为他们出具了永久居留推荐函，使他们可以成为首批来沪工作并拥有永久居住证的诺贝尔奖得主。

入境特殊物品和生物材料监管"中关村模式"开创进口监管新模式

在推进全面创新改革试验中，北京市出入境检验检疫局通过依托专业平台建设、实施政策先行先试、提高检测技术手段三个层面来优化工作流程，简化手续，积极探索入境特殊物品和生物材料监管"中关村模式"，在解决特殊物品和生物材料进口难、查验难、监管难等客观问题方面取得良好的效果，有力地推动了生物产业的发展。

一　特殊物品和生物材料进不来、进得慢影响生物产业的研发进度

我国的生物产业起步晚、底子薄，作为科研必备的生物材料大部分长期依靠进口，而我国对转基因、肉用等性质的进境生物医药研发的关键原料实施严格管控，导致新药研发过程中，在材料的引进和培育上要耽搁一两年时间，影响了部分重大项目的研发进度。打破特殊物品和生物材料进不来、进得慢的困境迫在眉睫，进得来、进得快、管得住是检验检疫监管改革的重要方向。

二　"中关村模式"打破入境特殊物品和生物材料进不来、进得慢的困境

一是建立"一站式"公共服务平台。通过地方政府搭台、企业经营、国检职能入驻，北京市在中关村园区建立"一站式"公共服务平台——"中关村国际生物试剂物流中心"（以下简称"南平台"）和"中关村生命科学联合创新服务中心"

（以下简称"北平台"）。南平台设在生物产业集聚的北京经济技术开发区，是全国首家生物医药特殊物品监管平台；北平台位于生物研发氛围浓厚的中关村生命科学园内，是全国首家集合生物材料和生物医药特殊物品保税仓库、全流程一体化检验检疫查验平台和联合办事大厅等硬件设施为一体的生物材料和生物医药特殊物品"一站式"监管平台。通过南北平台的建设，解决了检验检疫口岸硬件设施不能满足监管需求的问题，企业诉求和监管要求实现有效对接；同时，南北平台还提供检验检疫业务咨询培训、法规文件宣贯、外贸通关服务、检验检疫服务、仓储分拨和全程冷链物流等，使客户通过集中平台完成了多个环节衔接转换的办事流程，提高了办事效率。

二是推行政策先行先试。 出入境特殊物品方面，依托智能化信息监管平台，进一步加大改革力度，采用特殊物品的全流程监管模式。把住口岸生物安全底线，深入研究各项创新政策，组织系统内外专家先后召开政策风险评估会10余次，推出了3个方面7条特殊物品监管改革政策并试点运行，进一步扩大低风险特殊物品"智能审批"覆盖范围，创新科研用高风险特殊物品样本风险评估模式，开拓基因检测用血液等人体样本入境监管模式，激发产业新动能。进境生物材料方面，实施"简免放助"模式，推出改革政策3期共14条，对6大类43种生物材料直接审批；降低7个全球重要细胞库动物细胞系风险级别；SPF（无特定病原体）实验鼠边隔离边实验（原有模式进境后需隔离检疫放行后方可开展实验）；进境动物诊断试剂细化分级分类管理（大部分可免于审批，全部免除卫生证书要求）；报检时免于验核原产地证书；规范实验鼠及其遗传物质检疫要求；满足条件的SPF鼠，隔离期由30天调整为14天；进口基因检测用动植物及其相关微生物DNA/RNA，免于提供官方检疫证书；允许对尚未完成检疫准入的科研用SPF鼠饲料审批，进境后在指定场所使用；进境SPF鼠指定隔离场使用证由批批办理调整为一次办理有效期内多次使用。

三是多角度提高技术执法手段。 通过打造出入境特殊物品一体化信息监管平台，实现无纸化行政许可和对低风险产品实时秒审通过的"智能"审批；对基因检测样本实施信息化追溯管理，管得住则能进得来。在现场查验方面，创新研发了现场快速查验设备——便携式生化物品检测仪、手持式生化物品检测仪，应用拉曼技术对生物材料进行符合性检测，创新设计了针对生物样品的筛查软件，为现场生物和化学物质的筛查提供了辅助性查验手段；建立了丰富的谱图数据库，内含常见化学试剂谱图 480 余种，采集并整理了检验检疫领域常见的生物样品谱图库约 200 种。

入境特殊物品和生物材料监管"中关村模式"在促进生物产业发展方面取得了显著成效

通过政策改革，促进了监管制度创新和工作流程优化，较大程度上解决了特殊物品和生物材料进口难、查验难、监管难等客观问题，提高了目前特殊物品和生物材料的通关速度。对进出境特殊物品和进境生物材料审批时间压缩 60% 以上，审批时间缩短至 3～7 天；检疫许可证有效期由 6 个月延长至 12 个月；北京地区进出境动植物源性生物材料年均进口增速维持在 30% 左右。针对国家重大科研项目，公益移植用人体组织等特殊物品审批，申请单位可以提前 24 小时预约，随报随批；解决了约 2283 批次病原微生物、血液、人体组织等高风险特殊物品入境难题；累计完成出入境特殊物品审批 27507 批，货值 55 亿美元；累计完成进口生物材料 11513 批次，货值 6.4 亿美元。

以北京生命科学研究所为例，2017 年科研经费增加了 30%，发表高水平文章 13 篇，平均影响因子达到 11.37，高于上年的 10.53。该所培育的百济神州公司，两个药物进入三期临床，在纳斯达克的股价由 IPO 的 24 美元，一年内涨到 86 美元；华辉安健公司乙肝药物完成临床前开发，有望在 2017 年年底申请临床批件；另两家成果转化的新公司也已经分别落地苏州市和北京市。

"中关村模式"获 2015 年全国质检系统年度质检创新奖，并已在全国推广。进境生物材料新政策的颁布受到国内外业界的高度关注，全世界排名第一的模式动物研究中心和基因组学研究机构——美国杰克逊实验室致函北京国检局，高度赞扬新政策，强调改革政策对推动生命科学研究和产业发展具有重要意义。

京津冀"三地联动"优化外国人过境免签服务

在全面创新改革试验中，北京市进一步完善"一体运行、双管齐下、三地联动"的144小时过境免签政策管理服务机制，依托公安部出入境管理局信息系统，联动津冀两地公安机关，对过境免签外国人实行全流程综合管理，提高人性化服务水平，服务管理工作效果显著。

一 过境免签适用时间延长、覆盖区域扩大给出入境服务管理带来新的课题

为落实首都城市功能定位，加快国际交往中心建设，2016年5月，北京市政府向国务院提交了关于优化过境免签政策的请示。2017年1月，经国务院同意，北京市正式实施京津冀优化外国人过境免签政策，即在72小时过境免签政策的基础上，将适用时间延长至144小时，将适用口岸从北京空港口岸扩大至北京陆、空港口岸，天津海、空港口岸，河北海、空港口岸，将过境外国人活动区域从北京市扩大至北京、天津、河北三省（市）行政区域。该政策的实施使得享受免签政策入境的外籍人员数量大幅增加，同时，由于京津冀三地存在管控模式、管理机制等方面的差别，对外籍人员的管理服务难度加大。如何提高三地联动管理服务能力，最大限度地发挥过境免签政策优势成为一大难题。

二　坚持一体运行、双管齐下、三地联动，创新思路破解难题

京津冀三地公安机关在共同研商的基础上，制定标准统一、流程一致的服务管理工作措施，以数据流转和境内落脚点掌控两方面手段为支撑，共同做好过境免签外国人的动态管理（图5-1）。

一是建立联动会商机制。依托京津冀三地公安机关警务协作机制，在签署京津冀出入境警务协作协议的基础上，研商建立定期会商机制，通报人员情况、突出问题，拟定有效举措，不断提升管理服务效能。**二是制定全流程管理机制。**严格落实公安部关于全程做好服务管理的要求，会同津冀公安机关出入境管理部门，

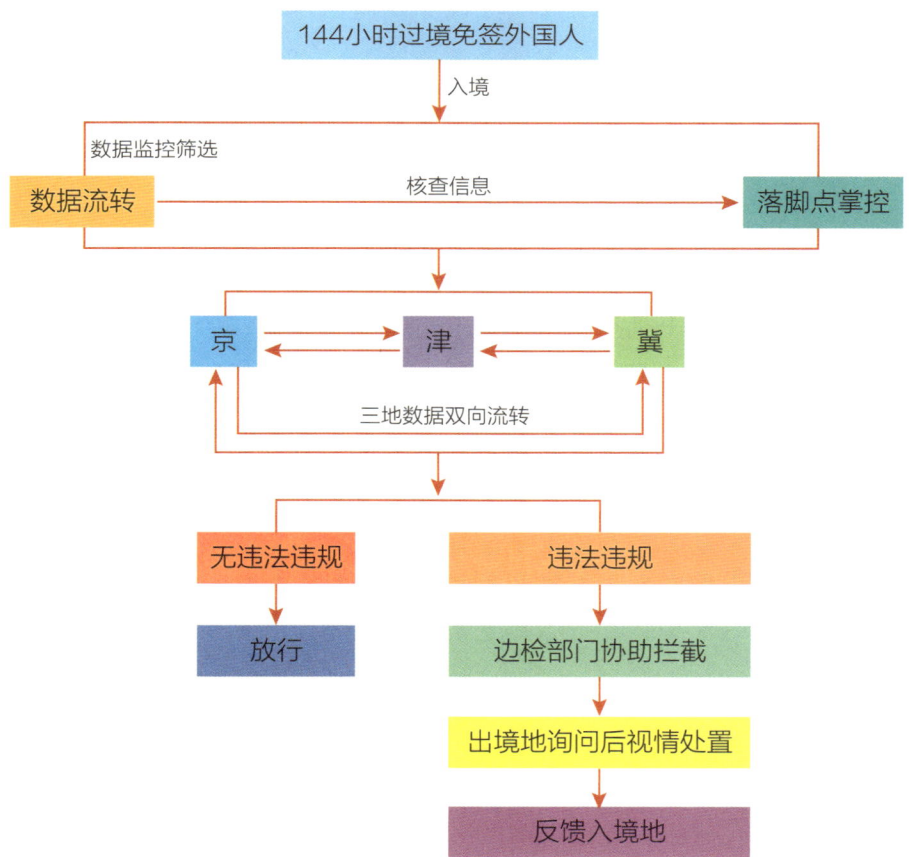

图5-1　144小时过境免签外国人服务管理工作流程图

五　公平开放市场环境 **245**

同步测试、完善服务管理系统，细化相关工作措施，确保做好全流程服务管理工作。**三是完善多点宣传机制。**制作宣传提示牌，印制宣传卡片，并依托市政府口岸办牵动作用，会同 144 小时过境免签相关成员单位，注重整体联动，加大宣传力度，提示入境人员遵守相关法律法规，有效提升了政策知晓度。

三　京津冀外国人 144 小时过境免签服务管理成效初显

自 2017 年 12 月 28 日京津冀地区实施外国人 144 小时过境免签政策以来，北京市公安局健全完善各项工作机制，相关服务管理工作运转总体顺畅，为外籍人员三地互访互通提供了便利，并加强法律法规宣传，依法打击处理违法违规行为，确保相关人员全部按期离境。通过该机制，三地公安出入境管理部门统一了对 144 小时过境免签外国人的服务管理标准，实现入境人员行为轨迹的全流程覆盖，准确掌握其落脚点，及时提供相关服务，同时依托信息系统，有利于整合入境人员相关数据，拓展"大数据"思路在管理工作中的应用，有效提升服务管理效能。

改革创新出入境服务 努力打造国际人才自由港

在全面创新改革试验中，武汉市通过打造国际人才自由港，实施外籍人才入境管理便利化政策、拓展国际人才认定机构等举措，极大地调动了国际人才的来华热情，有力地推动了"现代化、国际化、生态化"大武汉建设。

 破解外籍高层次人才引进难的招才引智工作瓶颈

据公安部统计，从 2004 年 8 月中国实施"永久居留证"制度到 2013 年的 10 年间，获得中国绿卡的总人数为 7356 人，远低于发达国家，主要原因是申请来华永久居留门槛高、程序复杂、时间较长，影响了国际人才来华留华的意愿。对于武汉来说，根据原有签证规范及就业管理规定，外国留学生来汉就业必须有 2 年以上工作经验，并在境外办妥工作类签证，大量来华来汉留学生留不下来，致使武汉虽然拥有全国排名第一的在校大学生数量，却在发挥青年国际人才优势上受阻，出台更为便利、更为贴心的出入境服务举措是聚才引才之所需。

 创新出入境服务举措吸引人才"快车道"作用凸显

（一）在政策落地上创新，打造外籍人才聚集高地

抢抓机遇，争取 10 条出入境政策在武汉落地，因地制宜，出台《关于实施出入境便利政策措施打造国际人才自由港的意见》，提高聚才政策的含金量。一是拓

展国际人才认定机构。突破国家"千人计划"专家才可直接申请永久居留的限制，新增3个国际人才认定机构，明确"对符合省人才工作领导小组、中国（湖北）自由贸易试验区武汉片区工作领导小组办公室、市系统推进全面创新改革试验区工作领导小组制定的人才认定标准的外籍高层次人才均可直接申请在华永久居留"，确保武汉市普通类、荣誉类、区域类、地方独创类等各类外籍高层次人才应有尽有。二是拓宽国际人才引进渠道。针对武汉市科研机构数量多的实际，为吸纳产学研复合型外籍人才来汉创新创业，突破原有外籍人才不可兼职的限制，为在汉兼职的产学研外籍人才签发工作类居留许可。将国际人才享受口岸签证便利的审批权限由省级人才主管部门下放到市、自贸区两级人才主管部门，为市、自贸区自主引入人才提供便利。三是提升国际人才留汉意愿。突破普通外籍工作人员无法申请在汉永久居留的限制，明确符合工作、居住时限和工作纳税数额的外籍人才可申请在华永久居留。突破外籍留学生无工作经验无法在汉实习就业的限制，明确在汉求学的外国留学生取得本科及以上学位可留汉创业就业。

（二）在体制机制上创新，打通外籍人才服务症结

政策的出台，倒逼体制机制创新。一是设置单一窗口。2017年8月25日，武汉市国际人才自由港外国人服务"单一窗口"在市政务服务中心揭牌，湖北（武汉）自贸区、武汉经济技术开发区（汉南区）同步开设外国人服务"单一窗口"，标志着全国首个全市范围内的外国人服务"单一窗口"正式启用。二是政府部门进驻。将原来分属公安、外专、商务、出入境检验检疫等部门的外国人证件业务"五窗合一"，各部门实现派驻服务、派区联办、授权联办、合署办公。三是工作流程打通。建立协作运行机制，开发建设联合审批办公平台，实现信息共享、流程关联、联合审批的闭环式服务，由原来的网下办理转变到网上办理、分散办理转变为集成办理，在汉外籍人员办理证件由跑五次变一次办成。

（三）在服务形式上创新，为外籍人才提供便捷服务

按照"马上办、网上办、一次办"的要求，多措并举，创新服务形式，提高服

务质量。一是推出延伸服务。将外国人永久居留及签证、居留证件受理事权向外籍人才、高新企业聚集的地区下放，全市境外人员办证受理点扩展至4个，实现境外人员办证不出园区。二是推出延时服务。周六开设绿色通道，为工作日上班上学的外籍人员提供办证服务，并进一步缩短办证时限。三是推出流动服务。开展"万名警察进社区"活动，每周开展上门服务，每月开展专题政策讲座，为55所涉外高校集中受理7561人次，为长江存储器、东方航空、阿尔斯通、武船等重点企业提供异地上门服务14次。四是推出自助服务。研发网上双语警务室，为在汉外籍人员提供24小时在线咨询与求助、网上登记临时住宿信息等服务。研发出入境公共服务平台和武汉出入境手机APP，为外籍人员提供在线预约办证、在线预审等8个服务功能。上线6个月以来，为2.4万境外人员提供了便捷、智能、高效的网上服务。

三　出入境服务举措在建设国际人才自由港中成效明显

新政实施以来，共受理外国人永久居留申请24名，长期居留45名，留学生实习就业25名，办证咨询200余人次。临时来汉外国人同比增长36.7%，常住外国人同比增长16.1%，享受便利政策境外人员占比41%，欧美等发达国家人员占比68%，外籍人才申请永久居留成功率同比提高34.7%。海外科创人才来汉发展空前活跃，引进诺贝尔奖科学家4人、国家"千人计划"专家68人、海内外高层次人才392人，有效地推动了国家存储器基地、国家网络安全人才与创新基地、东风本田等11项重点工程项目，新增涉外单位42家，吸引了长江国际学校、法籍子女学校等3所外籍子女学校，较好地服务了华创会、光博会、中法城市可持续发展论坛等29场大型国际活动。

在全国率先推出服务外籍人才"五窗合一"模式，打造国际人才自由港工作，得到外交部及法、美、韩、英四国驻汉领事认可。国务院服务贸易发展部际联席会议办公室在第14期《服务贸易简报》上专门刊发《武汉市推进国际人才自由港建设促进服务贸易人才聚集》。人民网、新华网、中新网、中央电视台、《湖北日报》《长江日报》等16家媒体集中推介报道。外国驻汉机构、在汉知名企事业单位及引进的外籍高层次人才纷纷给予赞誉和好评。

药品上市许可持有人制度推动新药创制加速跑

在全面创新改革试验中，上海市积极探索推进药品上市许可持有人制度试点，选择试点企业先行先试医药研产分离，为企业松绑减负，促进研发和生产的专业化发展，提高产业集中度，避免重复投资和建设。

一、药品上市许可与生产许可"捆绑"阻碍新药研发

自 20 世纪 80 年代，我国药品实行上市许可与生产许可合一的管理模式，即药品上市许可（药品批准文号）只颁发给具有《药品生产许可证》的生产企业，药品研发机构、科研人员不具备独立获取药品上市许可的资质。随着我国市场经济体制逐步完善，医药产业创新研发能力不断发展，人们对安全、有效和可及药品的需求不断增长，药品上市许可与生产许可"捆绑"弊端日益凸显。集中表现为：**一是不利于鼓励创新**。上市许可和生产许可捆绑，研发者为将研发成果转化为医药产品，或投资建厂，或追求短期利益进行技术转让，而不能集中资源和精力于新药研发。**二是造成低水平重复生产**。生产企业为追求市场效益，不断扩大药剂生产的品种或建设新的生产线，造成药品低水平重复生产。**三是相关主体权责不清**。现行许可制度并未清晰界定药品生产者、经营者和医疗机构等相关主体的法律责任，无法实现药品质量在其整个生命周期中的系统监控，更无法进行上市后药品不良反应的监控和改进。**四是政府行政资源浪费**。"捆绑"监管虽然起到了严格监管的作用，但监管部门把大量资源浪费在低水平重复申报的审评审批上。

二 "药品上市许可持有人制度"为新药上市开辟一条绿色通道

2016年5月26日,国务院办公厅印发《药品上市许可持有人制度试点方案》,在上海等10个省(市)开展药品上市许可持有人制度试点。明确授权试点后,上海市迅速推行了配套改革举措,具体为:

2016年7月25日,《上海市人民政府办公厅关于转发市食品药品监管局制订的〈上海市开展药品上市许可持有人制度试点工作实施方案〉的通知》颁布,并出台办事指南,明确了上海市开展药品上市许可持有人制度实施的具体申请流程,如图5-2所示。

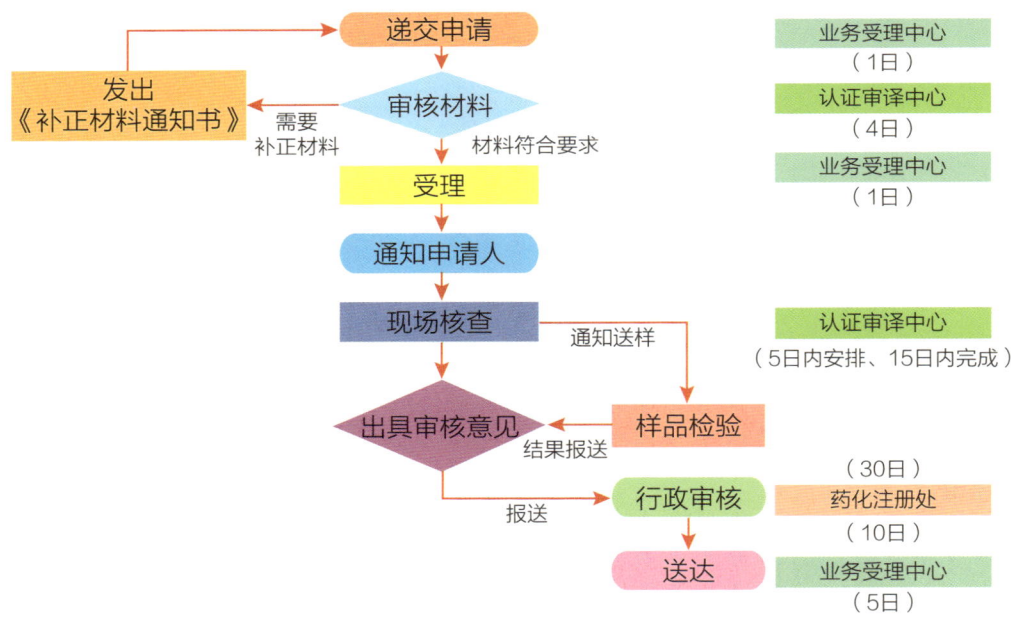

图5-2　上海市药品上市许可持有人制度实施流程图

为落实企业质量管控责任,上海市组织本市相关行业协会,先后研究制定并发布了《委托生产质量协议撰写指南》和《委托经营质量协议撰写指南》。

为落实企业质量安全责任承担能力,打造专项资金+商业保险的风险救济模式,由上海市张江高科技园区管理委员会出资设立专项风险保障资金,对注册在

五　公平开放市场环境

张江核心区内的持有人和受托生产企业提供风险救济保障。同时，上海市组织相关保险公司和企业，结合国内实际，制定了包括产品责任险、临床试验责任险、错误与疏漏责任险以及产品召回在内的一揽子商业责任险方案，为强化企业的风险承担能力提供了坚实的保障。

为提供高效便捷服务，组建上海药品审评核查中心，建立申报审查绿色通道。2016年7月13日，上海市新组建了上海药品审评核查中心，为创新研发审评审批、加强事中事后监管提供全方位的监管服务。同时，专门成立了药品上市许可持有人工作小组，对试点品种建立"一品一档"，落实专人，主动提前介入、开辟绿色通道、实施全程跟踪服务。

落实全程风险防控，研究制定事中事后监管制度。药品上市许可持有人制度对跨省委托生产销售、明确监管责任、落实风险防控提出了新的挑战。为此，上海市积极组织力量开展了上市后监管的专题研究，起草了《江浙沪药品上市许可持有人制度跨省监管规定》，重点对跨省监管职责划分、协调沟通、联合检查以及案件查处等方面提出了细化要求，为事中事后监管提供制度保障。

总体来看，上海市推进"药品上市许可持有人制度"，对参加试点的主体提供了两项鼓励政策：一是建立风险保障救济制度，决定由政府出资设立5000万元额度的（试点药品）专项风险保障资金，交由社会第三方运行管理，对参与试点的持有人和受托生产企业提供风险救济保障，为企业购买商业责任险提供保费补贴（对注册在张江核心区内的持有人和受托生产等试点单位，保费补贴高达40%），形成"政府专项资金+商业责任险"的全新风险救济模式；二是提前介入、加强服务，对试点单位、试点品种开辟绿色通道，开展全程跟踪服务，建立快速审核机制，加大技术指导和服务力度。此外，上海市在分清权责方面，根据国际上通行的做法，制定了药品委托生产中双方权利和责任的"指南"范本，"结对"的企业在各自职能范围内承担相应的责任。

"药品上市许可持有人制度"在促进新药上市方面取得显著成效

药品研发机构、生产企业积极申报参与试点。截至2017年12月31日，上海市已有33家申请单位、29家受托生产企业共92件（51个品种）提交了试点申报资料，创新研发单位作为持有人重点突出（占比75%），试点类型实现了全覆盖，有25个品种用于治疗肿瘤、代谢等重大疑难疾病，是具有自主知识产权、尚未在国内外上市的"全球新"1类新药。

参与试点的研发机构和生产企业均认为实施药品上市许可持有人制度将很好地保护创新者权益，优化资源整合，减少低水平重复建设，加快新药上市。据百济神州（上海）生物科技有限公司介绍，以其申请的某生物制品为例，实施上市许可持有人制度试点将为其节省约5亿元人民币建厂成本，预计产品上市时间可缩短3～4年。据再鼎医药（上海）有限公司介绍，以其申请的某化学药品为例，实施试点将为其节省约1亿元人民币的建厂成本和2～3年上市时间。

全面创新改革试验百佳案例

070

企业投资项目承诺制审批改革
提升投资项目审批效率

在全面创新改革试验中,沈阳市依托中德高端装备制造业产业园(以下简称"中德园"),在行政审批领域创造性地实施容缺受理,按照"过槛即入、先批后审"的原则,开展产业项目审批承诺制改革,破解产业投资项目审批时间长、效率低和土地手续制约等问题,促进了政府职能转变,企业投资驱动力高效释放,激发了市场和社会活力。

一 投资项目审批低效是长期以来困扰产业项目快速落地的症结所在

"放管服"是全面深化改革的"先手棋"。2017年以来,沈阳市取消下放调整218项行政职权。截至2017年年底,沈阳市共取消下放调整1307项行政职权,推行"多证合一""口头申报""当场取照"等举措。然而,产业投资项目审批仍面临着诸多问题。产业投资项目涉及选址、规划设计、土地出让、环评、施工许可等诸多审批环节,涉及发改、规划、国土、建设、环境等多个审批部门,流程串联复杂、标准不一致、审批时间长等问题,大大降低了投资驱动经济发展的时效性。同时,产业项目审批的效率低下无形中导致产业项目大量流失,严重阻碍了经济发展动能的有效释放。

产业投资项目往往具有带动性强、技术含量高、经济效益好、安排就业多、税收贡献大等特点。因此,进一步提升产业投资项目审批效率,加速产业投资项目投产达效，对经济结构调整和转型升级意义重大。尤其正值全面建成小康社会和东北新一轮全面振兴的关键时期，促进产业投资项目快速落地尤为迫切。

二　产业项目审批承诺制改革是促进产业项目快速落地的有效途径

2017年5月，中共辽宁省委、辽宁省人民政府印发《关于深化投融资体制改革的实施意见》，将沈阳市铁西区列入产业投资项目承诺制审批试点地区，明确要求"试点企业投资项目承诺制，探索创新以政策性条件为引导、企业信用承诺、监管有效约束为核心的管理模式"，指明了承诺制审批的改革方向。中德园试点开展产业投资项目承诺制审批改革，主要工作围绕"一次分类、两路审批、四大机制"开展。

"**一次分类**。"中德园管委会对已取得土地使用权和土地未成交的两类产业投资项目在审批服务窗口进行分流，告知两类投资项目各自所需审批要件。

"**两路审批**。"在进行产业投资项目分类的基础上，建立起项目审批分类简化机制。一方面，对已取得土地使用权的投资项目，在审核项目规划总平面图、承诺制审批领导小组及其办公室进行审批的初审和复审后与投资者签订书面承诺合同，以合同与承诺文本作为依据给予办理中德园项目施工许可证；另一方面，对土地未成交的投资项目，在承诺制审批领导小组初审通过后签订承诺制审批合同，根据合同约定办理承诺制审批通知书，以承诺制审批通知书代替土地证办理其他各项审批手续。

"**四大机制**。"在项目审批分类简化机制的基础上，探索构建四大承诺制审批支撑机制。**一是建立项目准入机制**。中德园依据国家战略性新兴产业发展名录等规范性文件，结合沈阳市发展实际制作优先发展产业目录，符合目录要求的新建和扩建工业投资项目、生产性服务业项目、政府项目，实行承诺制审批。设置准入标准，根据相关部门行政审批要求，编制规划、环保、建设、节能等项目准入标准。加强信用准入，把企业信用作为履行承诺制的前置条件、核心要素。**二是建立审批协同机制**。将承诺制审批通知书、承诺合同及承诺书作为项目审批依据进入项目审批系统。项目单位完成承诺事项后，服务平台将项目单位信息上传至审批平台，同时为企业办理完成各项审批。**三是建立风险防控机制**。按照"你承诺，我审批，你建设，我监管"的原则，项目（企业）单位签订的各类承诺书，包括规划、环保、节能、建设等承诺书中的具体建设要求，均由各行业主管部门承担对应监管职责，建立相应监管制度，加强事前事中事后全方位监管。一方面，对于土地未成交的投资项目，不取得土地使用证就不发放施工许可证，承诺审批环节全部内部循环，可有效防控风险；另一方面，对于已取得土地使用权的投资项目，则加强项目筛选，先行控制风险，同时约定项目（企业）单位必须在6个月内完成相关审批，否则承担相应的法律责任，并按照相关法规和标准予以纠正。

四是建立信用评价机制。 项目签订承诺合同后即进入中德园企业信用信息平台，对承诺事项重要节点完成情况予以等级评分。诚信等级为优的项目（企业），享受容缺受理等审批便利措施，并在财政资金项目安排、招商配套政策优惠方面给予倾斜。同时，将企业履行承诺制审批情况接入沈阳市公共信用信息共享平台，违反承诺事项的企业将被列入失信"黑名单"，向社会公开披露。中德沈阳高端装备制造产业园投资项目承诺制审批流程如图5-3所示。

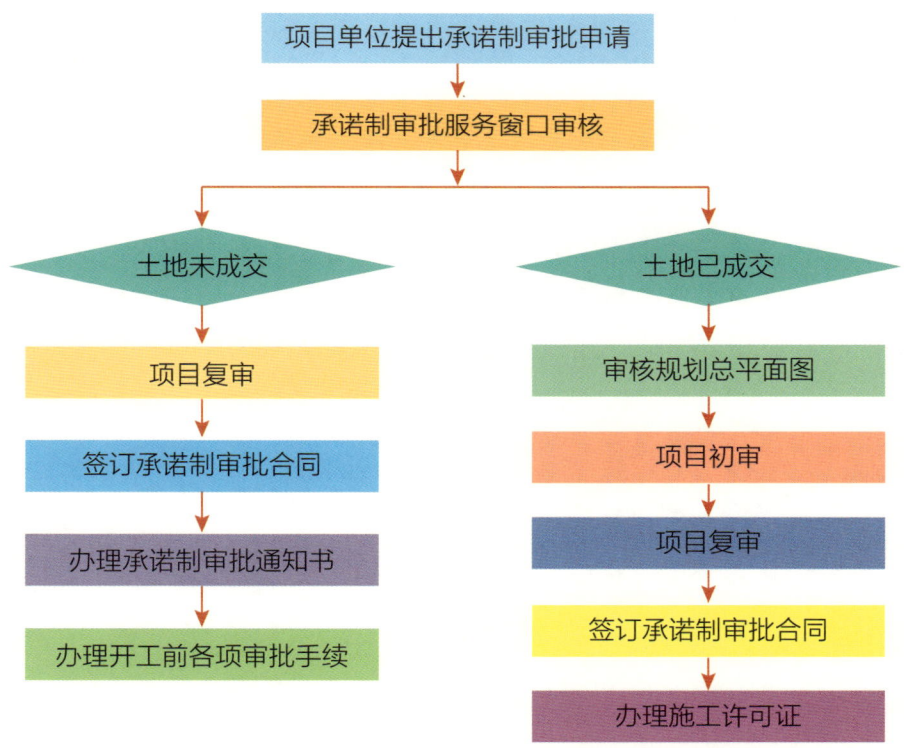

图5-3 中德沈阳高端装备制造产业园投资项目承诺制审批流程

总体来看，沈阳市依托中德园开展产业投资项目承诺制审批改革，核心是实现了"两个破解"：一是破解产业投资项目审批时间长、效率低的突出问题。产业项目承诺制审批以承诺作为审批前置形式，以信用作为审批前置的核心条件，实现高效、快速审批，大幅节约了投资人的生产成本与时间成本。二是破解了产业投资项目的土地手续制约问题。产业投资项目承诺制审批以领导小组办公室审查意见代替土地使用权证进行后续容缺审批，大大提升了产业投资项目的落地速度，解决了广大投资者面临的普遍性难题。

 产业项目审批承诺制改革在促进产业项目快速落地方面成效显著

产业项目审批承诺制改革已于2017年9月底在中德园范围内开始试运行。取得土地证项目可按相关流程直接办理施工许可证的举措，已在华晨汽车零部件项目进行试点，该项目2017年9月上报完整审批要件，10月即获得中德园施工许可证。土地未摘牌但已完成土地选址的项目可直接办理开工前审批的举措，已在德国中心、国际公馆、标准化厂房、东方机器人谷等项目开展首批试点。

总体来看，开展产业投资项目承诺制审批可缩短审批时限3个月，大大提高了审批效率。沈阳市铁西区按照容缺受理要求采取边审查边补材料的方式开展承诺制审批，95项社会事业审批项目原来共需862个要件，现在必备要件仅360件，下降58%，取消要件20件，可以容缺补充的要件达到482件。

企业登记全程电子化提升商事登记服务质量

在全面创新改革试验中,北京市启动了企业登记全程电子化和电子营业执照改革试点工作,率先实现了无介质的全程电子化模式,在促进商事登记便利化、服务首都创新发展方面取得显著成效。

 企业登记供需矛盾成为市场准入的主要矛盾

企业登记办照预约周期长、排队时间久、往返跑路等问题非常突出,登记服务的供给难以满足公众创业的需求,已经成为当前市场准入的主要矛盾。近年来,北京市通过增加受理人员工作时间、简化申请表格、加强前端咨询等使问题得到了部分缓解,但服务手段和服务方式并没有发生根本变化,登记注册系统在组织机构设计、服务方式供给等方面的问题仍然突出。

打破传统服务手段和服务方式的束缚,提高登记注册服务效能,破解社会日益增长的登记注册服务需求与有限服务的矛盾,成为商事制度改革的重点。

 企业登记全程电子化是"互联网+"时代的客观要求

北京市在实施企业登记全程电子化改革中,依托大数据、云计算、移动通讯等新兴技术将互联网和工商登记融合起来,实现系统自动核准企业名称,系统生成规范化申请材料,申请人填报并上传相关证明文件,系统生成申报文书,由经办人提交法定代表人、全体股东进行确认并在线签字，申请材料齐全经核准人核准并进行电子签名生成不可篡改的电子档案存档，实现了登记全程"无介质、无纸化"目标。具有以下五个主要特点：

一是全程无介质。无论是用户登录、身份确认，还是材料提交、电子营业执照载体，都采取了无介质方式，是对过去以U盘等密匙为介质进行网上业务办理的突破。

二是多系统协同。与企业信用信息系统、全国公民身份证系统、"黑名单"系统等多个系统共享对接，身份校验、住所校验、失信被执行人锁定等160余条校验规则贯穿申报全过程，实现"材料行不行，即时便知晓"。

三是申报智能化。运用大数据技术梳理海量信息，提炼出9.2万条行业用语与行业代码的对应规则，归纳300余项常用经营项目表述，以智能菜单提供共性服务、自助引导满足个性需求，从而有效解决了"行业代码不会选""经营范围不会填""产业禁限不了解"的问题，实现了自主取名即时可办，申办执照轻松便捷。

四是应用可验证。采用"公示信息+企业账户"产生的电子营业执照，在电脑和手机APP客户端交互使用，通过企业信用信息网公示登记信息，依托移动互联技术证明企业身份，创造性地建立了无介质版电子执照可验证应用模式。

五是信息能追溯。运用互联网通行方式在线核查股东及公司高管身份，实现实名登记，通过电子签名认证申请文件，体现了行为自治、责任自负的法治原则，保证了主要人员及电子材料可追溯，将有效防范交易风险。

三 实行企业登记全程电子化，在公共服务升级方面取得显著成效

一是全程电子化为加强信用管理、强化事中事后监管提供了有力的支撑。北京市企业信用信息公示网归集各类信息突破9500万条，锁定被吊销企业法定代表人、"老赖"等各类信用不良人员近400万人，公众日均查询超过200万次，已成为承载电子营业执照唯一、权威、有效的平台，为企业、行业、行政、司法等部

门和社会公众提供企业身份查验。而企业登记全程电子化记录企业全生命周期，进一步丰富了企业信用记录。通过对这些海量信用数据的分析运用，必将增强事中事后监管的前瞻性、准确性、高效性。

二是全程电子化为推进简政放权、建设廉洁政府提供了新的载体。 相比传统的窗口服务，电子化办照至少减少3次出行，纸张的使用降到最低。同时，全程电子化办证，登记人员和服务对象不再见面，切断了利益链条，杜绝了暗箱操作，消除了滋生腐败和权力寻租的土壤，也是政府部门落实全面从严治党要求、加强廉洁行政的重要举措。

三是全程电子化为破解登记管理供需矛盾提供了新的思路。 实行全程电子化后，自主取名20分钟完成，手指一点轻松交材料，"让数据多跑路，让群众少跑路"，改变了商事制度改革以来北京市服务大厅人满为患的局面，从根本上解决了登记服务供给与公众创业需求的矛盾。

基层国地税联合办税推进纳税服务供给改革

在全面创新改革试验中,四川天府新区国税局和地税局在法治的框架内大胆先行先试,合力打造政府主导、纳税人参与的"国地税联合办税模式",纳税人办税成本高、效率低下、国地税多头跑、资料重复报送等痛点和堵点问题得到有效解决。

 办税难是长期困扰纳税人的一大痼疾

随着经济体制改革不断深化,简政放权力度不断加大,法治进程不断加快,经济社会整体呈现出迅猛发展的势头,传统冗长烦琐的纳税服务模式已不适应新时代税收事业的发展。一是由于体制机制不同,国地税管理方式上存在较大差异,纳税人"办税两边跑、报税两边报、检查两头来"现象长期存在,影响办事效率。二是城市建设中,国地税在合作环节仍显薄弱,纳税人反映强烈的办税难、排队难等棘手难题仍旧存在,合作效能未能充分释放。

打破国地办税的制度障碍,破除纳税人"办税两边跑、报税两边报、检查两头来"现象,打造国地联合办税新模式显得尤为迫切。

 国地税联合办税开辟了一条纳税服务供给的全新路径

通过双方的共同努力和不断探索,天府新区国地税联合办税稳步推进,基本形成了"1234"联合办税模式。

（一）成立"一个总支"

以党建为引领，成立办税服务厅联合党总支，将国地税 13 名党员混合编入下设的两个支部。

（二）建设"两条主线"

一是建设国地税"一窗通办"服务主线。统一合编 41 个全业务窗口，受理同一纳税人在同一窗口同时提交的国地税业务，真正实现"进一个门、叫一个号、到一个窗、办两家税"。二是建设非接触式办税服务主线。推进自助办税服务"进社区"。在合作银行部分网点、成都科学城、天府基金小镇、新兴工业园区设置自助办税点 8 个，布设自助办税终端和定额发票领取柜 48 台，在自助办税终端加载国地税办税系统，做到"一机通用"。共同搭建三方远程视频会商系统。在国地税、成都科学城、天府基金小镇设置远程视频会商点位，纳税人就近实现同步远程视频互动，在线咨询涉税疑难，搭建微信公众平台"天府税务"，开办国地税政策宣传和自贸区专栏，开通网上代开、网络领票、网上申报、"二维码"办税、预约排号等实用功能。

（三）进行"三个联合"

一是联合培训。共同开设"天府纳税人学堂"，针对企业新办、税收减免政策等热点难点问题开设专题讲座，建立纳税人常规班级，引导互学互建。二是联合导税。组建两个专业导税团队：首问导税团队和技术快反团队。将涉税咨询、资料预审、辅导填单等业务统一打包，首问导税团队负责预审资料、辅助填单、解答咨询和流程引导；技术快反团队负责解决纳税人自助办税中的相关技术性疑难问题。共同设置对外公开电话办公室，各派人员组成座席团队，接听回复纳税人的电话咨询。三是联合宣传。共同以"天府税务"统一宣传口径，借助网络等媒体，同步发布宣传内容，共同开展线上与线下互动交流活动。

（四）坚持"四个统一"

一是品牌标识统一。合力打造"天府税务"服务品牌，制作"天府税务"视觉传达系统，在办税服务厅、自助办税网点等场合悬挂"天府税务"标志牌，在引导标识、宣传品上印制"天府税务"。二是发票配售统一。在所有窗口开通发票配售权限，采用窗口向纳税人配售发票号段、纳税人到领票区领取发票的方式，办理增值税专用发票和普通发票配售。三是预约叫号统一。办税服务厅一机取号，纳税人无论办一项业务还是多项业务，单一业务还是混合业务，只取一个号、只排一次队。四是人员管理统一。办税服务厅首席代表互为A、B岗，对业务办理、投诉举报、突发事件进行现场协调管理。建立岗位一致、职责统一、权责相当的联

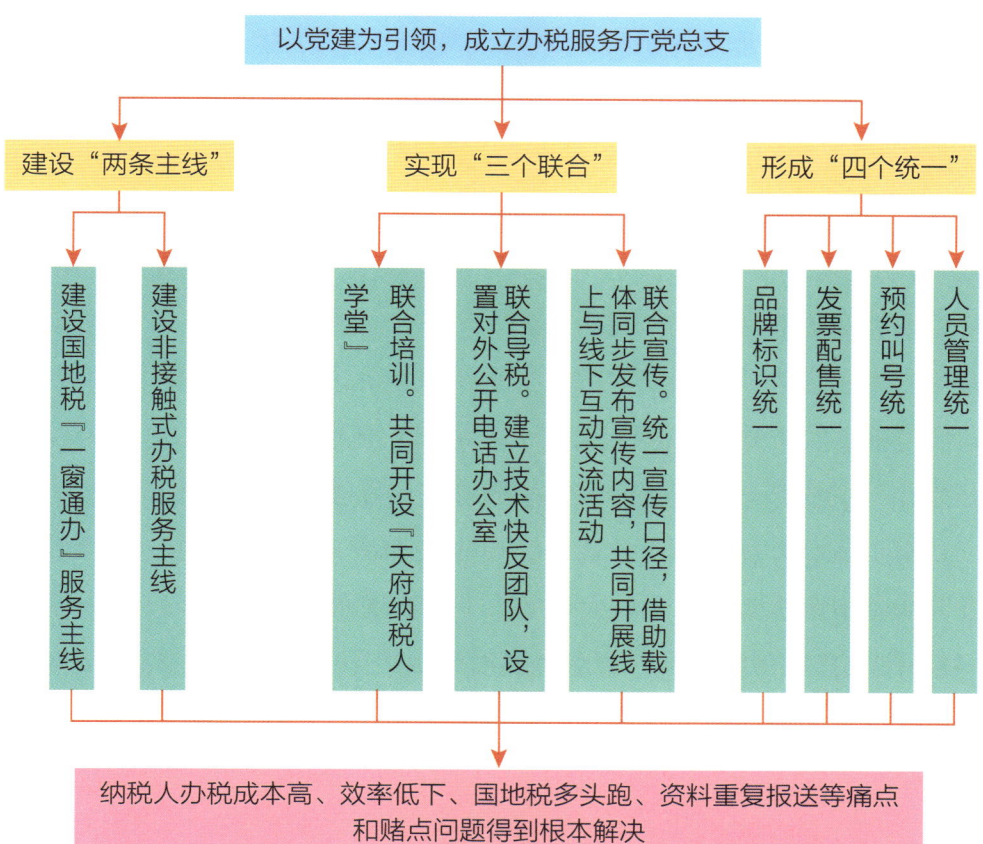

图5-4 四川省天府新区国地税联合办税流程示意图

五 公平开放市场环境 263

合办税岗位责任制,开展"计件制"绩效考核制度,有效激发工作人员的积极性。

四川省天府新区国地税联合办税流程示意图如图5-4所示。

三 国地税联合办税在改善纳税环境方面取得显著成效

一是"天府税务"有力提升税务机关形象。成都天府新区国地税自创新推行"国地税联合办税"以来,得到上级领导和有关部门的高度认可,切实提升了"天府税务"的品牌知晓度。2017年5月,被四川省政府列入第一批全面改革试验经验在全省推广;7月,得到国家税务总局王军局长重要批示和高度评价;9月,国地税联合办税模式经国务院批准后,向全国复制推广实施。2017年,四川省内外36个单位先后到新区国地税办税大厅参观交流,累计接待人员500余人次;天府新区国地税联合办税情况先后被人民网、《四川日报》、四川电视台、《成都晚报》等中央、省、市主流媒体宣传报道,有力提升了税务机关形象。

二是纳税人办税成本大幅降低,效率大幅度提高。办税成本大幅降低。自"一窗通办"实施以来,平均减少办税资料报送50%,平均减少排队时间20分钟,办税效率提高60%。纳税效率有效提升。通过深化"互联网+税务",进一步拓宽办税渠道和资讯获取渠道。截至2017年年底,纳税人网上办件量占80%以上,自助办税占10%以上,而人工窗口办税量不到10%,真正形成以"网上办税为主、自助办税为辅、实体办税服务厅兜底"的纳税服务新格局。

三是国地税资源进一步整合,纳税环境进一步优化。国地税资源进一步整合。通过"1234"联合办税模式,全省311个办税服务厅中,国地税共建共管37个,共同进驻政务中心127个,互设窗口121个,实现联合办税省市县"全覆盖",其中87个办税服务厅深度融合,信息上高度聚合,多个领域同频共振,有效促进了资源利用的最大化,提升了办税效能,实现了"1+1>2"的包容性发展。征纳环境进一步优化。在创新项目的推进过程中,国地税不断改善软硬件设施、提升窗口人员素质,使纳税人直观感受到联合办税的高效快捷,征纳关系更加和谐。

六

人才培养与激励

习近平总书记强调，人才资源是第一资源，也是创新活动中最为活跃、最为积极的因素。功以才成，业由才广，世上一切事物中人是最宝贵的，一切创新成果都是人做出来的。综合国力竞争归根到底是人才竞争。

全部科技史都证明，谁拥有了一流创新人才、拥有了一流科学家，谁就能在科技创新中占据优势。当前，我国科技创新人才面临结构性不足的突出矛盾，高水平创新人才仍然不足，特别是科技领军人才匮乏。解决这个矛盾，关键是改革和完善人才发展制度。要创新人才评价机制，建立健全以创新能力、质量、贡献为导向的人才评价体系。要建立更加灵活的人才管理机制，打通人才流动、使用、发挥作用中的体制机制障碍，统筹加强高层次创新人才、青年科技人才、实用技术人才等方面的人才队伍建设，最大限度地支持和帮助科技人员创新创业。

在全面创新改革试验中，安徽、武汉、北京、西安、沈阳等区域，围绕人才团队质量和创新效能不高的突出问题，大力推动提升编制使用效率、优化人才评价和激励机制、整合央地科教资源、鼓励创新人才团队创新创业、用好校友资源、培育市场化专业技术人才，取得了积极成效。

事业编制省内统筹使用有效释放编制潜能

在推进全面创新改革试验中，安徽省推动编制供给侧改革，探索建立"省级统筹、重点保障、动态管理、周转使用"的编制周转池制度，盘活编制资源、提高使用效率，促进了高层次人才引进。

 事业单位"空编闲置"和"无编可用"并存的结构性矛盾制约人才引进

党的十八大和十八届三中全会明确提出，要严格控制事业单位人员编制，要求省级政府以 2012 年年底总量为基数，实行总量控制。按照党中央决策部署，安徽省严格控制事业编制总量，明确事业单位需保持 5% 的空编状态。目前，全省共有事业编制 110 万个，在编人员 92.7 万人，空编 17.3 万个，编制闲置率达 15.7%。然而，在教育、卫生等与人民生活息息相关的事业单位，编制紧缺问题凸显，现有的人员编制在质量和数量上都难以满足新时期人民日益增长的公共服务需要，人民群众获得感不足。

2017 年，为进一步贯彻落实党中央关于财政供养人员只减不增的精神，更好地满足经济社会快速发展和公益服务不断增长的需求，中央编办印发了《关于地方事业编制挖潜创新服务发展的指导意见》（中央编办发〔2017〕56 号），明确事业编制挖潜创新要坚持"瘦身"和"健体"相结合，既要实现财政供养人员只减不增，又要满足经济社会发展急需。这为安徽省探索推进省内事业编制改革、破解经济社会发展急需领域的"引人无编"难题进一步指明了方向。

二 探索建立事业编制省内统筹使用的编制周转池制度

2014年1月，安徽省政府第十九次常务会议修订通过了《安徽省事业单位机构设置和编制管理规定》，明确强调了"事业单位编制实行总量控制、结构管理和标准管理，执行动态调整政策"。2017年，安徽省在系统分析近10年编制总量变化及使用等情况的基础上，探索建立事业编制周转池，打破编制资源"部门化"，集中闲置编制，通过多元配置，实现编制资源的统筹使用。

在编制保障重点上，改变"重管轻用"的传统编制配置方式，推动存量编制优先用于保障高校和医疗卫生专业技术人员，切实提高民生事业领域服务水平。一是全面建立高校编制周转池制度，并同步启动与编制管理相衔接的岗位设置、职称评聘等。二是试点建立公立医院编制周转池制度。在特地区域和医院试点基础上，在全省全面推开。三是出台了安徽省《统一城乡中小学教职工编制标准建立编制周转池制度实施方案》和《创新编制管理建立乡镇卫生院编制周转池制度试点方案》，同步推进中小学和乡镇卫生院编制周转池制度建设。

在组织管理上，依托"四库合一"的机构编制大数据平台，实现编制资源"云"整合，推动全省存量编制动态整合与有序使用。以3年为周期对各单位编制周转池使用情况进行考核评估，保证周转池能发挥最大效益。

三 编制制度改革有效提高编制使用效能

通过建立编制周转池制度，实现全省空编资源动态整合、统筹管理和有序使用，解决"空编空置"和"无编可用"的矛盾问题，提高事业编制使用效能。同时，精准保障了重点民生领域发展的用编需求，为教育和医疗卫生等民生事业引进、留住和培养高层次人才提供有力编制保障。按"一校一策"的原则，安徽大学、安徽农业大学、安徽建筑大学、合肥学院、蚌埠学院、皖南医学院等6所高校开展试点。比如，安徽大学新增400名编制，试点的6所高校将新增3000名编制，预计全省高校将新增约8000名编制。再如，合肥学院建立编制周转池制度后，新增266名周转池事业编制，增加正高和副高级专业技术岗位165名；完成55名高层次人才引进计划，其中7名为具有德国留学背景的博士，为推动中德教育合作示范基地和应用型高校建设发挥了重要的人才支撑作用。试点政策为高校引进高层次人才提供了充分的编制保障，大大缓解了省属高校教职工紧缺的状况。

高校院所绩效工资分配制度改革有效激发创新人才积极性

在推进全面创新改革试验中，安徽省大力推动高校院所工资激励机制改革，在绩效工资总量核定、高校院所自主分配绩效工资、高层次人才激励、科研人员收入分配等方面进行了探索，有效地调动了创新人才的积极性和创造性。

 **绩效工资激励不足是制约高校院所创新人才创新活力的重要因素**

2012年2月，安徽省出台了《关于事业单位绩效工资的实施意见》，对包括高校院所在内的事业单位绩效工资政策予以了适当调整。但由于事业单位工资总额限制，激励不足仍然是制约高校院所人才发展的重要因素。主要表现在：一是绩效工资总量有限，可用于激励部分不足。在近年两次工资调整将部分绩效工资纳入基本工资后，绩效工资不足更为突出。二是高校院所对高层次人才的吸引力有限。既有政策对高校院所引进高层次人才的工资待遇是否纳入绩效工资总额没有明确，高校院所引进人才力度普遍不足。

 绩效工资分配制度改革是激发高校院所创新人才活力的主要途径

2016年11月，安徽省印发了《关于创新高校院所工资分配激励机制有关政策的通知》，明确指出"建立符合高校院所特点的岗位绩效工资制度和鼓励创新创造的分配激励机制，充分调动创新人才的积极性和创造性"，要求"探索绩效工资总量控制的情况下，允许高校院所按照规范的程序和要求进行自主分配，自主决定本单位绩效工资分配形式和办法，不受绩效工资结构比例等限制"。从政策层面对建立符合高校院所特点、鼓励创新创造的工资分配激励机制扫清了障碍。

一是调整高校院所绩效工资总量核定办法。考虑到高校院所知识技术密集、高层次人才集中等特点，安徽省实行了有别于其他事业单位的绩效工资管理办法，即高校院所绩效工资不再比照当地公务员津（补）贴标准，而是在上一次核定的绩效工资水平的基础上，适当提高总量调控水平，调控范围按当地事业单位绩效工资平均水平的100%～200%。调整后，2016年安徽省直高校院所人均绩效工资水平在原有基础上提高了约17%。二是落实高校院所绩效工资分配自主权。鼓励高校院所自主决定本单位绩效工资的分配形式和办法，放开了绩效工资内部结构比例等限制，能充分调动科研人员的积极性，切实发挥绩效工资的激励导向作用。三是完善高层次人才分配激励办法。采取特殊人才分配激励政策，通过探索年薪制、协议工资或项目工资等灵活多样的分配形式和办法，促进了高校院所对高层次人才的引进。四是完善科研人员收入分配政策。实行以增加知识价值为导向的分配政策，探索对创新人才的股权、期权、分红激励等相关政策。对高校院所正职领导、其他担任领导的科研人员和没有领导职务的科研人员分别制定了政策，既激励科研人员创新，又对担任领导职务的科技人员进行适当约束。对用于科技成果转化的奖励与分配，计入当年单位工资总额，不作为单位工资总额基数，不纳入单位绩效工资总额。

三　绩效工资分配制度改革取得积极成效

安徽省工资激励机制改革实施以来，各高校院所结合本单位实际，及时制定了相应的实施办法并组织实施，已取得了显著成效。一是科研人员收入水平得到进一步提高。通过稳定提高基本工资、加大绩效工资分配激励力度、落实科技成

六　人才培养与激励　**271**

果转化奖励等激励措施，使科研人员收入与岗位职责、工作业绩、实际贡献紧密联系，其收入水平将会得到大幅度提高。**二是科研人员的积极性得到进一步调动。**充分发挥收入分配政策的激励导向作用，激发广大科研人员的积极性、主动性和创造性，鼓励多出成果、快出成果、出好成果，推动科技成果加快向现实生产力转化，在全社会形成知识创造价值、价值创造者得到合理回报的良性循环。**三是高校院所的分配自主权得到进一步发挥。**在自主权上给予高校、科研院所收入分配上充分的调节自主权，比如要求高校和科研院所自己制定分配办法，自主决定绩效考核和绩效分配的办法，合理调节不同岗位的收入。

基于政府股权投资的多元化激励机制扶持高层次人才团队创新创业

在推进全面创新改革试验中，安徽省瞄准高层次创新型人才不足的问题，探索出"上市奖励+业绩奖励+回购奖励"的多元化人才激励机制，吸引和扶持一批海内外高层次科技人才团队落户安徽创新创业，引才聚才能级不断提升。

 高层次创新人才缺乏制约了产业发展

习近平总书记指出，人才是创新的根基，创新驱动实质上是人才驱动，谁拥有一流的创新人才，谁就拥有了科技创新的优势和主导权。目前，从全国范围来看，政府侧重于通过招商引资发展产业，比拼的是土地、劳动力等传统生产要素，没有将人才与产业发展紧密结合，尤其是人才作为第一资源、推动产业高质量发展的作用有待进一步发挥。就安徽省而言，高层次人才紧缺严重制约了安徽省经济社会的发展，拥有国家"千人计划"创新人才的企业占比为10.2%，远低于江苏的51%、上海的40%。同时，在集成电路、新型平板显示、机器人等新兴产业领域，高层人才紧缺问题更加突出。

 探索建立基于政府融资平台股权投资的多元化创新人才激励机制

2016年8月，安徽省出台了《促进科技成果转移转化行动实施方案》，明确自2016年起，每年面向全球遴选30个高层次科技人才团队，按A、B、C三类，由政府融资平台出资，分别给予单个项目1000万元、600万元、300万元的股权投资。

2017年，安徽省进一步对高层次人才扶持形式进行了创新升级，在股权投资的同时，增加了债权投入模式，可由团队自由选择。

为进一步加大有政府股权投资的高层次创新人才团队激励力度，安徽省探索建立3种形式的激励机制。一是上市奖励，即团队创办的企业在5年内成功上市，省扶持资金在企业中所占股份全部奖励给团队成员。二是业绩激励，即团队创办的企业在5年累计实际缴纳税金（不含土地使用税）达到省扶持资金出资总额，奖励省扶持资金在企业中所占股权的30%；实际缴税金每超过省扶持资金出资总额的20%，增加10%奖励，直至达到100%。三是回购激励，即团队在5年内有权按照投资本金及退出时同期贷款基准利率计算的资金使用成本，回购省扶持资金所占股权。

此外，安徽省明确要求市（县）政府率先支持科技团队落户创业，规定申请省扶持资金的科技团队，市（县）政府支持每个科技团队的资金不少于300万元。此项扶持政策进一步强化了市（县）推进主体责任，也带动了市（县）政府加大引进人才投入。

三　人才激励政策成效显现

通过此项改革，安徽省吸引了许多高层次科技人才团队带着项目来皖创新创业，实现了发展驱动由招商引资到招才引智的转变，对助力传统产业转型升级、促进安徽省战略性新兴产业集聚发展发挥了重大作用。目前，安徽省已遴选支持了67个高层次科技人才团队，共引进各类高端人才千余人，其中"两院"院士3人、国家"千人计划"13人。省财政投入扶持资金4.57亿元，带动项目投资超30亿元，其中大数据团队的项目已实现产业化，仅2016年支持的30个人才团队，其创办的企业当年实现年销售收入34亿元，上缴税收超过1亿元，取得各类专利超 500 项。

比如，由中科大校友、美国硅谷归国团队创建的合肥芯谷微电子有限公司，吸收 30 余名国内军工院所的优秀技术人员加盟，研制的国防电子微波芯片打破了西方国家禁运，并获得了相关军工企业的订单。再如，伯明翰大学秦屹博士带领的创新团队，利用先进的陶瓷作为极板材料，在传统的汽车电子领域突破技术瓶颈，结束了国外产品在汽车雷达领域的长期垄断，推动了这项技术在汽车电子及零部件领域的产业化步伐。

整合央地院校科教资源 提升区域创新发展效能

在推进全面创新改革试验中，安徽省通过建立灵活高效的合作机制，推动驻皖中央院校和与省属院校科技教育创新资源有效整合，有力提升了省属科研单位的创新能力和区域创新发展效能。

 央地院校创新资源分散是制约中西部地区创新能力提升的重要因素

整体来看，安徽省的科研资源丰富，科技力量雄厚，但优质教学资源、高端创新人才和科技成果等高度集中在中央驻皖科研单位，其中包括90%的"两院"院士和国家"千人计划"人才、80%以上的高校院所授权发明专利和具有重要影响力的原创性科技成果。

由于央地之间未能建立相应的人才互聘互用、科研成果互通互用等紧密的创新合作关系，驻皖央属科教资源不能得到有效利用，科教创新效能没有得到有效释放，难以对皖属科研院所形成相应的发展带动作用，也不能有效促进地方的创新能力建设和经济社会发展。

打通央地科研院所科教资源的流通壁垒，加速央地科教资源互通互用，推动优质资源有效整合，实现"1+1>2"的创新协同，是盘活存量、用好增量、实现科技强省的重要举措。

人才互聘互用机制为整合央地科教资源开辟了新路径

安徽省与中科院在"省院合作"框架下，通过建立人才互聘互用机制，推动组织架构、人才评聘、考核激励等方面改革，实现中科院合肥物质科学研究院（以下简称"合肥物质院"）与安徽大学以及中国科技大学与安徽省立医院的创新合作，形成央地创新资源整合新模式。

安徽大学与合肥物资院共建物质科学与信息技术研究院（以下简称"物研院"）。在组织架构方面，物研院不设行政级别，聘请合肥物质院"院士"担任院长，并给予独立的人事和财务管理权。人才评聘方面，通过"双聘"方式，物研院引进了一批合肥物质院的高层次创新人才，合肥物质院从安徽大学遴选了一批中青年科研人员开展科研项目合作；合肥物质院科研人员在物研院取得的科研成果以及安徽大学科研人员在合肥物质院取得的科研成果，均纳入各自单位绩效考核，并通过年薪制、协议工资等多种方式，构建起了具有竞争力的薪酬分配体系。

中国科学技术大学与安徽省立医院合作共建"科大新医学"。在管理体制建设方面，安徽省立医院采取直属附属的方式并入中国科学技术大学，加挂"中国科学技术大学附属第一医院"牌子，保留省立医院名称，医院原来承担的功能、任务、职责不变，独立法人单位性质不变，但纳入中科大的整体发展规划，承担临床教学和科研任务，中科大在学科建设、人才引进培育、科研项目部署等方面给予省立医院重点支持。在人才管理方面，省立医院院长等管理层由中科大提名，报安徽省有关部门批准后任命，医院科研人员的岗位设置、职称评聘、绩效考核等管理工作由中科大具体负责。

 以人才为核心的创新合作实现了中央和地方科研单位的互利共赢

通过多方整合共建，安徽大学材料科学与工程专业成功进入国家"一流学科"

建设高校行列，并获得了相关的专项资金和地方配套资金支持。依托物研院，安徽大学聘任各类高层次人才17人，其中中国工程院院士1人、长江学者特聘教授1人，国家"杰出青年"3人，中科院"百人计划"A类人才1人、ITER国际核聚变装置磁体电源系统负责人1人。同时，从学校选聘一批优秀青年教师到合肥物质院参与科学研究，学校高层次人才队伍进一步壮大。

中国科学技术大学通过组建生命科学与医学部，推动了生命科学与医学一体化协同发展，实现了生命科学向医学领域的拓展融合。通过整合省属医院资源，科大临床医学研究获得了高水平的实训基地和转化平台，医学学科建设实现了跨越式发展。而在并入中国科学技术大学后，相关省属医院的综合实力得到了全面提升，培养和输出了一大批高素质临床医学和科技创新方面的人才，有效地推动了安徽省健康产业发展升级。

高校职称评审权下放有效激发了教师的创新积极性

在推进全面创新改革试验过程中，安徽省在全国范围内率先将教师职称评审权全部下放至省属高校，进一步扩大高校创新自主权，激发教师创新积极性。

一　职称评审"一刀切"影响高校教师创新活力

专业技术人才培养是国家人才队伍建设的重要组成部分，也是实施创新驱动发展战略的重要依靠力量。职称评审机制是专业技术人才学术水平和专业能力评价的重要载体，在团结凝聚专业人才、激励专业人才干事创业、提升专业人才队伍整体素质等方面都发挥了重要作用。目前，安徽省拥有高校109所，各类教职人员8万余名。由于目前职称评审由省级部门主管，政策"一刀切"带来重科研轻教学、评聘脱节等问题，导致许多优秀教师和科研人员在专业技术职称评审及职务晋升方面受到诸多限制。

当前评价导向存在"六重六轻"问题，即重学历、轻能力，重资历、轻业绩，重论文、轻贡献，重近期、轻长远，重显能、轻潜能，重数量、轻质量，尤其是不注重考核专业技术人才的创新成果、社会服务等工作绩效评价，间接导致科技和经济结合不紧。评审和聘用脱节问题突出，"评人的不用人，用人的不参评"现象普遍存在，大部分的职称评定都是由政府主管部门进行，尤其是高级职称的评委会基本是由政府主管部门组织成立的评委会，评审人对于人才的评价难以深入了解，形成了唯论文、唯资历等消极现象，间接催生了学术造假、花钱发论文等不正之风。

二 推进职称制度改革，下放职称评审权

2016年10月，安徽省制定出台了深化高校岗位设置管理和动态调整的具体办法，明确提出，要突出用人单位在职称评审中的主导作用，合理界定和下放职称评审权限，出台深化高校岗位设置管理和动态调整的具体办法，逐步实现省属本科院校副高以上职称自主评聘，开展技工院校和中职院校正高级专业技术资格试点。

下放职称评审权，关键是制定人才分类评价标准。为此，安徽省先后修订了普通本科高等学校、高等职业学校教师专业技术资格申报条件，依据高校人才培养、科学研究、社会服务和文化传承与创新等四大职能，采取套餐制，变"一刀切"为"分类管"，形成了"一条主干、三条支路"的评价通道，即以"教学型、教学科研并重型、科研型"为主干，以"公共课、体育艺术类、专职辅导员"为三条支路，根据不同岗位类型，制定不同的职称评审要求。比如，以科研为主的教师，应突出对创新能力的评价，合理设置职称评审中的论文和科研成果条件，探索以专利成果替代论文要求。论文不再"一刀切"，突出对业绩水平和实际贡献的评价，注重考核成果转化、技术推广、标准制定等评价指标的权重，将科研成果取得的经济效益和社会效益作为职称评审的重要内容。

在此基础上，根据人才分布及行业发展状况，积极落实用人单位自主权，出台《安徽省高校教师职称评审权下放工作实施方案（试行）》，在下放范围、基本原则、实施步骤等方面做了明确界定，做到能放则放、应放尽放，下放范围既包括本科高校，又包括高职院校；既包括公办高校，又包括民办高校；既包括教师系列，又包括实验系列；既包括正、副教授，也包括副高级以下教师和实验系列职称。

三 职称评审权下放有效激发了高校教师的创新积极性

目前，安徽省已根据人才分布及行业发展状况，落实用人单位自主权，在省

高等学校开展教师系列正高级以下、实验系列副高级以下职称自主评审，向合肥、芜湖、蚌埠下放本市卫生系列副高级、向宿州下放本市农业系列副高级以下、向安庆下放本市艺术系列副高级以下、向省疾病预防控制中心下放医疗卫生系列公共卫生类副高级职称评审权。

在安徽省立医院、安徽医科大学所属医院和安徽中医药大学所属医院开展卫生系列副高级职称自主评审，在省农业科学院开展自然科研系列农业科研专业正高级以下职称自主评审。

职称评审权下放高校后，受到高校和广大教师的一致好评，激发了广大教师投身创新创业的积极性和主动性，取得了显著成效。2017年，本科高校承担科研项目12838项，科研经费24.98亿元；发明专利申请数4586项，授权1728项；通过以科技成果转让、许可、作价投资项目和技术开发、咨询、服务方式签订的合同项目数3055项，合同总收入6.61亿元。

建立市场化人才评价机制 集聚高层次战略性新兴产业创新人才

在推进全面创新改革试验过程中，安徽省芜湖市以芜湖机器人及智能装备产业集聚发展基地为试点，建立市场化的人才评价机制，强化市场和企业对人才的评价，实现了战略性新兴产业人才加速集聚，推动战略性新兴产业快速发展。

一、唯学历和论文导向的人才评价机制不利于集聚市场亟需的高层次创新人才

习近平总书记指出，要用好用活人才，建立更为灵活的人才管理机制，完善评价指挥棒，打通人才流动、使用、发挥作用中的体制机制障碍，统筹加强高层次创新人才、青年科技人才、实用技术等方面人才队伍建设。

人才评价是人才开发管理的关键环节，具有导向作用和示范作用。当前，人才评价还存在以下问题：一是人才评价导向简单化，过于强调论文、课题、获奖、专利等显性指标，忽视了人才的实际贡献和解决实际问题的能力；二是人才评价标准单一化，对不同领域、不同门类、不同层级的人才都使用学历、资历、论文数量、外语和计算机水平等进行简单、量化衡量；三是人才评价机制市场化程度较低，行政权力对人才评价的干预仍然较强，企业主体、社会组织和市场认可的多元评价机制还未形成，"评人的不用人，用人的不参评"现象普遍存在。这些问题的存在，不利于企业引进高层次人才和各类紧缺人才，难以适应战略性新兴产业集聚发展需要。

建立市场化的人才评价机制是促进高层次创新人才向战略性新兴产业领域集聚的重要手段

芜湖市印发《机器人及智能装备产业引进创新创业人才办法》，明确不唯学历论人才，把市场和企业对人才的认定作为重要评价标准。一是重点企业提出发展所需引进的人才需求计划，定期报市战略性新兴产业工作推进组，经工作推进组专题会议审定后，重点企业开展人才引进摸排、筛选、接洽等各项前期工作。二是在市战略性新兴产业工作推进组下设立重点行业专家顾问团队，对重点企业引进的高端人才和急需人才，组织专家顾问团队进行评议，评议内容主要包括工作阅历、历史业绩、行业声望、个人特长等，评议结果作为重点企业申请政策支持的依据之一。三是将企业支付人才的薪酬作为政策支持的基本依据，按其年薪分为50万元以上、30万～50万元、20万～30万元3个档次，在市政府设立的战略性新兴产业专项资金中按比例予以支持。

芜湖市产业人才认定流程如图6-1所示。

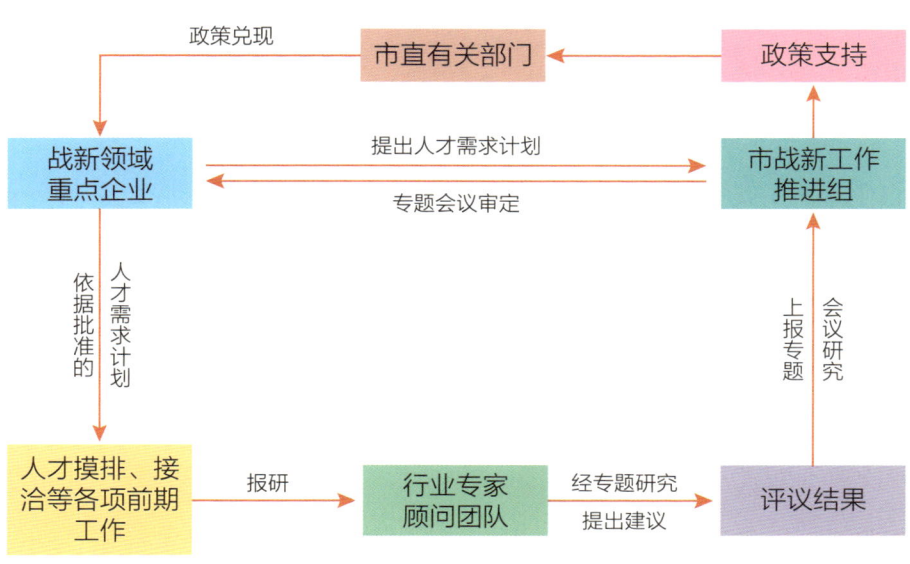

图6-1　芜湖市产业人才认定流程图

六　人才培养与激励

创新评价机制的同时，芜湖市通过完善产业人才股权激励以及住房、子女入学等配套支持政策，确保产业人才留得住、用得好。设立"高层次人才团队代持股专项基金"，财政资金给予最高 2000 万元入股扶持，完成预期目标后核心团队最高可享受 70% 股份奖励；将引进的产业人才分为四个层次，对本人或以配偶名义在芜湖市首次购买产权型人才公寓的给予最高 50% 的购房补贴，优先安排人才子女到优质公办中小学校就读。

三 人才认定标准改革在引进高层次人才方面成效显著

目前，芜湖市共通过市场化方式认定机器人、新能源汽车、现代农业机械、通用航空等战略性新兴产业领域人才约 1000 名。其中，外籍人才 115 人，"海归"人才 229 人，博士 541 人，硕士 415 人。招引高层次科技人才团队 194 个，获得省扶持资金 9300 万元，市、县扶持资金 7.96 亿元，13 个入选省重点扶持团队，5 个团队创业企业进入挂牌上市重点后备企业名单，16 个团队创业企业被认定为高新技术企业或入库培育，37 个团队创业企业已实现生产销售，2 个团队创业企业年销售额超亿元。

通过深入实施人才发展主战略，2017 年芜湖市战略性新兴产业产值占规模工业比重提升到 25.5%，高新技术产业增加值、高新技术企业、省级以上研发机构、专利创造等主要科技创新指标占全省 20%，万人有效发明专利拥有量、高新技术产业增加值占 GDP 比重持续保持全省第一。国务院通报表彰了芜湖市在大力培育发展战略性新兴产业、推动特色优势产业转型升级方面的发展成效（国办发〔2017〕34 号）。《国家治理》周刊从创新基础力、创新投入力、创新产出力、创新持续力四个方面对长三角 26 个城市进行了分析比较，芜湖市综合创新能力位居第十位；其中，"城市创新持续力状况"指标以 92.7 分位居第一。

中关村开通高端领军人才职称评审直通车

在推进全面创新改革试验中，北京市以中关村为试点，推动高端领军人才专业技术资格评价制度改革，依托社会化职称评价平台为高端领军人才进行职称评审，取得积极成效。

 传统职称评审机制难以适应高端领军人才评价需求

近年来，随着中关村国家自主创新示范区建设的不断推进，专业技术人员队伍规模不断扩大，集聚了大批高层次、留学归国人员。这些高端领军人才参加学术技术交流活动的空间更为广阔，对取得职称、获得社会认可的需求也更为迫切。现行职称评价机制是以整个专业技术人员队伍为对象设计，其运行模式符合一般专业技术人员成长规律和职称评价需要，对于有多年海外留学工作经历，具有较好的外语、计算机能力以及较高专业技术水平和取得突出业绩的高端领军人才来说，职称逐级晋升模式和参评条件的设置存在着局限和不足，缺乏针对性，不能适应中关村高端领军人才职称评价的现实需要。

 高端领军人才职称评审直通车制度解决高端人才评价不适应问题

2011年5月，北京市颁布实施《中关村国家自主创新示范区高端领军人才专业技术资格评价工作试行办法》，试行依托社会化职称评价平台为高端领军人才建立职称评审的直通车制度。凡在试点范围内的高端领军人才，只要工作业绩和能力符合要求，可不受学历、资历、职称、外语和计算机考试成绩等条件限制，由企业提名，试点区域推荐，全市统一评审。通过评审人员直接取得教授级高工职称，且在人才培养、评价、激励、使用等方面与其他职称具有同等效力。

中关村高端领军人才职称评审直通车政策是根据高端领军人才成长规律和特点，将原来的"爬楼梯"式的逐级晋升向"坐电梯"式的一步到位转变，将参评条件由学历、外语向业绩、能力转变，考核重点由资历、论文向创新、创业转变的有益尝试。此项政策的制定实施，解决了现行职称评审机制在评价高端领军人才方面的不适应问题，实现对高端人才的科学、客观、准确评价。

政策创新点主要体现在以下几个方面：**一是一步到位**。为中关村高端领军人才建立职称评审直通车制度，使其职称晋升一步到位，直接申报工程技术系列的最高级别——高级工程师（教授级），有效满足高端领军人才职称晋升需求。**二是打破限制**。破除外语、计算机及现有职称级别和任职年限等条框限制，建立了适合高端领军人才职称评价的考核模式。**三是业绩导向**。以业绩陈述取代答辩论文，建立了以业绩和能力为核心的评价导向，突出了对业绩、能力、成果转化及创新能力的考核，淡化了对论文、著书立说等一般传统的硬件考核。**四是构建体系**。建立了高端领军人才职称评价体系，紧密结合高端领军人才成长规律和工作特点设计评价方式、评价标准和评价程序，遵循专家独立评价、业内认同和社会认可的原则，初步实现与国际评价方式的对接，保证评审的科学准确。**五是多方评价**。通过个人申报、企业和区域推荐、业内评议三段式评价，将个人发展需要、企业用人需求和行业统一标准相结合。

三　试点工作发挥政策效应，有力推进中关村人才特区建设

中关村高端领军人才职称评审直通车制度的建立，探索了一条"不拘一格"选拔人才的渠道，满足了高端领军人才和企业的职称评审需求，通过政策先行先

试，建立了服务创新人才发展、促进科技成果转化的高端人才评价机制，为推进中关村人才特区建设，提供了有力的人才评价支持和政策保障。同时，直通车政策的实施，是北京市深化职称制度改革的一次重要探索和实践，为进一步构建机制新、活力强的人才评价机制提供了借鉴，积累了经验。

一是评价结果业内认同、社会公认。试点以来，经人选所在区域推委会推荐，通过同行专家面对面的考核评价，由院士领衔的专家评委会评议表决，有512人通过评审，获得了教授级高级工程师和研究员专业技术资格，这些人才科研成果多，业绩突出，对单位的贡献大，年龄比较轻，学历层次高，海外留学经历或跨国工作背景占比大，主要分布在信息技术、生物医药、新材料、新能源以及高端制造等战略新兴产业领域。

二是建立了人才合作对接机制。为扩大评价成果的使用效能，充分发挥高端领军人才带动辐射作用，我们积极搭建高端人才与高校合作的对接平台，推荐获得教授级高工的高端领军人才应聘高校客座教授、兼职教授等教研职务或与高校进行科研、教学项目合作，将人才发现评价机制与人才选拔使用机制进行了有机结合，有效发挥了高端领军人才的辐射带动作用，进一步扩大了直通车改革成果，促进产学研用一体化发展。

三是政策效应显著，为创新人才工作机制进行了示范引导。直通车政策实施以来，社会各界反响强烈，《人民日报》、新华社、《北京日报》《北京青年报》等主流媒体予以重点报道，新浪、搜狐等网络媒体也纷纷转载，社会舆论普遍认为此项政策的出台是符合高端领军人才成长规律、促进中关村人才特区建设的好事。此项政策受到广大专业技术人员和企业（尤其是非公经济企业）的欢迎，许多企业和个人纷纷来电咨询，询问相关政策和报名事宜。

推行"双师型"队伍建设
协同培育技能人才

在推进全面创新改革试验中,河北保定职业技术学院通过对内聘请多家企业高级工程师、高级经济师来校承担部分实践教学任务,对外派遣专业教师赴企业挂职轮训的模式,推动"双师型"教师队伍建设,取得积极进展。

一 培养高素质技能人才对教师队伍建设提出迫切需求

近年来,随着我国高等教育大众化和高中阶段教育的普及,接受职业教育的大中专在校生规模持续增加,职业院校培养高素质劳动者和技术技能人才的任务愈加重要。从企业聘请职业教育急需的专业人士来担任高等职业院校兼职教师,既能改善补充师资数量不足的窘境,又能优化教学团队的"双师"结构;高等职业院校教师进企业了解企业生产组织方式、工艺流程、产业发展趋势等能提升产教融合水平。

高素质"双师型"教师队伍建设任重道远。以河北省为例,截止到2017年年底,全省高职院校60所,在校生逾49万人,在职专任教师2万余人;中职中技学校780余所,在校生逾80万人,在职专任教师约3.5万人。高职、中职总体师生比分别为1∶25、1∶23。实际上,一些所谓"热门"专业的师生比要高出许多。2004年2月,教育部颁布的《普通高等学校基本办学条件指标(试行)》中关于师生比的合格标准为1∶18，可见河北省职业教育教师队伍总体规模、"双师型"教师队伍建设总体水平较全国平均水平仍有较大差距，难以满足高素质技术技能人才培养需求。

二　产教融合、校企合作推动"双师型"教师队伍建设改革

为了能推动"双师型"教师队伍建设取得重要进展，充分发挥校企两方资源在人才培养方面的各自优势，2016年以来，河北保定职业技术学院制度先行，先后制定完成了《"双师型"教师队伍建设创新改革试点方案》《企业兼职教师聘用及管理办法》《专业教师企业实践管理办法》《高职院校教师职称评聘办法》《"双师型"教师培养培训基地建设与管理办法》《"双师型"教师资格认证体系与管理办法》《大学生"创业创新"基地建设与管理办法》等一系列相关配套制度文件，明确了聘请企业人才来校任教、派遣专业教师赴企业实践、构建"双师型"教师认证体系及人才库、建设"双师型"教师培养培训基地、建设大学生"双创"基地等五大重点改革任务。

在整个改革实践过程中，保定职业技术学院坚持产教融合、校企合作、互利共赢原则，加强顶层设计，构建政策制度体系，采用以专业或专项课题"请进来""走出去""融起来"等多种方式，推行"双师型"教师队伍建设改革，形成长效机制，确保相关举措落地见效。

为保障"双师型"教学实践顺利进行，保定职业技术学院设立了专项资金，对重点专业与企业确定的实际工作任务（项目），校企协同构建的导师团队以及遴选组建的学生项目班（组）给予多方位的支持。通过采取企业化管理、公司化运作、岗位化学习和职业化培养的"四化"模式，有效实现了产教融合。

保定职业技术学院"双师型"改革示意图如图6-2所示。

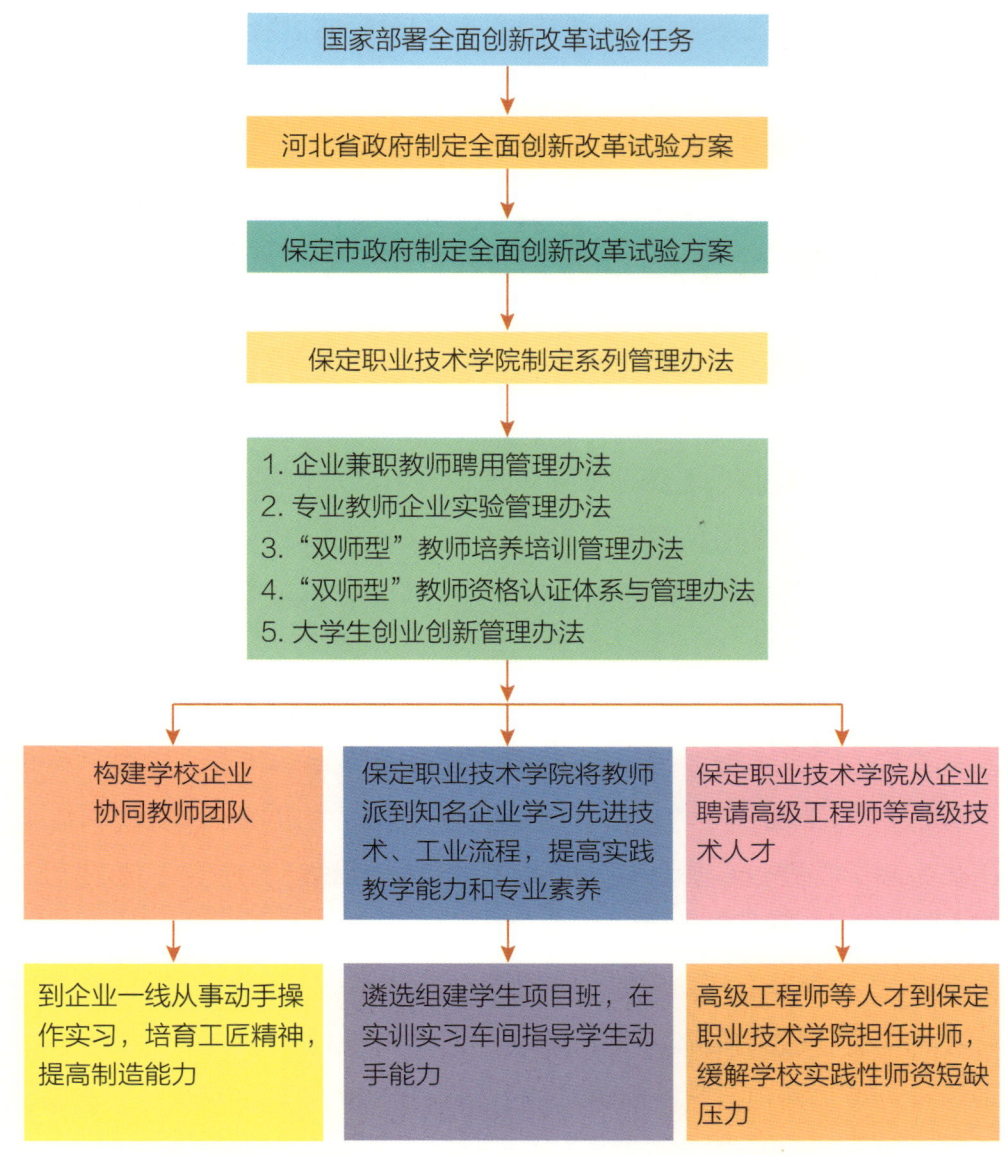

图 6-2 保定职业技术学院"双师型"改革示意图

三 "双师型"创新改革取得新成效

保定职业技术学院通过构建"双师型"团队、校企协同培育技能型人才,基本解决"双师型"队伍建设四个难题:一是聘请企业导师任教,缓解了学校实践性师资短缺的压力；二是专业教师参与企业实际工作和项目，实现了理论指导实践、实践检验理论的目的，解决了理论与实践脱节的问题；三是产教融合完成企业实际任务，一定程度上提高了企业效率，节约了企业员工入岗培训成本；四是参与项目的学生得到了职业能力，提升了职业素养，实现校企协同育人、多元互利共赢，解决了学生培养脱离企业需求实际的问题。

保定职业技术学院与长城汽车股份有限公司签署战略合作协议，成立由校企双方高层领导及相关部门负责人组成的多层面合作对接运行机制。每年聘请长城汽车股份有限公司高级工程师等人员担任实践教学任务；累计派遣专任教师100多人次赴长城汽车股份有限公司冲压、焊装、总装、涂装四大生产车间、动力事业部、动力研究院等部门挂职轮训；围绕汽车、机械、自动化三类专业构建"双师型"教师团队，共同研究制定人才培养方案，协作开发专业基础类、专业方向类、实践类和职业素养类课程16门，开发教材5部；累计组织学生2923人次，到长城汽车股份有限公司进行岗位认知、专项实训、综合实训、顶岗实习等实践教学活动。同时，适应人才培养需要，企业累计投入150万元，共建"保定职业学院－长城汽车实训室"；招收"长城汽车订单班"、拓展"长城汽车辅修班"，累计向长城汽车股份有限公司输送优秀毕业生1500多人。

保定职业技术学院与保定智慧农业联盟、中国航天第三〇四研究所等多家"互联网＋"行业企业合作，围绕物联网技术、软件技术、电子商务技术等专业，由企业技师与专业教师协同组建"双师型"导师团队或"双师"工作室，指导相应专业学生创业创新项目组，引进企业真实项目，开展实战开发及运营等各项业务工作。一年来，为中国航天三院等多家企事业单位开发信息系统26个，获得软件著作权5项，主研各级科研项目32项，获国家级科技奖励2项，通过省级科技成果鉴定6项，获市级科技进步奖5项；与保定智慧农业联盟成员企业合作，开发与运营保定智慧农业信息服务平台开发及运维中心智慧农业设备设施研发及技术推广中心、农产品（溯源）电商平台开发及运营中心，参与农业电商扶贫、保定桃木疙瘩土鸡蛋淘宝店、河北康途国际旅行社微信商城等电商运营项目10余项。相关专业学生参加创新创业大赛获国家级一等奖1项、省级一等奖5项。

构建"职教+高教"模式培养高端制造业人才

在推进全面创新改革试验中，沈阳市通过构建"职教+高教"的高端制造业人才培养模式，强化了企业与职业院校战略合作，构建了校企双主体育人新模式，为高端制造业人才培养探索出了新路径。

人才供需错配影响职业教育质量和效益

在职业教育人才培养方面普遍存在着供需错配的问题。一是职业教育与地区产业发展布局结合不紧密，无法满足地区企业对专业技术人才的需求，存在高端装备制造业人才缺乏、人才供求结构失衡等问题，亟须解决大量高层次优势产业职业技能人才匮乏的现状。二是职业教师知识体系相对单一，有市场经验的职教教师严重缺乏，导致职教院校毕业学生知识结构单一，实践经验缺乏，不能适应市场需要。按照现有政策规定，企业办学虽然能够得到国家税收优惠和部分资金支持，但不足以弥补企业办学支出。三是对职业教育重视程度不足。社会各界普遍将职教看作是"再教育"，对职教的重要作用认识不够，导致职业教育面临生源不足、质量差等问题。公办职教不能向市场提供市场化的培训服务，无法通过市场化机制充分体现其价值，工作积极性不高。

二 "职教+高教"人才培养模式开辟了职教体制改革新路径

为了有效解决上述问题，破解人才培养和企业需求的供需错配的结构性矛盾，沈阳市充分借鉴吸收其他地方在职业教育方面的先进做法和理念，强化了校企战略合作，着力构建了"职教+高教"双元制高端制造业人才培养模式和博士生联合培养机制。

一是出台人才配套政策，聚焦"工匠"培养。 2016年，沈阳市获批双元制教育改革试点城市，印发了《沈阳市建设创新创业人才高地的若干政策措施》等一系列政策措施，围绕传统优势产业转型升级和战略性新型产业发展布局，实施"高精尖优才集聚工程""海外优才汇智聚力工程""盛京工匠培养工程"三大工程。制定了《沈阳市"双元制"校企合作培训项目实施办法（试行）》，大力推动校企双方形成资源共享、成本共担、联合招生、协同育人、多方评价的长效合作机制。

二是强化政府引导，探索双元制育人新模式。 沈阳市依托沈阳职业技术学院组建沈阳中德学院，开展双元制人才培养模式，开设"宝马班""德克斯米尔－欧福科技班""中德机电班"等6个订单班。组织沈阳装备制造工程学校与华晨宝马等合作开设订单班，定向培养高素质技术技能型专门人才。制定"双元制"教育计划，实行校企共同招生，推动校企双方共同教学和定期检查评估；在专业设置、培养标准、教学模式上，紧密对接中德装备园、跨企业培训中心及企业实习基地。推动多家企业和职业院校战略合作开展中职教育，中德新松教育集团与3所职校联合组建"中德新松班"，联合培养智能制造高端应用型人才。

三是由职教拓展至高教，强化研究型人才培养的应用导向。 华晨宝马和东北大学联合启动了"校企合作联合培养技术与管理高端人才项目"，推动应用型研究人才的培养。由华晨宝马公司面试录取进入联合培养硕士和博士研究生，并根据应用需求提出相关课题方向，在项目实施期间提供研究课题必要的信息、数据及实际应用与实验环境，协助博士生将理论转化为实践成果。博士生除享受高校福利待遇外，还获得由华晨宝马公司提供的连续 4 年的研究资助金。目前，联合培养博士生已达 16 人。东北大学、沈阳新松机器人和中国科学院沈阳自动化研究所合作建立了东北大学 – 机器人科学与工程学院，联合打造应用型研究人才培养平台。学院采用国际化办学模式，开展"产学研用"一体化应用型研究人才培养模式。

三、高端制造业人才培养取得明显成效

2016 年，华晨宝马提前与 54 名市装备制造工程学校宝马订单班 2017 届毕业生签订就业协议，订单班目前在校生 173 人，已毕业在华晨宝马公司工作的有 181 人。中德"双元制"合作办学 2017 年 5 月在中德总理定期会晤上签约。华晨宝马培训中心落地中德产业园。"双师型"师资队伍建设取得成效，沈阳中德学院已有 4 位教师完成德国 AHK 教师培训和考官培训，3 人赴德国完成职业教育培训。2017 年年底，东北大学中荷生物医学与信息工程学院已毕业本科生 400 余人，硕士生 120 余人，博士生 43 人。

沈阳市"双元制"人才培养模式得到了全国的广泛关注。2017 年 7 月 21 日以来，凤凰网、《中国日报》《辽宁日报》对沈阳市"双元制"高端人才培养模式进行专题报道，对该机制取得的经济与社会效益给予了高度评价。

鼓励事业单位专技人员离岗创业 激发社会创新创业活力

在推进全面创新改革试验中，武汉市探索事业单位专技人员离岗创新创业机制，鼓励包括具有专业技术职务管理人员在内的事业单位专技人员离岗创新创业，有效调动了事业单位工作人员创新创业的积极性。

 事业单位专技人员离岗"双创"通道普遍不畅通

20世纪80年代初，国家出台"停薪留职"政策，引发"下海潮"，改变了无数人的命运，潘石屹、柳传志等商界精英都是"停薪留职"后创业成功的典范。而当前，影响事业单位专业技术人员离岗创新创业的主要问题是促进人才流动的体制机制不健全、离岗创业保障措施不完善。

鼓励科研院所和大中院校专技人员离岗创业，不仅可以推动"象牙塔"里的科技成果转移转化，推动产学研深度融合，还能通过推动事业单位管理体制和人事制度改革，促进专业技术人员合理流动，激发事业单位活力。2015年，中央先后出台了《关于进一步做好新形势下就业创业工作的意见》《关于〈印发深化科技体制改革实施方案〉的通知》等文件，允许高校、科研院所等事业单位专业技术人员离岗创业。方案中明确要求"制定具体管理办法，允许符合条件的高等学校和科研院所科研人员经所在单位批准，带着科研项目和成果、保留基本待遇到企业开展创新工作或创办企业"。这为武汉市改进科研人员薪酬和岗位管理制度，破除人才流动的体制机制障碍，促进科研人员在事业单位与企业间合理流动提供了政策依据。

二 多措并举鼓励事业单位专技人员离岗创业

2016年10月，武汉市人民政府出台《事业单位专业技术人员离岗创新创业实施办法》（以下简称《办法》），为事业单位专业技术人员离岗创业进行了制度安排。

一是放宽了适用范围和对象。目前，国家和省级层面支持事业单位人员离岗创业大多是限于高校、科研院所，对象限于科研人员，个别省放宽至所有事业单位专业技术人员。《办法》将范围放宽到除中小学校、医疗卫生机构和参照公务员法管理的事业单位外的所有事业单位，对象从科研人员放宽到所有专业技术人员。

二是放宽了离岗创新创业期限。《办法》明确离岗期限由事业单位与离岗创新创业人员协商确定，最长从3年放宽到5年。

三是待遇从优。《办法》规定，创新创业人员离岗期间保留基本待遇，基本工资由原单位发放，社会保险费（含职业年金）和公积金继续由原单位负责办理，所需费用由原单位和个人按规定比例承担。离岗创新创业人员与原单位其他在岗人员同等享有参加专业技术职称评聘和岗位等级晋升的权利，并可以将其所在企业工作期间取得的经济效益作为职称评聘、岗位等级晋升的业绩条件，并可不占原单位专业技术岗位结构比例。

四是明确规定事业单位担任六级以上管理岗位领导职务人员经批准可辞去领导职务，以专业技术人员身份离岗创新创业。为了更好地贯彻落实《办法》，武汉市还同步出台了《关于贯彻落实武汉市事业单位专业技术人员离岗创新创业实施办法若干问题的意见》（以下简称《意见》），从政策解释和具体操作层面对事业单位专业技术人员离岗创新创业进行了再细化。《办法》和《意见》有力破解了事业单位专技人员特别是高等学校和科研院所科研人员在岗创业和离岗创业的体制机制障碍，为大多数高校、科研院所领导干部在科研项目上多有建树却不能离岗创业等现实问题打通了通道，为进一步健全科研人员双向流动机制，提高科研人员创新创业积极性奠定了基础。

事业单位专技人员离岗"双创"效果初显

《办法》颁布后，受到全市广大事业单位专业技术人员的关注、欢迎和积极申请，得到了社会各界的充分肯定，《长江日报》在头版头条进行了宣传报道、开展了政策解读，受到社会各界的广泛关注。《湖北日报》、湖北电视台、武汉电视台以及新浪、搜狐、网易等新媒体都进行了相关报道。

截至2017年年底，全市办理了正式离岗创新创业手续42人，离岗专技人员创办企业31家、开展创新项目1个，促进了事业单位人才流动，调动和发挥了专业技术人员创新创业的主动性和积极性，政策实施取得初步成效。

完善大学生就业创业保障机制 提升城市人才吸引力

在推进全面创新改革试验中，武汉市大力实施"百万大学生留汉创业就业工程"，通过全链条、集成式创新大学生就业创业保障机制，营造良好环境，有效推动了大学生集聚从量级的提升到质的飞跃，探索了做大做厚人才金字塔"塔基"的新路径。

一、大学生外流是制约我国二三线城市发展的难题

武汉高等院校和科研院所数量一直位居全国前列，大学生是武汉人才资源的"富矿"。但是，近年来武汉一直面临着人才流失严重的局面。根据第三方机构的调查，在"最爱远距离迁移"的学生中，湖北的大学毕业生首当其冲。前五大热门的跨省远距离迁移路线中，有三条都是由武汉出发前往一线城市。外流人才的学历高、范围广、年轻化趋势明显。南京、成都、西安、郑州、长沙等一批大中城市也都面临类似的问题。

与一线城市相比，武汉存在就业岗位少、薪资水平偏低、落户难等一些亟待解决的问题。比如薪资，2016年武汉平均工资排在全国第11位，不仅落后一线城市，也低于杭州、南京、大连、成都等非一线城市。再如，房价高、创业环境相对较差等也都成为大学生不愿留在武汉的重要因素。

大学毕业生是最有活力、最具希望的人才资源。唯有青年，城市才有活力；

唯有大学毕业生，城市才有创造力。能否留住作为人才金字塔"塔基"的大学生，储备充足的青年人才，将关系到城市科技创新和产业发展的未来。

二 建立集成式大学生就业创业保障机制

2017年以来，武汉正视聚才环境不具绝对优势的现实，以问题为导向，围绕大学生创业就业保障各环节的"痛点"，以更加积极、开放、有效的组合拳，先后出台"留汉九条""三个专项"等政策举措，努力让大学生"快落户、好安居、能就业、易创业、深融合"。

保障大学生"快落户"。实行"零门槛"落户政策。在全国同类城市中最早放开大学落户限制，实行大学生落户"零门槛"。同时，加强城市配套公共服务，提升医疗健康供给。

确保大学生"好安居"。探索建立"租购并举"为核心的大学毕业生保障性住房体系，实施大学毕业生以"低于市场价20%买到安居房，租到租赁房"的重要举措。目前，全市已筹集配租大学生租赁房8430套。

出台最低年薪标准，保障大学生"能就业"。在全国率先提出"专科生4万元、本科生5万元、硕士生6万元、博士生8万元"的初次就业薪酬标准，总体水平在同类城市中位居前列。联合龙头骨干企业响应号召，地毯式排查用人单位薪资标准，进一步提高大学毕业生的工资待遇水平。

提供创业教育培训，保障大学生"易创业"。支持创业导师到创谷、创新街区、孵化器、大学生创业特区、大学生众创空间等开展创业辅导。建设大学生众创空间，设立最高为200万元的大学生创业贷款担保基金，扩大"青桐基金"等政府性创业基金规模，引导其他各类创业投资基金积极参与，加大向大学生创业企业投资的力度。

深入高校开展"五进校园""百万大学生留汉创业就业工程""新青年下乡"等活动，保障大学生"深融合"。通过"集中活动＋常态服务"模式，激发大学生创业热情，增强思想认同。

三　改革提升城市人才吸引力

一年来，武汉实施的更加开放、积极、有效的留才政策举措和配套服务，让大学生在生活上更有保障、事业上更有发展。2017年，大学毕业生留汉创业就业已达30.1万人，是2016年的2倍；全年大学毕业生在汉新落户14.2万人，是2016年的6倍多，两项数据均创历史最高纪录。

武汉"留汉九条""三个专项"政策一经推出，在全国引起强烈反响。特别是中西部地区多个城市纷纷跟进，或同样提出"留住100万大学生"目标，或出台内容相近的"抢人"政策，进一步扩大了武汉政策创新的影响面。

武汉的"百万大学生留汉创业就业工程"以及相关的政策制度创新，得到了社会各界的广泛关注，上海、广州、深圳、成都、西安等30多个城市来汉考察学习。该项工程被中宣部列为"新时代、新气象、新作为"湖北省唯一全国报道选题。2017年12月底，中央电视台《新闻联播》和《人民日报》头版分别以《湖北武汉打造年轻人就业创新之城》《武汉让人才适意栖居》为题，对该项工程进行了专题报道。

084

构建"城市+母校+校友"的校友资源开发利用新模式

在推进全面创新改革试验中，武汉市以新时代市校合作为切入点，大力实施"百万校友资智回汉工程"，构建校友资源开发利用新机制，促成城市、母校、校友结成紧密的奋斗共同体、利益共同体、价值共同体，探索出"城市+母校+校友"融合发展新模式。

 市校合作的体制机制不畅、合作水平不高阻碍城市与高校有机融合

近年来，武汉市紧紧围绕建设国家级创新型城市，不断推进与在汉高校的战略合作，城市综合竞争力得到整体提升，但从经济发展角度来看，其对武汉发展的支撑作用不强。虽然武汉拥有大学89所，国家重点实验室30多个、省部属重点实验室30多个，科教综合实力仅次于北京、上海，但受市校合作机制不畅通、合作层次不高、专业与产业融合不够等因素的制约，致使未能将科教优势、专业优势、智力优势很好地转化为地区发展优势。

从武汉校友来看，对武汉发展的贡献力不大。虽然武汉籍校友遍布海内外，许多已成为各行各业发展的中坚力量，甚至是领军人物，有很强的影响力。但长期以来，由于高校之间共建机制不够完善、校友沟通交流平台不畅等原因，使得庞大的武汉校友群作为信息源、资本源、人才源和项目源的独特作用没能得到充分发挥。

六　人才培养与激励　**301**

为实施创新驱动发展战略，建设创新型城市，迫切需要转变思路，畅通机制，充分发挥校友资源作为助力城市发展垫脚石的作用，让武汉校友成为推动城市发展最活跃的力量之一。

二 "百万校友资智回汉工程"构建校友资源开发利用新机制

2017年4月，武汉市出台《武汉"百万校友资智回汉工程"实施方案》，实施"百万校友资智回汉工程"，构建新时代校友资源开发利用新机制，探索"城市＋母校＋校友"融合发展新模式。

2017年5月，由82所在汉高校加盟的全国首个跨校别校友会联盟——"在汉高校校友总会联盟"成立，联盟设立联盟主席和轮值主席，并制定《在汉高校校友总会联盟工作规程》，明确了制定联盟轮值秘书长轮流定期驻会制度、引资智回汉杰出校友联系服务工作机制等制度机制，形成了"1+5"联盟运行制度体系。

开创性地推出了"校友招商"新模式，开创"新时代校友经济"。携手武汉大学、华中科技大学等8所在汉高校，组织开展9场武汉百万校友资智回汉系列专场活动，掀起一波波校友资智回汉高潮。建立市校战略合作"强"关系，拓展市校融合发展新天地。与8所在汉高校签订市校战略合作协议，在培养高层次创新人才、推进政产学研一体化、在汉高校"双一流"建设等方面开展全方位合作，打造政府与高校全面合作典范。发起设立20亿元规模"武汉校友资智回汉产业引导基金"，并引导在汉高校校友会、武汉校友及其他社会资本，在汉发起设立子基金，共同打造支持校友回汉创新创业和投资发展的基金体系。

三 改革推动"城市＋母校＋校友"融合发展

通过创造性实施"百万校友资智回汉工程"，构建校友资源开发利用新机制，"武汉＋母校＋校友"融合发展新模式成为校友实现梦想的动力源、学校"双一流"建设的助推器、武汉跨越发展的新引擎。武汉大学、武汉理工大学、华中农业大学、中国地质大学、华中师范大学、武汉纺织大学等学校，都举办了校友资智回汉专场活动，校友签约项目投资总额超6000亿元，取得了良好的效果。

2017年，武汉校友回汉投资项目签约总额突破1.3万亿元，占全市招商签约总额的51.9%，校友商帮强势崛起，"校友经济"震撼全国，推动了传统地域商帮向校友商帮的商业文明变革，资智聚汉的气场越来越足，市校合作的道路越走越宽，在海内外引起广泛关注和高度赞誉。《光明日报》连续3天聚焦报道，《经济日报》《中国组织人事报》《中国新闻周刊》《半月谈》等80多家国家和省级新闻媒体，人民网、新华网、环球网、凤凰网等诸多网络新媒体，纷纷在第一时间聚焦报道武汉百万校友资智回汉工程，吸引上海、深圳、成都、西安等30多个城市前来考察学习，推动武汉成为海内外高度关注的风口城市。

实施"城市合伙人"计划
促进人才与城市深度融合发展

在推进全面创新改革试验中,武汉市以实施"城市合伙人"计划为切入点,积极探索人才驱动创新发展的新路径,把决定城市未来发展的产业领军人才、青年创新创业人才、创业投资人等各类人才作为城市的合伙人,建立平等、合伙、互利、共赢的伙伴关系,有效地推动人才与城市同频共振、共生共荣。

一　现有人才引进模式推动产业创新和城市发展乏力

自 2008 年以来,我国开始实施海外高层次人才引进计划(简称"千人计划"),各地各部门不断加大引进力度,制定实施区域性引才计划,从海外引进了一大批国际战略科学家和产业领军人才,为经济社会发展注入了巨大活力。但调研反映,多数人才工程在人才引进使用过程中存在"四重四轻"现象,"重前端引进轻后端服务、重政府责任轻主体权利、重物质激励轻精神联结、重短期效益轻远期潜力"的问题比较突出,地方政府主要通过"奖励补贴""场地提供""生活服务"等方面比拼,而较少考虑引进人才是否符合产业布局、是否有较好的平台承载、是否能提供亟须的配套服务,导致财政投入日益增加,但真正国际最顶尖的战略科技人才数量落地较少,人才贡献率增长较慢,引领产业创新能力较之美国等发达国家还有一定差距。

据统计,我国科技人力资源总量已经超过 8000 万人,"千人计划"专家 6000

多名,"两院"院士1600多名,但世界一流科学家仅有100多人,占世界的4.1%,仅为美国的1/10,其中自然科学领域诺贝尔奖获得者仅1名,而在美国工作的诺贝尔奖得主占全球的70%。顶尖人才发展规模不快,也导致相关领域产业发展落后,我国集成电路芯片80%以上(按金额计算)需要进口,每年芯片进口总值超过石油进口总值;90%左右的高端数控系统、大部分机器人和大型工业控制系统依赖进口。

只有解决好人才问题,才能增强城市的原创力,才能在关键核心技术上不受制于人;只有解决好人才发展机制和生态优化问题,才能聚国际顶尖人才为我所用、释放创造活力,否则"人才强、科技强到产业强、经济强、国家强的发展之路"也就无从谈起。

二 "城市合伙人"计划开创了人才与城市融合发展的新模式

2015年7月,武汉市委十二届八次会议指出,"创新决定城市未来",明确提出实施武汉"城市合伙人"计划,大力引进培育聚集创新创业者和创业投资人,作为"城市合伙人",结成"奋斗共同体"。

基于此,2015年12月,武汉市出台了《武汉"城市合伙人"计划行动方案》《武汉"城市合伙人"政策清单(2015年版)》《武汉"城市合伙人"认定与服务工作实施办法》《关于鼓励创新宽容失败支持"城市合伙人"持续创新创业的实施办法》等一系列文件,共同构成了武汉"城市合伙人"计划的制度体系。

"城市合伙人"计划聚焦信息技术、生命健康、智能制造等城市重点布局发展的产业,在认定评价方式、评审办法和服务机制方面进行了创新,在人才理念、评价机制、激励机制、服务机制等四个方面实现了革新:

一是秉持"人城融合、平等合作、共建共享"的理念。 赋予人才城市主人地位,给予制度化保障,建立平等合作关系,增强人才对城市的参与感和获得感,激发他们创新创业的活力。让人才充分参与创新决策,对武汉产业政策和人才政策制定提供咨询参考意见。

二是建立"科学发现、靶向引进"的评价机制。重点围绕武汉市重点布局的信息技术、生命健康、智能制造三大产业，采取"直接认定、项目评审、一事一议"相结合的方式，精准引进产业领军人才，着力引进集聚创业投资人。

三是制定"分类施策、精准施策"政策举措。针对三类"城市合伙人"创新创业过程中的最突出困难和最迫切需求，按照"条目式、清单化"和"看得懂、好操作、易获得"的原则，分类制定"3个10条"政策清单，吸引激励更多海内外高层次人才加入"城市合伙人"。

四是打造"一张绿卡全程服务"体系。建设"城市合伙人"服务中心，统筹政府、市场、社会等各方面资源，健全"一窗口受理、一站式联办、一网式运行"服务流程，对三类"城市合伙人"分别发放A、B、C类服务绿卡，凭卡可办理奖励资助、落户、出入境、子女入学、住房安居、医疗保健等43项服务事项，最大限度地满足"城市合伙人"的需求和诉求。

三 "城市合伙人"计划团结凝聚人才、引领产业创新的成效显著

2016年，武汉市启动认定了两批共116名"城市合伙人"，2017年，认定产生了第三批153名"城市合伙人"。其中，诺贝尔奖得主3名，"两院"院士11名，外国院士5名，国家"千人计划"专家81名，257人具有海外学习、工作经历，主要集中在武汉战略性新兴产业及其细分领域，其中信息技术领域85名，生命健康领域89名，智能制造领域53名。

2016年，国家知识产权局专利局专利审查协作湖北中心发布《首批武汉"城市合伙人"创新实力（专利）评估报告》，首批60名"城市合伙人"中有47名产业领军人才，累计获专利数量1601件。"城市合伙人"在武汉创办企业达144家（6家上市公司），取得了万瓦光纤激光器、超高速超大容量超长距离光传输、全球首台常温常压储氢·氢能汽车等一批世界领先的科技新成果，创办了一批创新

型企业，为武汉催生了发展新动能、激发了"双创"新热潮、打造了城市新品牌，助推武汉市成为全国创新创业重要的"风向标"城市。

2016年11月18日，中央电视台《新闻联播》以《武汉：城市合伙人合力升级制造业》为题，报道武汉市的"城市合伙人"计划。《筑梦中国》《光明日报》《经济日报》《瞭望新闻周刊》《欧洲时报》等海内外媒体也纷纷进行了专题报道。

086

降低门槛 灵活机制 打造大学毕业生就业落户武汉样本

在推进全面创新改革试验中，武汉市以"百万大学生留汉创业就业"为目标，以打造"大学生最友好城市"的发展战略为指引，在探索"门槛最低、手续最简、机制最活"的大学生落户政策上取得突破，率先实现了大学毕业生落户"零门槛"，为加快推进现代化、国际化、生态化大武汉建设提供了人才支撑。

一 吸引大学生留汉创业就业是助推城市发展的重大战略

武汉作为全国高等教育最发达的地区之一，近年来，大学毕业生逐年增多与选择留汉就业学生日趋减少之间呈现巨大反差。2017年，武汉提出了"百万大学生留汉创业就业工程"，作为探索"人才引进创新、创新驱动发展"新路子的重要抓手，推动形成"人口总量快速增长、人口结构持续优化、人才流动合理顺畅、户籍改革全面引领"的新局面，努力在新一轮的人才竞争中再赢先机。

武汉立足打造"门槛最低、手续最简、机制最活"的大学生落户新政策，紧盯顶层设计、简政放权、为民服务、政策宣传四大要素，全面放宽大学生落户条件，广泛宣传大学生落户新政，大胆尝试、创新突破，为全国特大型城市人才户籍制度改革贡献了"武汉经验"。

探索实践大学毕业生"零门槛"落户是提升基础人才量级的重要途径

武汉市以群众办事极致体验为出发点，以窗口服务极致效率为着力点，以"互联网+"手段为突破点，推进"三办"落实落地，努力打造"事项最少、时限最短、服务最优"的大学毕业生落户服务体系。

在人才落户方面，武汉市先后出台《关于进一步放宽留汉创业就业普通高校毕业生落户实施办法》《关于贯彻落实进一步放宽留汉大学毕业生落户试行政策的通知》，全面放宽大学生落户条件。放宽年龄限制、取消择业期和就业创业限制，实现落户与就业创业全脱钩；放宽落户渠道，租赁住房的大学毕业生，可在单位集体户或社区公共户落户。同时，借助信息化手段，在落户申报流程、申报材料、时限等方面进行了优化，提升了落户效率。

武汉市还通过召开新闻通气会，广泛宣传落户新政，组织开展"进校园、进企业、进网入群"等活动，主动上门答疑解惑，集中宣传活动1600余场次，采取网络直播等方式，提供咨询76万余人次。广辟咨询渠道"答疑"，用好市长热线、城市留言板等平台，开通咨询热线，推出公众号，方便大学生随时随地查询。

 ## 大学毕业生落户量爆发式增长为武汉打造"活力之城""创新之城"增添动力

随着大学生落户新政的深入实施，武汉对人才的吸聚效应显著提升，各类人才大量涌入，极大地改善了武汉中高端人才供需结构失衡的状况，大量22～40周岁正值"黄金年龄"的大学毕业生在汉落户，"人口红利"再度凸显。

一是落户数量爆发增长。2017年以来，共落户大学毕业生14.2万余人。特别是10月份进一步放宽落户政策，取消就业、社保、住房等限制，将年龄放宽至35周岁和40周岁，仅两个半月就办理落户8.1万人。

二是学历结构持续优化。 博士、硕士研究生等高学历人才落户量呈逐月上升，特别是"10·16"试行政策后，月均落户 2923 人，较以往月均量提升 38.7%。

三是吸聚效应显著提升。 高校及高新产业聚集地区成为大学生落户的首选，随着新政的深入实施，在汉落户大学毕业生逐步向周边省份辐射，尤其是广州、北京等一线发达城市大学毕业生来汉落户量排名进入前四。同时，北京航空航天大学、北京大学等全国重点高校大学毕业生来汉落户人数呈大幅上升态势。

四是人口结构持续改善。 截至 2017 年年底，武汉全市户籍人口由 2016 年年底的 8338450 人，上升至 8533974 人，人口净增长 195524 人，是近五年的最高值。落户大学生中，年龄分布在 22～40 岁的有 119717 人，占到落户量的 97.8%，武汉青年人群的占比，由 2016 年（2612881 人）的 31.3% 提升至 2017 年年底（2694271 人）的 31.6%，提升了 0.3 个百分点。

五是市场消费大幅拉动。 14 万大学毕业生在汉"吃、住、行、消、乐"，有效拉动了市场消费，对城市经济发展起到了积极的促进作用。

武汉市实施人才新政以来，共吸引大学毕业生落户 14.19 万人，较 2016 年增幅达 6 倍，得到各级领导的充分肯定和人民群众的广泛赞誉，公安部、湖北省公安厅及武汉市领导多次批示肯定，中央电视台、人民网、《北京青年报》《长江日报》等多家主流媒体报道推介。

建立专技人才分类评价体系
激活创新创业活力

在推进全面创新改革试验中，西安市依托现有职称评价体系，结合各专业学科特点，建立了一套更加贴近人员专业、更加科学务实的人才分类评价体系，使更多专业技术人员享受改革带来的政策红利，极大地激发了专业技术人员的积极性。

原有职称评价体系难以满足创新人才发展需求

目前，西安市约有95万名专业技术人员，其中，68万人已取得各类职称称号，占总人数的72%，职称评审几乎已经成为专技人员提升待遇、调职晋升的唯一通道，而现有职称评审机制的僵化和其过于浓厚的行政色彩，在人才为第一资源的今天，已经越来越不适合于当下人才的发展现状。主要体现在以下三个方面：

一是现行评价过于强调论文、课题、专利等显性指标，而忽视了人才的实际贡献和真实解决问题的能力，导致大量专业技术人才将主要精力用在发表论文、申报课题等上，而不愿投入到满足市场需求、具有实际价值和产业前景的相关研究工作上来。二是现行评价标准过于单一，"一刀切"式评价标准缺乏针对性，造成"评上的用不上，用上的评不上"现象大量存在。三是现行人才评价方式，政府行政干预过多，用人单位、社会行业和市场认可的多元评价机制难以形成，"评用脱节"现象仍然突出，评价失真的情况时有发生。

六　人才培养与激励　**311**

二 专业技术人才分类评价体系建设为破除机制发展阻碍、突破人才评价困局提供了新方案

2017年4月7日，西安市出台了《西安市专业技术人才分类评价指导意见》，为西安市开展专业技术人才分类评价提供了理论支撑和政策依据。

突出了三个导向：**一是突出产业优势**。授予西部超导材料科技股份有限公司等21家单位为"西安市人才工作创新试验基地"，按照"突出产业优势、自定评价标准、自定评价程序、面向社会服务"的原则开展专技人才分类评价工作。在西部超导材料科技股份有限公司授权试点设立了"西安市工程系列（新材料专业）高级评审会"，授予科技大市场"创新型工程师评审委员会"。**二是服务基层一线**。为了解决乡镇卫生院、社会卫生服务中心等基层医疗机构专技人员缺乏、年龄层次老化、评定职称困难等突出问题，印发了《西安市基层卫生专业技术人员中级职称评审办法》。按照国家、地区界限清晰原则，将"考取职称"转变为"评取职称"。**三是坚持社会导向**。针对现行教师评价标准未分类制定，比照国家教师职称序列，设置"校外教育中小学教师"专业，在共青团市委设立了"西安市校外教育中小学教师评审会"，制定出台了《西安市校外教育中小学教师评审标准》和《西安市校外教育中小学教师评审办法》。

实现了三个分类：**一是单位分类**。对于评价国有企事业单位专业技术人才，坚持"因地制宜、科学设岗、弹性处理"的评聘机制，将人才评价标准、行业评价标准与职务（岗位）具体标准有效关联和衔接；对于评价非公经济单位专业技术人才，坚持"简化程序、突出业绩、强化服务、自主设岗、自主聘任、自主管理"的评价机制，采取社会化、市场化的手段开展人才评价工作，鼓励非公经济单位建立与职称挂钩的绩效机制。**二是人才分类**。对于评价理论型专业技术人才，重点考察专业技术人才发表独创性、行业和社会影响力学术论文的数量和质量，加强对具有应用价值的边缘学科、区域薄弱学科、填补空白领域等科研成果的评价；对于评价应用型专业技术人才，突出实践性特点，重点考察专业技术人

才对科学技术的应用能力和操作水平。对于评价创新型专业技术人才，突出创造性特点，重点考察专业技术人才创新能力、创新成果及成果转化情况，既注重从"0"到"1"的首创性、突破性创新，也鼓励支持从"0"到"0.5"的阶段性创新和从"1"到"1.5"的升级性创新。对于评价储备型专业技术人才，突出潜力性特点，重点评价专业技术人才所在行业未来稀缺程度、发展潜力、专业与未来企业需求匹配度、水平能力增长值。对于评价急需紧缺专业技术人才，突出急缺性特点，重点考察专业技术人才对当前所需科学技术的应用能力和操作水平。**三是层级分类**。对于评价初、中级专业技术人才，突出普惠性特点，弱化论文、奖项、成果要求，重点考察专业技术人才履行岗位职责的能力；对于评价高级职称专业技术人才，突出选拔性特点，重点考察专业技术人才自主创新能力、工作业绩贡献、团队工作效能、理论支撑及传帮带效能等。

体现了四个特点：**一是一人多职，确保人才多岗从业**。鼓励事业单位工作人员离岗创业，并创造条件让专业技术人才在企业、高校和科研机构有序流动。对在不同行业达到多个人才评价标准要求的专业技术人才，实行"一人多职"的人才评聘制度。**二是工学匹配，丰富职称认定职能**。扩展初、中级专业技术人才评价范围，简化评价程序，提升评价服务效能，创新并完善了初、中级职称认定制度。**三是比照确认，做好职业资格与职称的有效衔接**。对于取得工程类国家职业资格的专业技术人才，在符合规定学历、资历要求的前提下，可按照相关程序将职业资格比照确认为相应职称，为人才发展打通了职业资格与职称的连接通道。**四是开拓创新，启动技术经理人评价新模式**。按照自主定义、自主评价、条件成熟时由政府授权认可的评价原则，在西安市科技大市场试行将技术经理人的职业资格和职称系列评审直接挂钩，明确获得二级技术经理人职业资格的专业技术人员，同时获得工程师职称，融合两套评审办法在一个评审委员会进行，将技术经理人的路演答辩和职称的评审工作有机结合。

专业技术人才分类评价体系建设释放人才发展活力

改革实施以来，大大激发了用人主体的参与热情、激活了人才发展空间。经初步统计，截止到 2017 年年底，西安市共有各类大专以上学历人才 275.63 万人。其中党政人才 4.1 万人，企业经营管理人才 26.61 万人，专业技术人才 82.5 万人，技能人才 149.47 万人，社会管理人才 1.4 万人，农村实用人才 14 万人。相较于 2016 年，增长 24.22 万人，增幅为 5.44%，其中引进产业发展与科技创新类人才 14.6 万人，培养实用型人才 6.3 万人，通过人才引进及培养方式实现人才增量 20.9 万人，占人才增长总量的 86%。

目前，西安市专业技术人才占就业人口总数的比例为 23.6%。专业技术人才中，具有高级(含副高)专业技术职称者占就业总人口比例高于广州、深圳、成都、南京等城市。目前，西安市专业技术人才优势得到巩固，管理类人才实现较快增长，产业领军人才短缺、企业高端人才偏少得到改善，人才分布趋于合理。

七

体制机制改革

体制机制改革是实现创新驱动发展的重要保障。深化体制机制改革能够进一步提升资源配置效率，充分释放社会创新活力，让发展的引擎更加强劲有力。

通过全面深化改革，我国在经济、社会的各个方面都取得了巨大的成就，但是我们也要认识到改革还有许多深水区需要跨域，还有很多难关有待突破。例如，缺乏容错机制，导致政府财政有钱不敢投、国有企业不敢全力推动改革的问题；缺乏有效激励机制，导致国有大型科研仪器使用效率低，社会资本参与企业创新积极性不高的问题，等等。这些都不利于企业的发展壮大和经济结构的优化调整。针对以上问题，安徽、上海、广东、沈阳等全面创新改革试验区域在建立健全容错机制、完善仪器设备开放共享机制、创新财政资金使用方式等方面，探索出了一批有益的经验，为深化体制机制改革，加快实施创新驱动发展战略提供了有力支撑。

立法形式建立容错机制
有力推动地方创新发展

在推进全面创新改革试验中，安徽省通过立法形式建立容错机制，促进战略性新兴产业高质量发展，同时将容错机制引入政府引导股权基金，激发基金投资的积极性，有效缓解初创企业融资难、融资贵等问题，有力推动了安徽省的创新发展。

缺乏容错机制是限制地方创新发展的重要原因

随着经济发展进入新常态，传统产业对经济增长的贡献明显减弱。加快培育战略性新兴产业，对培育经济发展新动能、推进产业结构转型升级和经济发展方式转变具有重要意义。2016年，安徽省提出了实施重大新兴产业工程和重大新兴产业专项计划，并与重大新兴产业基地建设一起形成梯次推进、滚动发展的格局。然而，在政策保障方面，虽然省级部门和有关地市出台了不少促进战略性新兴产业集聚发展的政策文件，但由于缺乏容错方面的法律依据，有关创新主体的积极性不高。同时，对于种子期、初创期的企业，虽然具有较强的增长潜力，但因发展成熟度不高，潜在投资风险较大，其融资难、融资贵的问题十分突出。传统的银行业金融机构由于稳健经营的原则和重资产、重业绩的信贷机制，无法为种子期、初创期企业提供有效融资支持。政府设立的产业引导投资基金，通过"资金变基金""无偿变有偿"的方式支持企业创新，虽然能为种子期、初创期企业提供一定的资金支持，也由于缺乏有效的容错机制、政府设立的产业引导投资基金往往过于强调风险把控和国有资产保值增值，因而难以为企业提供有效的资金支持，限制了企业的创新发展。

二、建立有效容错机制，保障科技金融对初创企业的资金支持，推动战略性新兴产业集聚

安徽省印发了《促进战略性新兴产业集聚发展条例》（以下简称《条例》），从法律层面对战略性新兴产业的集聚发展作了具有创新性、针对性、可操作性的规定，对支持战略性新兴产业发展的政策进行了系统性部署。《条例》以法规形式明确了容错机制和评价体系，规定在符合法律、法规等基本原则的前提下，县级以上人民政府及其部门可以开展创新改革，采取有效政策、措施，促进战略性新兴产业集聚发展。在战略性新兴产业集聚发展工作中因先行先试出现过失，或未达预期效果的项目，只要个人和单位没有谋取私利、程序符合规定，可以予以容错。对于经确定予以容错的单位和个人，免于行政追责和效能问责，在绩效考核、评先评优、职务晋升、表彰奖励等方面不受影响。

同时，安徽省制定了《安徽省级股权投资基金体系建设实施方案》，设立了300亿元的省"三重一创"产业发展基金、200亿元的省中小企业发展基金、150亿元的省级风险投资基金以及20亿元的省级种子投资基金，并针对种子投资基金高风险、高失败率的特点做出了一系列制度性安排。一是建立省级投资基金容错机制，允许省级种子投资基金最高50%的投资失败容错率，省级风险投资基金最高30%的投资失败容错率，并与国有资产保值增值考核、国有企业主要负责同志经济责任审计做好衔接，着力解决基金公司不敢投问题。二是建立对省级投资基金项目投资的激励机制，引导基金管理人基于基金项目投资进度和投资项目孵化培育情况，积极募资、投资，激发省级种子投资基金和风险投资基金积极性。三是建立相关部门对省级投资基金、产业发展基金项目投资的引导机制，由省相关部门围绕全省重点发展产业，建立项目投资指导目录库，供基金公司按市场化方

式开展投资对接，以提高基金项目投资效率，强化基金投资同安徽省重大发展战略精准对接。

 容错机制的建立有力推动了地方创新发展

  安徽省率先在省级层面为促进战略性新兴产业集聚发展立法，建立完善的容错机制，并将容错机制引入政府引导股权基金的运营管理，为推动战略性新兴产业发展提供坚实的法制保障，有效地调动了创新主体的积极性。目前，安徽省省级种子投资基金、风险投资基金以及整合后的省级产业发展基金已全部组建完毕，累计募集资金225亿元，投资项目454个，完成投资292亿元，其中种子和风险投资基金累计完成资金募集42亿元，投资项目99个，完成投资11亿元，有效地保障了现有融资体系对种子期、初创期企业的资金支持。2017年1—11月，全省战略性新兴产业产值同比增长21%，占规模以上工业比重达到25%，对全省规模以上工业增长的贡献率达到32%。新能源汽车、新一代信息技术、新材料、新能源等新兴产业产值增速均超过20个百分点。世界首条10.5代液晶显示生产线、世界最薄0.15毫米信息显示触控玻璃相继实现量产，进一步奠定了安徽省的新型显示产业在全国的优势地位。

全面创新改革试验百佳案例

089

建立健全国企改革容错机制
点燃创新发展新动力

在全面创新改革试验中,上海市积极推进国企改革创新,致力于营造鼓励创新、宽容失败的创新环境,正确把握容错与问责之间的关系,有效保护国企企业家大胆探索、先行先试的积极性,不断将国企改革创新推向深入。

一 缺乏宽容失败的创新环境成为国企创新的"后顾之忧"

随着国企改革进入深水区,一些深层次矛盾和问题进一步凸显,如改革创新未达到预期目标的成本与考核问题、创新项目研发投入缺乏相应激励机制等问题严重制约着企业家的创新积极性。推动企业家在国企改革创新决策和操作过程中充分发挥作用,需要建立健全容错机制,形成鼓励创新、宽容失败的创新环境,以减少国企企业家投身改革的后顾之忧。在这样的背景下,容错机制应运而生,但如何将容错机制落实到国企改革的关键环节,如何平衡容错机制与问责机制之间的关系,是亟待解决的难题。

二 建立健全鼓励改革创新的容错机制,推动国企创新发展

上海市立足于服务企业的本职,推动建立国企重大创新工程和项目容错机制。**一是将容错机制纳入国企法定代表人业绩考核。** 上海市在与企业法定代表人签订的任期目标责任书中明确"如果企业法定代表人因改革创新未能实现任期目标的,

但其依照国家和本市有关规定决策、实施，且勤勉尽责、未谋取私利的，应视为其已完成或部分完成任期目标"。**二是将容错机制纳入创新项目。**在《关于鼓励和支持本市国有企业科技创新的若干措施》中，明确"创新项目因重大政策调整、不可抗力等客观原因未实现预期目标，但决策、实施符合国家、本市有关规定和企业相关流程，有关企业领导人员勤勉尽责、未谋取私利的，经履行相关程序后在企业领导人员业绩考核评价和经济责任审计时不作负面评价，依法免除相关责任"。**三是将容错机制纳入公司章程。**上海市根据《中华人民共和国公司法》《上海市人民代表大会常务委员会关于促进改革创新的决定》《关于进一步深化上海国资改革促进企业发展的意见》等规定，制定"容错"示范条款，要求企业结合实际将其纳入企业管理章程，结合自身目标定位和发展阶段，合理确定容错的条件和程序，建立健全相关管理制度和工作流程，以保障容错机制的实施和效果。

三 容错机制推进改革创新效果逐步显现

随着光明集团、东浩兰生等近30家市属国有企业将容错条款纳入公司章程，上汽股份、纺织集团等市属国有企业对自主创新、海外经营、风险投资等项目建立了容错机制，容错理念逐步融入企业文化，企业改革创新工作取得了显著成效。2016年，上海市国资委系统制造业企业R&D投入强度约2.35%，比全市规模以上工业企业高出1个百分点，发明专利申请量增长8%。其中，上汽集团自主品牌互联网汽车等一批重大创新工程和项目取得重大突破，2017年企业交税超过1000亿元。

财政资金购买的科研设施和仪器所有权与经营权分离的"北京模式"

在全面创新改革试验中,北京市结合中关村国家自主创新示范区先行先试政策,联合在京科研院所和部分企业共同建立了科研设施与仪器开放服务体系,盘活了闲置的科技资源,有效支撑了中小企业技术创新活动。

一 科研仪器设备共享率低,不能有效满足科技创新服务需求

重大科研基础设施和仪器设备,是突破科学理论前沿、解决重大科技问题的重要基础和必备手段。近年来,科研仪器设备数量持续增长,覆盖领域不断拓展,但闲置现象依然比较严重,一是利用率和共享率较低,二是重复建设或购置比例高。

二 首都科技条件平台建设是促进科技资源开放共享的一项综合性改革措施

北京市于 2016 年 7 月出台了《关于加强首都科技条件平台建设进一步促进重大科研基础设施和大型科研仪器向社会开放的实施意见》,进一步提升了在京科研院所和大型企业科研仪器开放共享水平和运行使用效率。

北京主要从以下三个方面,着力建设以授权为基础、市场化方式运营为核心的科研仪器设备开放共享机制。一是采用科技资源"两权分离"的模式,通过引入或成立企业性质的专业化服务机构,将可开放资源统一授权给专业服务机构进

行经营，实现科技资源所有权与经营权的分离，以解决国有科技资源开展市场化服务的资产管理问题。二是建立利益分配机制，高校院所、实验室服务人员和专业服务机构，按照事先约定好的比例对服务收益进行分配，充分调动各方积极性；三是实施以效果为导向的政府支持机制。北京市科委每年以单位开放仪器设备资源数量、服务企业数量、服务合同收入等为考核标准评价平台成员单位的开放效果，根据评价结果给予后补助。后补助政策突破原有科技经费使用范围，明确凡是与平台建设有关的支出均可由单位自行安排，人员经费不受比例限制，并对绩效考评进行制度化、规范化管理，制定了《首都科技条件平台专项经费管理办法（试行）》及《首都科技条件平台绩效考评实施细则（试行）》。

三 科研仪器设备开发共享机制取得了显著成效

共享机制实施以来，北京市实现了对在京高校院所企业科技资源的有效整合和市场化运作，形成了科技资源整合促进产学研用协同创新的新模式。通过试点，北京市累计推动了882个国家级、北京市级重点实验室、工程中心等，价值272亿元，4.65万台（套）仪器设备向社会开放共享，整合了803项较成熟的科研成果并促进其转移转化，聚集了13084位专家，同时为使科技资源更贴近市场需求，跨单位、跨部门、跨行业梳理整合出38个细分产业的107个功能服务平台。

全面创新改革试验百佳案例

091

"国家支持 + 民间投入"模式助力重大科技设施建设

在全面创新改革试验中，上海海洋大学相关研究团队借助彩虹鱼平台，充分利用社会资本，探索高精尖技术领域的"国家支持 + 民间投入"模式，有效整合民间资本和资源参与科技研发，加速推进科研成果的产业化、市场化和国际化进程。

一 现有科研机制难以抓住前沿科学研究机遇

国际海洋界把海洋深处6500米以下的区域称为"深渊"，深渊科学和技术是海洋科学和技术领域的双前沿，该领域的研究和探索对地球生态、气候、海洋环境保护、地球生命起源、地震预报等多个领域的研究都有十分重要的作用。而载人深潜器是探索深渊科学的必备基础设施。国际上已有几个着陆器和美国一台"海神号"无人潜水器（AUV/ROV复合型）可以到达万米海深。目前，我国蛟龙号下潜深度为7000米，距离下潜万米的深渊科学尚有差距。

现在若要通过启动第三代全海深载人潜水器的立项论证，从而尽快实现万米深潜的目标，则存在立项慢、审批周期长等问题，不利于抢抓时机尽快实现我国在深海研究领域的突破。

二 "国家支持 + 民间投入"模式为加速彩虹鱼落地创造了机遇

一是"国家支持 + 民间投入"机制。上海海洋大学深渊科学技术研究中心采用"国家支持＋民间投入"的产学研创新合作新模式，一方面，创立我国首个深渊科学技术研究中心，进行11000米载人潜水器和相关设备研发，并成立上海叔同深渊科学技术发展基金会（简称"深渊基金会"），支持深渊团队的科研人员专心于技术攻关；另一方面，与上海彩虹鱼海洋科技股份有限公司达成战略合作，由彩虹鱼公司负责整合民间资本和资源，参与科技研发，并积极推进科研成果的产业化、市场化和国际化进程。

二是深海科考科技服务机制。"彩虹鱼"号全海深载人深潜器的重要载体就是自主研制建造的4800吨级的"张謇号"科考母船。上海彩虹鱼海洋科技股份有限公司与上海铭和船务有限公司共同成立了彩虹鱼科考船科技服务有限公司，投资建造并运营管理海洋科学综合考察船，并凭借深渊科学技术流动实验室，对全球26条6500米深度以下的深渊海沟进行系统性的科学普查，建立深海生物DNA数据库，从而带动一系列深渊生命科学和深渊地质与资源科学的研究发展，推进了碳循环、气候变化、深海生物资源开发利用等领域的科学研究。

2015年6月23日，"彩虹鱼深渊生命科学应用研究中心"正式在张江挂牌，与张江高科技园区内已经形成的生物工程、生命科学领域一大批国内外知名研究机构和企业，合作开展深渊生命科学应用性研究，推动研究成果的市场化和产业化。

三是建立"沿途下蛋"成果转化机制。2015年4月，上海市金融办和上海股交中心到彩虹鱼公司调研，表示支持这家企业挂牌科创板。6月，彩虹鱼完成股改。此外，彩虹鱼积极探索建立"沿途下蛋"机制，在上海临港海洋高新技术产业化基地建设彩虹鱼海洋科技开发应用研究中心，积极推进成果的产业化应用。

三　社会资本参与重大科技设施使彩虹鱼"越游越快"

通过社会资本参与，2016年12月27日，由上海海洋大学深渊科学技术研究中心（深渊中心）和上海彩虹鱼海洋科技股份公司（彩虹鱼公司）组成的深渊科学考察队，利用自主研发的3台全海深探测器（着陆器），在万米深渊成功地开展了一系列科学考察工作。这标志着中国科学家在探索"人类未知的深海世界"方面又迈出了实质性的一步。

此外,还通过探索"引进来"和"走出去"模式,实现了与国外团队的联合极地科考探险。上海彩虹鱼海洋科技股份有限公司牵头投资,荷兰达门船厂设计并主导建造的彩虹鱼"深渊极客"号极地科考探险船项目在上海启动。"深渊极客"号也将是我国首例由民营企业投资建造的第一艘极地科考探险船,有利于我国极地科考研究工作的开展并带动极地海洋科技服务业的发展,真正实现将国际先进海洋科技"引进来"的同时,使得覆盖"深海远海极地"的中国深海科技服务能够"走出去"。

092

政社合作打造"科技创新券"
激发小微企业科技创新动力

在全面创新改革试验中，上海市浦东新区推出科技创新券（以下简称"创新券"）政策，将科技创新券线上业务通过招投标形式委托专业公司运营，搭建浦东新区小微企业创新创业服务平台（以下简称"小微平台"），通过专业化、市场化的运作机制，激发小微企业科技创新动力。

 融资难、社会服务匮乏制约中小微企业发展

小微企业是提供新增就业岗位的主力军、企业家创业成长的主要平台和科技创新的重要力量。但长期以来，我国小微企业遇到一系列困难，严重影响其生存与发展，具体可概括为"两高两难两门"，即成本高、税负高；用工难、融资难；"玻璃门""弹簧门"。尤其在融资方面，处于"用不到、用不起"的两难之中。具体表现在：一是银行信贷资源分配不平衡，银行出于对信贷资金的安全考虑，将信贷重点放在资产规模大、盈利能力强、偿债有保证的国有大中型企业及大型民营企业上，而对小微企业不够重视，信贷条件设置过高，同时金融机构创新不足、产品单一，缺乏适合小微企业的信贷产品；二是证券市场门槛过高，目前小微企业的股权融资仍处在初级探索阶段，符合股权融资的小微企业数量少、规模小，并且上市融资时间长、费用高、程序多、控制严，导致绝大多数小微企业难以依靠资本市场融资，同时我国债券市场发展滞后，发行债券条件高，符合发行中小企业债、集合债等债券的小微企业更是极少；三是融资担保服务平台不健全，我

七 体制机制改革 327

国担保行业起步较晚，信用担保体系还不完善，担保基金的数量和种类难以适应和满足小微企业的融资需求，担保机构的信用增级功能和担保放大功能没有得到充分发挥；四是小微企业自身存在产权过度集中、管理基础薄弱、信用观念较差等局限性；五是政府支持力度不够，长期以来，政府重视大企业的发展、大项目的建设，对小微企业的扶持和支持力度不足。

二、政社合作打造"科技创新券"，精准服务小微企业

（一）政社分工，密切协作，推进落实创新券工作

通过公开招标将创新券线上业务转交给企业，政府将工作转向协调监督、督促落实、项目管理等幕后工作，着眼于制定完善相关政策体系，针对创新券推行过程中遇到的关键问题，协调、组织相关各方召开专题讨论会，集中攻克推进过程中的难点，对创新券政策的相关规定进行微调，理顺创新券推进过程中的各方关系，指导建立创新券工作沟通联络机制、汇报制度，为创新券工作的推进提供良好的政策、制度环境。

小微平台团队主要围绕服务机构入驻、企业申领使用等方面着力开展工作，扩大创新券在企业中的影响力，邀请服务机构入驻平台，不断提高入驻平台的服务机构数量，为小微企业购买服务提供更多的选择范围，为企业提供更适合的服务机构，全力推动企业的科研创新工作。同时，小微平台还定期汇总更新创新券相关的各类数据，如企业的经营状况、科研活动情况等，为政府了解企业发展信息、科技活跃度情况提供参考，为制定和完善相关政策提供决策依据。

（二）调整服务机构准入条件，激发机构对外服务热情

在浦东科技创新券服务机构入库方面，提出调整科技服务机构准入条件，让尚未获得相关服务资质但实际具备服务能力并乐于对外提供服务的科技服务机构有机会入驻小微平台，有助于培育一批灵活性好、具有活力、有发展潜力的科技服务机构，有助于浦东新区的科技服务机构进一步集聚，形成科技服务资源的集聚区。

（三）创新券政策创新有效降低企业成本

浦东新区科技创新券在资金投入方式和拨款方式方面进行了创新。第一，与市级创新券可重叠使用。浦东科技创新券专项资金采用不高于合同金额 40% 的形式进行资助，资助力度大，而且浦东的科技券与上海市级创新券可以重叠使用，更大程度上降低了企业研发成本。第二，创新券资助资金到账周期短。浦东科技创新券专项资金采用每月汇总上报的形式，专项资金从上报到拨款到账，整个兑现周期短。政府资助资金到账快，提高了企业资金周转速度。

科技服务机构入库申请流程如图 7-1 所示：

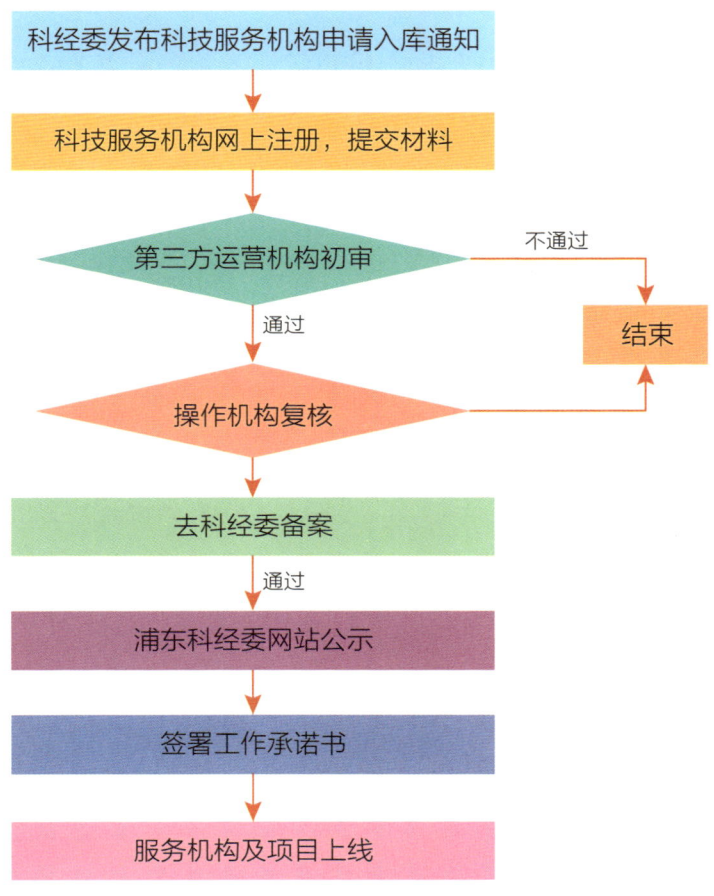

图 7-1　浦东新区科技创新券服务机构入库流程图

"科技创新券"在促进小微企业创新方面取得显著成效

一是科技创新券政策有效激发企业加大科研投入。小微平台上线以来,拥有注册用户2200多名,入驻服务机构166家,提供服务产品980多项。小微平台共发放创新券额度3400万元,审核通过89家企业提交的兑现申请,涉及科技服务金额1125万元,预计这些企业能够获得390.81万元补贴。通过科技创新券政策补贴资金,有效推动了企业加大科研投入,撬动了3倍规模以上的社会资金投入科研创新,有助于增强企业创新创业活力。

二是科技创新券政策有效培育和聚集一批科技服务机构。上海市出台科技创新券政策的初衷之一就是培育和聚集一批科技服务机构。在深入考察企业的过程中,发现科技创新券政策确实对企业的业务选择有较强的导向作用。慧算医疗公司正是由于浦东"科技创新券"的资助政策影响,将原计划购买浦西的业务最终交给浦东的服务机构来做。

"总—分—联"创新研究院组织模式提升科技研发效能

在全面创新改革试验中,沈阳市依托中国科学院沈阳自动化研究所,联合中科院合肥物质科学研究院、中国科学院宁波材料技术与工程研究所等相关领域科研院所,以重大产出为导向,通过聚合优势资源,大力开展协同创新,取得了良好效果。

 国家级科研院所优势力量较为分散是制约科技研发能力提升的一大瓶颈

在创新驱动逐步取代投资驱动、要素驱动成为我国经济主要增长动力的背景下,国家级科研院所须进一步发挥其在我国实现建设世界科技强国战略目标过程中的核心作用。然而,当前各类国家级科研院所普遍存在着"各自为战、优势分散"的发展障碍,未能在国家科技研发能力提升中形成合力,更好地发挥作用。

沈阳市作为东北地区中心城市、重要的老工业基地,布局有大量国家级科研院所,其科研成果为促进地区经济社会发展、提升国家科技实力做出了突出贡献。但近年来,随着创新大潮的不断涌流,驻沈科研院所优势力量较为分散的问题愈加突出,科研积极性不足、科研能力提升较为缓慢。具体来看,驻沈国家级科研院所主要存在着两大问题:一是"总量大"与"分布散"并存。驻沈有中科院沈阳自动化研究所、中航工业沈阳空气动力研究院等多家研究院所,总量居于全国城市前列。但是,各科研院所之间未能在不同研究方向间建立学科交叉融合、创新发展的协作机制，且地理分布上比较分散，难以实现不同学科资源之间的整合；二是科技成果积累雄厚与科技资源碎片化并存。驻沈各国家级科研院所在长期科研实践中积累了大量技术人才与科技成果，具有雄厚的科技实力。但各科研院所之间难以实现资源的共享利用与有效整合，竞争同质化、资源碎片化问题严重。

能否有效释放科研院所的技术优势、使各方资源实现充分整合，对我国科研整体实力的提升、创新型国家建设有着重要的影响。因此，寻找出一条有效解决科研院所优势力量分散问题的新路径，整合各方资源，释放科技研发能力，显得尤为迫切。

搭建"总—分—联"创新研究院的组织模式，有效提升科技研发效能

2017年6月30日，沈阳市委、市政府出台的《中共沈阳市委沈阳市人民政府关于贯彻落实创新驱动发展战略建设东北亚科技创新中心的实施意见》中明确提出"实施多主体、多层次协同创新工程"。

沈阳市构建起"总部+分部+联合实验室"的组织模式，以中国科学院沈阳自动化研究所为依托，联合中科院合肥物质科学研究院、中国科学院宁波材料技术与工程研究所等相关领域科研院所，共同筹备设立中国科学院机器人与智能制造创新研究院，意在高效整合各研究院技术、资源、人才优势，形成机器人与智能制造领域的关键技术研发与重大成果产出、转化基地，辐射全国。具体做法为：**一是构建"研发—行业—产业—地方"协同式发展架构**。通过依托单位整体带动与参与单位的优势衔接实现协同融合；与新松公司等机器人产业公司互借优势，共同发展，促进产业协同；与中航重机、航天科工集团三院、航天科工集团四院、特变电工、中国医科大学等机构建立战略合作关系，拓展合作领域的深度、广度，共同连接和拓展科研价值链和产业链，加强行业协同和技术成果对行业发展的支撑，促进科技与经济结合，推动产业发展。**二是依托国家级平台的全链条创新布局**。初步建成集"科学研究、工程应用、评估检测、标准制定"四位一体的新型

国立科研机构，源头技术创新、行业技术支撑、市场规范指导作用凸显。**三是采用理事会制度下的院长负责制运营管理。**理事会负责审定创新研究院的发展战略规划、指导协助创新研究院争取各类资源和重大科技任务。**四是建立全新的省市院三级共建制度。**2015年，辽宁省、沈阳市与中国科学院签署了中国科学院机器人与智能制造创新研究院共建协议，共同出资4.5亿元支持研究院基础建设。

"总—分—联"创新研究院的组织模式在科技研发效能提升方面成效显著

"总—分—联"的组织模式有效提高了研究院的运行效率。近年来研究所成功研发深海科考型ROV系统、深海液压式机械手、海斗ARV等装备体系，有力保障我国深海科考、资源开发等工作。国家机器人质检中心则通过了国家认证监督委评审，取得了机器人产品检测资质，成为国内首家获得认证监督委授权的国家级机器人质检中心。

"总—分—联"的组织模式创新受到了社会各界的广泛关注。2015年11月，《中国科学报》以《机器人与智能制造的"新家园"》为题，对研究院"总—分—联"组织模式进行了系统介绍，对这一创新举措给予高度评价。2017年4月，《辽宁日报》以《机器人与智能制造科研"航母"在沈开工建设》为题，对研究院建设进度与"总—分—联"创新组织模式进行了专题报道与系统阐释。

七　体制机制改革　333

由"管资产"转向"管资本" 搭建国有资本投资运营新格局

在全面创新改革试验中,沈阳市强化国企国资改革顶层设计,对国有资本投资运营公司进行授权,明确产权管理、资本运营等权限,搭建国有资本投资运营新格局,推进由"管资产"向"管资本"转变,在提高国有资本配置和运营效率,推进国有资本管理专业化、市场化方面取得了阶段性成效。

一、国有资本配置与运营效率低是造成国有资产保值增值难题的"症结"

一直以来,国家高度重视国企国资改革。党的十八届三中全会明确指出:"要完善国有资产管理体制,以管资本为主加强国有资产监管,改革国有资本授权经营体制,组建若干国有资本运营公司。"这一从顶层设计上对国有资产管理体制进行的制度安排,强调了国资监管由实物形态的国有资产转向价值形态的国有资本,突出了管资本的重要性。

沈阳市作为东北老工业基地重要城市、国企重镇,在不断改革过程中取得了一定成果,但大都是零碎性、浅表性和短期性的。很长一段时间内,沈阳市对国有资产管理更侧重于存量资产的监管,注重于廉政风险防范和安全监管,经常因过度管控,特别是因委托代理层级过多,政令的下达、执行受阻,信息反馈迟钝,导致重大事项决策效率低下,国有资本配置与运营效率不高。同时,国有资产监管职能和国有资产出资人代表的双重职能定位以及国企高管的行政任命,使出资人的职责和权益难以落实到位，造成国资监管在事实上缺位，频遇国有资本提质增效难题。沈阳市以完善国有资产管理体制为突破口，在国资监管上下工夫，探索推进国企国资改革的新思路、新途径、新方法。

二 "3+1+N"国资运营体系是推进"管资产"向"管资本"转变的重要途径

2016年4月，沈阳市出台了《关于进一步深化国资国企改革的实施意见》，本着"放活、管好、优化、放大"国有资本的原则，着力搭建"3+1+N"格局的国资运营新体系。

<u>一是组建3家国有资本投资运营公司</u>。由沈阳市国资委作为出资人，创建了金控集团、城投集团和产投集团3家国有独资公司。主要是依据授权在所属领域内开展股权运营，行使股权管理权利，不从事具体的产品经营，在资本市场通过资本运作有效组合配置国有资本。其中，金控集团是政府"管资本"的重要抓手，旨在通过资本运营和投资拓展，逐步健全现代金融体系。城投集团通过整合全市城建系统国有企业资源，运用多元化融资方式、市场化运作模式，以项目为载体，打造自身造血机能，提升城市建设多渠道投融资能力，全面提高城市基础设施和公共服务设施的建设和管理服务水平。产投集团是通过增资扩股方式改组设立，致力成为沈阳市的"产业投资中心、资产管理中心、资本运营中心和产业融资中心"及沈阳优势产业与战略性新兴产业的孵化器。

<u>二是组建1家资产管理公司</u>。由沈阳市国资委作为出资人，组建国有独资公司——盛京资产管理集团，旨在通过债转股、资产重组、投资并购等市场化资本运营，帮助国有企业降杠杆、调整布局、产业升级，实现国有资产保值增值，从而推进国有企业改革，对困难国有企业实施救助。公司经营范围涵盖国有资产管理、实业投资、股权投资、投资信息咨询、企业管理等。

<u>三是组建N个国有资本产业投资平台</u>。通过国有独资或者引入社会资本合资的方式对关乎国计民生的领域进行投资。当前组建了5个产业集团：沈阳航空产

业集团，重点是按照市场导向、产融结合的原则，立足整合全市航空产业优势资源，全面参与航空产业国际化分工，全面推进混合所有制改革，努力实现资本与产业有效对接，构建产业牵引和资本驱动的双引擎模式，实现航空产业链、技术链和资金链的无缝融合；沈阳旅游集团，重点是围绕"文化"和"休闲"两大主题，全面升级棋盘山、秀湖等六大核心资源，进一步夯实景区、酒店等七大业务板块，逐步实现旅游资源资产化、资产资本化、资本证券化；沈阳体育产业集团，重点是以打造"永久赛场、永久赛事"为根本，以服务社会体育文化生活为担当，通过整合体育场馆、场地等优质资源，引进、打造优质IP赛事，通过与互联网、金融、旅游等相关产业的有机融合，构建体育事业全链条产业；沈阳养老产业集团，重点是打造全市国有养老产业投资运营平台。投资方面通过整合国有优质养老资源，吸引社会资本、金融资本，代表政府投资参股全市大型社会化养老项目，运营方面通过市场化方式管理运营政府投资形成的国有股权，并自主开展居家养老、医养机构建设及其他养老关联业务；沈阳会展产业集团，重点是协调、承接、主办、承办政府主导类展会，开展互联网+会展相关业务，通过各类推介活动，宣传沈阳市会展环境、会展资源，积极开展对外招展、引会业务。同时，利用专业技能储备，对沈阳市会展业及相关上、下游产业从业人员开展业务培训，提升沈阳市会展人才整体水平。

三 国资运营新体系提升了国有资本配置与运营效率

沈阳市国有资产运营新体系基本搭建完成，逐渐明晰了出资人职责，理顺了国资管控边界。目前，国有资本投资运营公司和资产管理公司已投入运营，并取得阶段性成果。金控集团正在积极做实资产，全力做好信用评级各项工作，择机划转相关6家有限公司及4家产业基金和盛京银行部分股权，并与招商局集团深入对接研究设立基金组建方案，积极筹措资金加快基金设立步伐。城投集团形成了基础设施PPP项目基金组建方案，着手研究综保区、快速路系统等项目筹资方案。16家拟划转至城投集团的单位中已有7家完成划转工作。产投集团正在积极推进资产股权划转，加大创新型项目资源搜集力度，初步建立起战略性新兴产业项目资源库。盛京资产管理公司已完成工商注册，中兴集团等相关4家公司股权已全部完成划转，初步与中国建设银行商定设立100亿元国企改革基金。体育、会展、养老等产业集团改组也已初现雏形，旅游、航空等产业集团已完成组建，开始运营。

2017年8月11日，《人民日报》以《布局迈开改革步》为题，对沈阳市国企改革整体布局作了报道，相关经验被东北新闻网、安徽省人民政府网、新浪网和大众网等主流媒体广泛转载报道。

重塑国企体系架构
再造业务流程 激活内生动力

在全面创新改革试验中,沈阳市以东北制药集团股份有限公司(以下简称"东药集团")为代表的老牌国有企业抢抓机遇,改革旧有体系架构和再造业务流程,推行扁平化管理,全面深化劳动、人事、分配"三项制度"改革,建立现代企业制度,破解制约人才和企业发展的障碍,激发并增强了企业动力和活力,提升了企业核心竞争力。

一 内生动力不足是国企提质增效难的"症结"所在

自中共中央、国务院《关于深化国有企业改革的指导意见》印发以来,国企改革步入新的发展阶段,逐渐进入攻坚期和深水区。国企改革虽取得阶段性成果,但国企层级繁杂、职责不清、效率低下的问题以及传统的行政化、金字塔式管理运行模式难以为继,"三项制度"改革还不到位,冗员过多,市场化选人用人和激励约束机制尚未完全建立等,都极大地削弱了国企的内在活力和市场竞争力。

创建于1946年的东药集团是国企的典型代表。在计划经济时期,东药集团是中国化学制药工业的摇篮和孵化器,但进入市场经济时期后,企业发展囿于传统体制影响趋于衰退,特别是2010年后,连年巨额亏损,举步维艰,2012年亏损达2亿元,企业转型升级阻力重重。企业运营过程中,决策效率低、权责不明确、机构设置不合理、激励约束机制不足、绩效管理体系不完善等问题突显,迫切需要企业转型升级,优化经营结构,再造业务流程,实现企业发展提质增效。

二　重塑体系架构、再造业务流程是激活国企内生动力的重要途径

2014年，中共辽宁省委、辽宁省人民政府印发了《关于进一步深化全省国资国企改革的意见》，明确要求"建立市场化选人用人机制和管理机制，完善激励约束机制，深化企业内部经营机制改革"。东药集团以"观念重塑"为先导，以破除体制机制障碍为主攻方向，从四个方面探寻激活国企内生动力之路。

<u>一是观念重塑，解决想干、敢干与会干的问题</u>。加强领导班子建设，通过严格的民主生活会、党内谈心等多种形式，让班子成员的思想状态真正凝聚到企业自身改革实践上来，形成共同推动企业改革发展的坚强意志。大力倡导"鼓励创新、宽容失败"的工作导向，出台"中高管尽责担当六条戒令"，采取反向追责处理，全面解决高管兼职问题。全球寻找业内外优秀标杆，实施对标管理，真正把市场化的现代经营管理理念注入企业生产经营全过程。

<u>二是大幅压缩管理层级，构建平台化蜂窝状经营架构</u>。全面推行总部和业务单元的两级扁平化管理，将集团公司、股份公司和传统工厂三级管理体系"合三为一"，让公司总部真正成为战略、研发、投资、财务、人力资源管控中心，作战单元（分、子公司）成为市场主体。改造营销体系，将制剂营销总公司裂变为25个省区平台分公司，打造"总部抓总、分线提升、销区主战"模式。改造生产体系，将两大工厂裂变为原料药、制剂共12个生产分公司，产业链条全面实行内部市场化结算和指标考核。改造辅助业务体系，通过业务结构梳理、组织架构和运营模式再造，将东瑞公司等一批厂办大集体和辅助单位以独立子公司的形式推向市场，全面引入市场化经营机制。

<u>三是积极开展流程再造，通过发起、审核、审批三个节点完成一支流程，实现权责归位</u>。全面梳理、调优和再造500多支业务流程和制度，大幅提升了运营效率和市场反应能力。<u>限制总部权力</u>，依法开展董事会治理，将总部权力限制在战略、原则和目标管控层面，突出在纠偏过程中行使监督权和否决权。<u>下放管理部门权力</u>，切实做到管住结果，放开过程，将人员招聘、奖金分配、人员考核晋

升、预算内经费使用、日常材料和装备的部分采购权等,全部下放给分、子公司。**充实一线单位权力**,各分、子公司在总部框架下自主实施内部考核,总部审核备案,一线单位可以指挥调度各种资源,确保满足客户和市场需求。

四是深入推进三项制度改革,激发人力资源活力。推行干部"能上能下"的用人机制。对各生产经营单位实行指标黄牌警告制和末位淘汰制。坚持业绩导向,推行有为有位。建立任职资格体系,为专业线干部搭建成长机制。推行收入"能增能减"的薪酬分配机制。建立向贡献者倾斜的薪酬体系,取消学位、职称等各种资历津贴,全面推行以岗定薪、以绩定奖、以能调薪。推行员工"能进能出"的用工机制。公司依法依规主动解除不合格员工,解决"只进不出"问题。

五是实施"互联网+"工程,构建"大数据"管控和业务平台。通过建设集团财务共享中心,实施全面预算,搭建统一的资金池和票据池,实现资金统一调配、收支闭环管理。通过搭建 BPM 流程办公系统,实现网络移动办公,流程办理存档留痕。通过建设人力资源 e-HR 系统,实现全集团人员信息统管、考勤管理、薪酬绩效管理等全面在线运行,数字化、信息化、网络化管控平台成为公司高效治理的支撑手段。

三 创新改革在推进老国企提质增效方面成效显著

东药集团的一系列改革,激活了企业内生动力,使企业资产质量明显提升,经济效益显著增强。2016 年,该企业生产经营逆势反转,实现销售收入 53.2 亿元,同比增长 24%,领先行业平均水平 13 个百分点;实现工业产值 38 亿元,同比增长 36%;缴税 2.65 亿元,同比增长 70%;实现利润 2800 万元,比上年减亏增盈 4 亿多元。2017 年,完成销售收入 63 亿元,同比增长 18%;实现工业总产值 41 亿元,同比增长 7.9%;缴税 3 亿元,同比增长 13.2%;实现利润 1 亿元,同比增长 257%,继续保持强劲发展势头。

实施"三项制度"改革三年来,该公司共裁撤公司副总裁 2 名,淘汰调整分、子公司总经理 18 人。任职资格体系在 2016 年投入运行,非职务晋升 206 人。一线员工平均可支配收入由2013年的不足2000元，2016年上涨超过3200元，增幅达50%，其他专业线员工工资上涨20%。裁撤冗员，共依法依归主动解除劳动合同400余人。

东药集团"重塑体系架构，再造业务流程"的创新改革举措，在2017年李克强总理主持召开的全国国有企业改革经验交流会上，被作为典型经验进行了介绍，并被东方网、新浪网等主流媒体宣传报道。

"引民资+抓治理+重监管"混合所有制改革助推国有资本提质增效

在全面创新改革试验中，沈阳市积极推进混合所有制改革。沈阳副食集团通过对下属企业开展"国有控股民企经营"试点，创新股权激励机制，通过引入增量资金，盘活存量资产，进一步强化了国有资产管理，实现了国有企业的产业结构转型升级。

一 行政化管理制约了国有资产提质增效

党的十八届三中全会以来，国有企业按照中央精神和国有企业改革系列文件要求，积极推进混合所有制改革试点和探索。党的十九大提出了"深化国有企业改革，发展混合所有制经济，培育具有全球竞争力的世界一流企业"的新要求，这是解决长期困扰国企改革发展问题的有效途径，有利于多种所有制资本取长补短、相互促进、共同发展，同时也可使国有资本保值增值，发挥带动作用，扩大影响力和带动力。但从实际操作情况看，国有企业"一股独占""一股独大"现象普遍存在，由于国有资产流失风险等因素的掣肘，国企"混改"进程相对缓慢。

2002年政企分开后，沈阳副食集团开始实施企业化运营，主要靠收管理费维持生存，仍保持着较大的行政化管理惯性。近年来，面对激烈的市场竞争，经过一系列"去行政化"改革和在二三级企业混合所有制的创新探索，逐步实现了真正的企业化运营。

二　企业混合所有制改革助推国有资本保值增值

按照省市统一部署，副食集团根据企业自身经营特点，重点依托二三级企业创新合作机制，吸引民间资本合作开发新产业经营项目，通过混合所有制改革，激发和增强企业员工干事创业的活力和积极性。以公司治理为抓手，提升国有资本利用效率与效益，形成一级强、二级专、三级活的梯次发展格局。

一是突出国企投向，引入优质民企资源。沈阳副食集团依托二三级企业吸引社会资本，利用存量集聚增量，开发新产业项目，特别是与本行业内具有突出业绩表现和影响力的企业强强联手，组建18家合资公司，开发一大批引领行业的产品与服务项目。例如，2013年与上海锦江集团合资建设"塔湾"等2个连锁酒店；2016年与海航集团合作开展冷链配送业务；2016年与苏州稻香村公司战略合作，开展相关创新业务等。社会资本的引入，拓宽了沈阳副食集团的业务范围，激发了企业的运营活力，提升了企业的盈利空间，有效实现了国有资产的保值增值。

二是盘活存量资产，发挥国有资产效能。新组建的合资公司采取租用副食集团闲置房产、场地等资产的方式进行经营，租用价格通过第三方中介机构评估确定，若在经营过程中涉及对资产进行增资，也将由合资公司共同投入。实践中探索出的"股东+房东""分红+房租"的国有资产保值增值模式，既高效利用了优质资产，又有效盘活了闲置资产。

三是创新股权机制，健全公司治理模式。沈阳副食集团秉持追求资产保值增值，不囿于绝对控股的"混改"理念，积极引入其他资本，实现股权多元化，国有资本可以绝对控股、相对控股或参股。同时，为充分发挥合作多方的各自优势，创新更为灵活的经营机制，在行业经营中由有优势的一方主导经营，并在《公司章程》中明确权责。就具体经营管理业务，合作双方根据各自擅长领域协商确定董事长、总经理的委派人选，实行董事会领导下的总经理负责制。所有合资项目均由副食集团委派财务负责人，对方委派财务出纳。

四是股权激励，激发员工积极性。集团在所有的合资项目协议中，明确规定

七　体制机制改革

员工薪酬福利待遇不得低于原岗位标准，并要随企业发展逐年提高，同时，支持和鼓励合资公司员工按相关规定持股。

五是规范机制，全面加强国企合资监管。 集团制定实施《体制（机制）创新指导意见》，整合布局仓储物流、食品加工、批发零售三大业务板块。建立统一高效扁平化的事业部运行模式，实行现代财务公司管理模式，实现市场化选人用人、干部横向纵向调配、员工跨区域竞聘上岗等机制。各合资企业均按《公司法》规定，规范组建股东会、董事会、监事会及经营班子。为减轻合资企业负担，合作双方委派的董事、监事和高级管理人员薪酬福利费用均不在合资企业列支。

三　集团所属企业混合所有制改革取得显著成效

在变革并理顺产权关系后，沈阳副食集团国有资本占股62%，其他资本占股38%，资产总值、经济效益持续增长，市场竞争力显著提升。2016年，集团实现产值28.7亿元，比2007年的19.2亿元增长9.5亿元；利润总额从175万元上升到3450万元，增长18.7倍；10年累计上缴税金4.35亿元，上缴国有资产收益960万元；累计投资10亿元，完成建设项目65个。2017年，推进了与辽宁中外运、大连港、大连毅都等合资合作项目，完成了富中仓储公司混改项目。截至2017年年底，集团累计组建生鲜物流配送中心等混合所有制企业20家，吸引社会资本累计达1.14亿元，合资公司收益占集团总收益的30%以上。已偿清集团外债共计4.5亿元，连续9年实现效益持续增长，在职工人年均收入比2013年增长38%。

财政专项资金基金化改革撬动社会资本投资

在全面创新改革试验中，武汉市推进财政资金基金化改革，通过"四让"机制，对财政资金的分配、使用和管理方式进行创新，使社会资本与财政资金形成合力，发挥政府资金引导作用，有力地推动了武汉市区域股权投资市场的发展。

 传统财政资金支持企业方式不能有效支撑产业发展

长期以来，财政资金更多是采用项目补贴的形式对企业进行支持，但这种模式存在一些弊端：一是没能充分发挥市场机制的作用。通过逐级申报审批，而非开放的市场竞争来获得项目补贴的企业，对财政资金的使用存在效率低、效果差等问题。二是传统财政资金分配缺乏灵活性。部门之间、行业之间管理固化，传统财政资金都要按条例进行，其投入金额数量和审批时间均缺乏灵活性。三是财政资金分配普遍存在散、小、乱等问题。在资金分配中，由于财政预算不能根据经济环境变化进行统筹调整，缺乏柔性，导致资金短缺和闲置并存现象严重。

在推动经济高质量发展的情况下，传统财政资金分配方式已无法满足企业的资金需求。如何配置有限的财政资金支撑产业发展成为政府亟待解决的问题。

 财政资金基金化改革有效引导社会投资实现效用最大化

推进财政资金基金化改革，将财政资金交由投资机构按照市场规律进行操作，能够有效解决财政资金分配效率低的问题，同时还能发挥基金的撬动作用，吸引社会资本按照政府要求参与投资，一定程度上缓解中小企业融资难的问题。

武汉市财政资金基金化改革采取"1+N"模式设立引导基金，"1"即市发展改革委管理的引导基金；"N"即市经信委、市科技局、市网信办、市文资办等部门及各区管理的引导基金。市财政统筹整合专项资金归集至引导基金统一运作管理。创新点集中体现在"四让"机制上。

一是"让位"于市场，使不同主体适得其所。新修订的《武汉市战略性新兴产业发展引导基金管理办法》将引导基金授权市属国有企业集中管理，由企业履行政府基金代理出资人职责，由代理出资人将政府战略表达成市场语言，最大限度地调动社会资本参与产业投资的积极性。

二是"让权"于基金，使收益分配同股同权。政府部门负责把控方向，基金公司和团队全权负责运营，参与引导基金运作各方按市场化方式享受各自权利，以此充分发挥引导基金受托机构、子基金投资管理人的主观能动性，释放基金投资活力。

三是"让利"于企业，使发展活力源源不断。为了支持企业更好发展，对重点战略性产业领域，政府引导基金直接投资，将当前投资转换成未来发展的持续动力；对早中期创新型企业，政府引导基金适当加大出资比例、让渡退出分红，吸引金融资本聚焦创新创业；对成熟期企业，政府引导基金坚持同股同权，增强社会资本投资意愿，提高财政资金使用效率。

四是"让贤"于机构，使基金管理日臻完善。强化专业人做专业事的理念，创造机会为专业人才在武汉发展做好服务。对标先进城市管理服务经验，积极提供政策咨询，主动开展合作洽谈，吸引具有全国或国际影响力的基金管理团队落户。

武汉市各区也根据自身特色和产业发展情况，差异化设立区级引导基金，市级引导基金积极参股支持。如东湖高新区，围绕打造"光谷""药谷""金谷""智谷"设立基金；武汉开发区，围绕打造"车都""机器人之都""智能家电之都"设立基金；临空港经开区，围绕打造"临空制造之城""网络安全产业之城""现代健康食品之城"设立基金；中心城区，围绕建设各具特色的现代服务业设立基金；新城区，围绕建设现代产业园区，推动一、二、三产业融合发展，促进企业集聚集约群发展设立基金。

三 财政资金基金化改革在激发创新动能方面成效显著

从财政资金基金化后的流向看，子基金的投资行业和武汉市重点投资领域高度一致，光电子与新一代信息技术、生命健康、先进装备制造占子基金投资总额的前三位，显示出财政资金较好地发挥了对社会资本的引导作用。

武汉市产业投资引导基金通过合理设置管理架构，激发了金融机构的投资热情。赛伯乐投资集团因为武汉市政府投资引导基金的专业运作和良好服务来汉设立子基金和分公司，并引进北大纵横资本和北京厚持投资集团有限公司，下一步赛伯乐计划将华中区总部落户武汉。随着武汉市政府引导基金发起设立的子基金投资业绩的逐步显现，引导基金的影响力在不断提升，国内外许多知名创投机构及产业资本纷纷被吸引过来布局武汉。与武汉市引导基金合作的投资机构中，有28家为外地机构。这些外地机构在武汉市组建了高水平基金团队，累计吸引高端创投人才近400人。国内排名前50的投资机构中，已有17家与武汉市政府引导基金开展了合作。深创投、赛伯乐、信中利、硅谷天堂、湖北高投等国内外著名的创投机构和天使投资机构发起设立子基金，清科集团、清华同方、高特佳等50多家国内知名创投机构及高盛、红杉、真格等知名机构的合伙人正在与武汉市引导基金洽谈在汉投资事宜，其中13家机构与武汉市引导基金受托管理机构达成了初步合作意向。

截至2017年年底，武汉市产业投资引导基金规模已达150亿元，其中已有90.89亿元通过与国家基金、省长江基金、外地资本、金融资本、本地民营资本等开展投资合作，吸引社会资金581亿元，并设立了创业天使、科创青桐、环保、智慧城市等80支总规模672亿元的子基金，形成了6.5倍的杠杆效应。目前，子基金正按照设立方案积极开展投资运作，在投规模已达499亿元，投资项目649

个。被投企业有 3 家已主板上市，4 家创业板和中小板上市，4 家企业已报证监会发审委审核，6 家企业正在进行上市辅导，30 余家企业新三板挂牌。

　　随着基金化改革的不断推进，2018 年，武汉市产业投资引导基金规模有望达到 200 亿元，武汉市产业发展基金总规模将有望突破 1000 亿元，资本助力、机构助阵，使得武汉市赶超发展动力十足。

"创新创业通票"制度
再造政府配置创新资源流程

天津市在推进全面创新改革试验中,重点通过天津高新区等国家自主创新示范区核心区域,不断探索新模式、新经验、新做法,以制度创新为统领,以政府资源配置流程再造为核心,以各类创新平台建设为抓手,形成了以创新创业通票(以下简称"创通票")为标志的一系列制度创新成果,较好地体现了自创区局部试验的示范价值。

 政府配置创新资源流程亟须再造

全面创新改革试验中,如何处理好政府和市场的关系,促进政府创新资源的合理配置是一个亟待解决的重要问题。一直以来,各级政府掌握着大量资源并主导配置,虽有其独特优势,但也存在四个问题:一是责任问题。政府部门如不能通过政策设计高效配置资源,则存在着国有资产流失的责任压力。二是腐败问题。政府几乎掌握着资源配置的所有裁量权与决策权,且几乎不受约束,这给权力寻租制造了空间。三是风险问题。由于专业性不足、前瞻性不够、信息不对称、政绩冲动等原因,会经常性地出现资源错配和无效投入,产生较大的决策风险。四是效率问题。由于政府内部烦冗复杂的流程设置,企业很难在最需要政策与资金的时间段得到"雪中送炭"式的支持,经常出现的情况是,企业渡过艰难时期后才能完成政策兑现,这种"锦上添花"式的支持让政府资源配置的效率大打折扣。

二　"创通票"制度通过市场化手段和全流程闭环设计再造政府配置创新资源流程

2015年，高新区宣布在全国首先推出"创新创业通票"制度。"创通票"是一种针对特定科技服务的定额有价电子编码，其整个流程都在互联网上进行，把之前政府的X（企业）+1（政府）线下服务模式直接升级为X（企业）+X（第三方）+X（银行）+1（政府）的线上互联网平台，通过"创通票互联网管理系统"实现创通票的可流转、可兑现。它的整个流程分为6个阶段：一是政府发行创通票，这本质上是一种信用凭证，相当于政府向第三方机构以批发价采购了一项服务。二是企业能够按需即时申请并获取创通票。三是企业凭票向第三方购买服务，不需要支付任何成本。四是第三方通过垫付向企业提供所需服务。五是服务完成，产生效果，第三方凭票到银行兑现。六是政府与银行进行统一的最终结算。通过上述6个流程，创通票从后补贴改为前补贴，且补贴的依据不再是传统的企业申报、政府审批、内部财务监控等烦冗流程，而是巧用高企认定证书、专利证书等"公信标准"，取消了政策兑现的审批环节，极大地提高了兑现效率。同时，将传统的政府资金的自我监督提升为各方共同监督，有效规避了权力寻租与暗箱操作。创通票运行流程图如图7-2所示。创通票原理架构图如图7-3所示。

总的来看，创通票一方面降低了直接成本：一是经济成本。通过将政府资源配置给有需求的企业，降低其经营成本；使第三方机构形成规模市场效应，降低其商务成本；通过"团购价"批量购买服务，降低财政资金使用成本；大幅降低银行资金占压成本。二是人力成本。企业省去了专门项目组处理资料筹备、办理审批手续等；第三方机构减少销售团队开拓业务；银行则省去了审批贷款业务的人力成本。三是时间成本。使企业、第三方机构、政府与银行的时间成本成比例降低。

另一方面还降低了间接成本：一是制度性成本。首先，通过"普惠式"设计降低政策门槛，普遍降低中小企业成本；其次，改"后补贴"为"前补贴"，使政策支持由"锦上添花"变为"雪中送炭"；再次，通过"高企包"等认证成功可

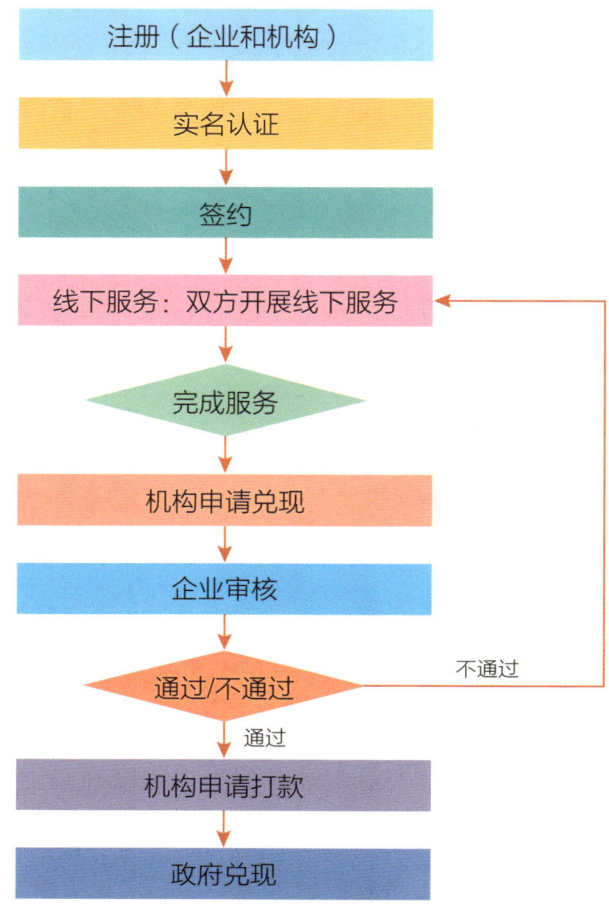

图 7-2 创通票运行流程图

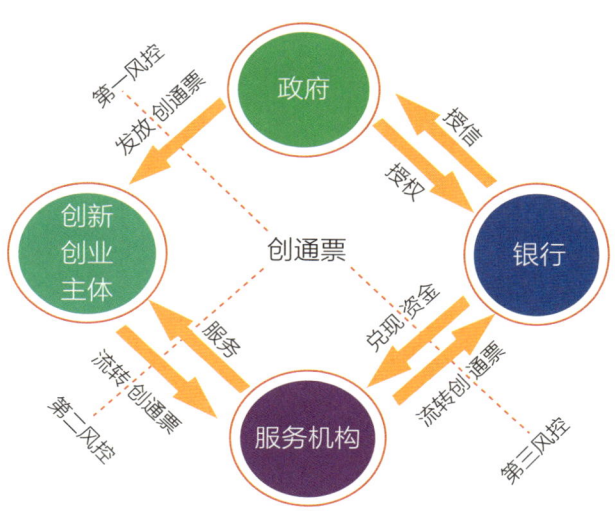

图 7-3 创通票原理架构图

七 体制机制改革

使企业间接享受到税收优惠。二是交易成本。运用"互联网+"平台实现各类创新要素的高效组织，有效降低利益相关者间的交易成本。三是风险成本。确保企业享受最安全高效的第三方中介服务，降低其决策风险；基于政府的授信和监管，第三方机构服务完成后凭票可完成资金拨付，降低其资金占压风险。

"创通票"制度使政府创新服务科技型中小微企业发展的新模式取得了实效

自创通票发行实施以来，平台备案服务机构达到545家，已成功上线运营高企服务包、知识产权服务包、新三板服务包、新四板服务包，共发行创通票7026张。

创通票的推广实施，**一是有效推动了企业的创新创业活力**。自2015年创通票推行以来，国家高新技术企业由2014年新认定的59家，到2017年增长到2014年的3.5倍。目前，高新区高新技术企业数量1003家，占全市高新技术企业数量的24.5%。**二是形成科技服务业聚集，优化了创新创业环境**。创通票平台上线以来，吸引全国各地的优秀服务机构（含金融机构）已超过540家。通过创通票平台线上和线下相结合的运营模式，形成了专业化运营、透明化竞争、科技服务业生态化集聚的良好局面，尤其是来自北京等地区的高端服务机构，有效带动了区域内科技服务水平的提升，优化创新创业环境。**三是创通票在全国影响力不断扩大，成为全国标杆，形成示范效应**。截至2017年年底，创通票模式在安徽省、江西省、贵州省等省市已成功复制，包括安徽省创业服务云平台创业券、江西南昌科技创新公共服务平台科创券、贵州省贵阳高新区创业券等均借鉴了创通票模式，目前已经成功上线运营。

新型研发机构助力跨区域产学研协同创新

天津市在推进全面创新改革试验中,依托清华大学天津高端装备研究院率先开展新型研发机构科技体制创新,完善以科研院所为主导的协同创新体系,探索产学研协同创新路径,极大地促进了协同创新发展。

 科研院所协同创新能力弱是当前发展面临的一大瓶颈

为推动科技创新,国家出台了若干政策措施,如《"十三五"国家科技创新规划》,明确提出建设高效协同国家创新体系,将"鼓励和引导新型研发机构发展"作为重要内容。但是,如何发挥新型研发机构建设模式国际化、运行机制市场化、管理制度现代化、产学研协同创新的优势,仍是一个亟待破解的难题。清华大学天津高端装备研究院(以下简称"高端院")是在国家京津冀一体化协同发展战略背景下,为发挥清华大学科技、人才优势以及天津市的产业、区位优势,于2014年7月,由天津市东丽区政府与清华大学签署协议联合建设的清华大学外派专业研究院。目前,高端院率先开展新型研发机构科技体制创新,取得了显著成效。

 高端院科技体制创新开辟了一条推动产学研协同创新的新路径

高端院科技体制创新主要体现在体制机制创新、产学研平台的搭建、联合共建研究室、内部孵化企业等方面。

（一）体制机制创新

图7-4所示为高端院体制机制创新图。

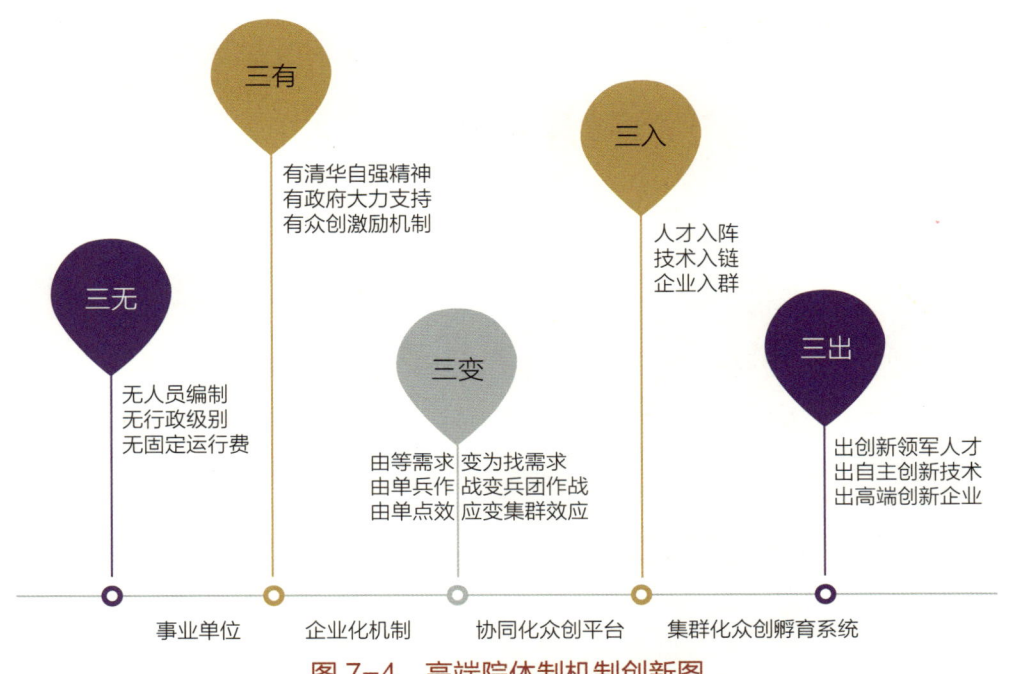

图7-4　高端院体制机制创新图

高端院是清华大学外派、独立法人事业单位，依托于清华大学机械工程系，采用事业单位企业化机制运作模式，是一个协同化众创平台和集群化众创孵育系统。在产业孵化模式上聚集创新人才和创业团队、链接科技资源与产业资源、嫁接创业资源与金融资源、融合科研创新与文化传播。在技术服务模式上对小微企业采取授权生产或购买专利、派驻科技专员专项扶持方式；对中型企业采取企业委托项目与纵队攻关和派驻科技专家跟踪服务方式；对于集团企业采取企业引导技术需求、互访挖掘攻关方向、共建联合研发中心协同攻关和派驻攻关纵队贴身服务方式。

（二）搭建产学研平台

高端院已成立33家专业研究所，在机器人与自动化领域、高端装备领域、摩擦学领域、先进制造领域搭建开放、协同平台，开展科技研发、科技转化和科技服务。除此之外，高端院先后建立了院士专家工作站、产业技术研究院、天津市专家服务基地、天津市装备制造减摩降耗工程中心、天津市技术转移机构、天津市大型科学仪器开放共享平台等多个平台型中心以及清华大学机械系智能装备设计与制造全日制工程硕士项目实践基地。

（三）联合共建研究室

高端院与企业开展持续、稳定合作，联合攻关，解决行业关键共性问题，为企业升级发展提供科技支撑。高端院已成立8个研究室、6个联合研究中心。其中，轨道车辆转向架技术研究室由高端院与江苏瑞铁轨道装备股份有限公司合作建立；轨交动态技术研究室由高端院与天津益昌电气设备股份有限公司联合建立；轨道交通模拟仿真实训装备与技术研究室由高端院与天津骥腾科技有限公司联合建立等。先后与海尔集团、兰石集团、中国广核集团等多家行业龙头企业和国外知名企业建立了战略合作关系；与成都飞机工业集团有限公司、中航贵州飞机有限责任公司、洪都航空工业集团等单位开展深入的技术合作。

（四）内部孵化企业

图7-5所示为高端院内部孵化企业流程图。

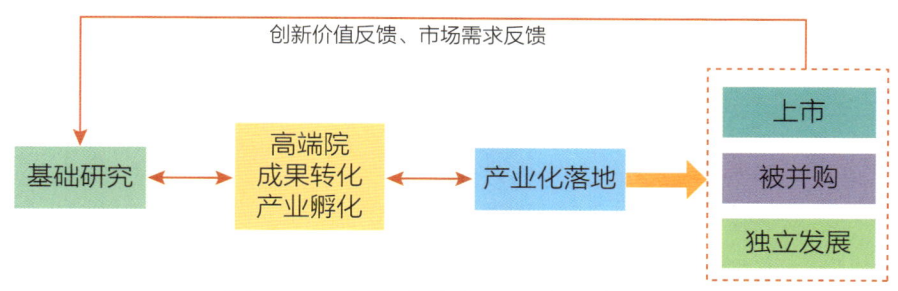

图7-5　高端院内部孵化企业流程图

高端院形成科研活动的完整链条，打通基础研究到产业化通道，形成"握手区"，注重技术、企业和产业三个不同的阶段，通过技术体系产生创新且富有市场潜力的技术产品，通过孵化体系产生高速成长、充满前景的新创企业，并致力于通过资本体系推动高成长企业成为重要产业的核心企业并最终成长为新兴产业。截至 2018 年 6 月，高端院科研团队根据技术需求已成功孵化企业 10 家。

三 高端院科技体制创新在促进协同创新方面取得了明显成效

高端院根据企业不同类型，探索了"军团式—纵队式—专员式"技术服务企业模式，取得了明显成效。

图 7-6 所示为高端院技术服务企业模式图。

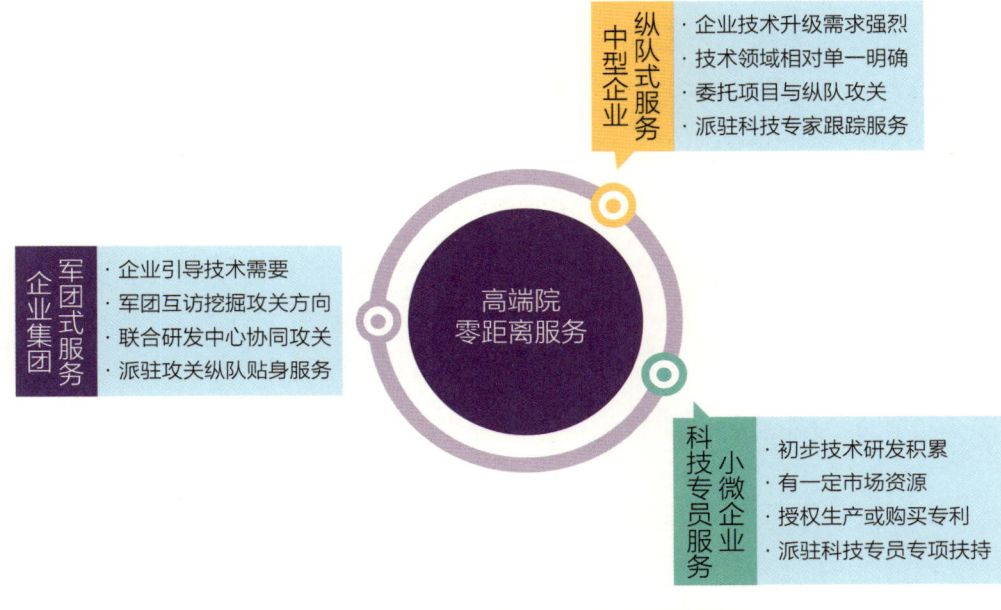

图 7-6　高端院技术服务企业模式图

以中广核集团合作为例，高端院先进能源装备技术研究所承担了中广核集团的小型堆蒸汽发生器设计任务。技术开发阶段，研究所研发的项目是国内首台（套）核级大盘管蒸汽发生器，所设计的蒸汽发生器采用换热效率高的大盘管螺旋管式换热方式，需要克服流致振动、固定支撑、绕管等一系列难题。团队针对难题进行了大量的试验，咨询了众多核领域专家，最终克服了一个又一个困难，使之成为国内首台（套）大盘管直流蒸汽发生器。该设备的研发对于提升我国相关核电装备的研发制造水平具有重要意义。同时，团队在技术咨询、技术转让、技术服务方面也做了大量的工作，在蒸汽发生器的研发过程中，申请了十几项专利，对重大专业技术进行了必要的保护。团队针对中广核小型堆项目部进行了完整周期的技术培训，使中广核对蒸汽发生器的全生命周期进行理解、运用，在实际培训中实现了技术成果的转让，最终圆满完成了对蒸汽发生器的技术开发、咨询、转让与服务。

新型研发机构建设开创科技体制改革新路径

在全面创新改革试验中，广东省持续推进新型研发机构建设，不仅为广东省深化科技体制改革开创了新路径，也逐渐发展成为全国深化科技体制改革的试验田，为全国实施创新驱动战略、创新改革试验提供可借鉴的经验。新型研发机构作为广东省创新发展的新业态，已经成为广东省产业转型升级的重要驱动力。

一 传统科研机构支撑产业能力弱是制约区域创新驱动发展的重要因素

1999年，广东省全面启动科研机构改革，将全省69家省属科研机构进行重新分类和定位，打破了原有财政经费大包大揽的做法，将科研机构推向市场。改革后的科研机构整体看来难以适应竞争激烈的市场环境。全省省属科研机构的发展普遍存在如下问题：一是投入不足，可持续发展能力不强；二是产权制度改革之后，现代企业制度尚未完善；三是单位包袱沉重，改革难以轻装上阵；四是实力相对偏弱，竞争压力大；五是人才严重缺失，优秀人才引不进，科研机构人才青黄不接现象严重等问题。这严重弱化了省属科研机构对全省产业共性技术研发和发展的支撑能力，同时，科研机构自身效益和造富能力也十分有限。总体而言，1999年始的改革，更多的是"破"——破除科研机构不适应、落后的运行机制和体制，但"立"尚未建立。

而广东省作为制造业大省、经济强省，亟须各类运行高效、人才高端、研发产业化能力较强的，面向市场、面向产业、面向企业的科研平台、科研组织、科技新业态，来支撑广东省产业发展和经济建设。

二 加大新型研发机构建设与发展，开创深化科技体制改革新路径

广东省新型研发机构在全国起步较早。1996年12月，清华大学和深圳市政府合作建立深圳清华大学研究院，揭开了广东省新型研发机构建设的序幕。自2005年以来，广东省携手教育部、科技部、工信部、中国科学院和中国工程院，共同打造了"三部两院一省"的产学研合作平台。2006年年初，随着我国科技体制改革的不断深化，以广州市政府、深圳市政府先后与中国科学院签署市院战略合作协议，成立中科院广州工业技术研究院和中科院深圳先进技术研究院为标志，广东省新型研发机构进入了蓬勃发展阶段。

在全面创新改革试验中，广东省将持续促进新型研发机构建设和发展作为重要举措。在机构认定、引导、扶持方面，在全国率先探索建立形式多样、机制灵活的发展模式。具体做法如下：

一是在制度制定上，广东省委省政府先后出台了《广东省人民政府关于加快科技创新的若干政策意见》（粤府〔2015〕1号）等政策文件，广东省科技厅、经信委、教育厅等10部门联合出台了《关于支持新型研发机构发展的试行办法》（粤科产学研字〔2015〕69号），2017年6月在全国率先制定出台《关于新型研发机构管理的暂行办法》。通过以上政策文件明确了新型研发机构的身份定位，使新型研发机构在政府项目承担、职称评审、人才引进、建设用地、投融资等方面可享受国有科研机构待遇，经省科技厅认定的省新型研发机构以省政府名义授牌。2015年认定新型研发机构124家，2016年达到180家，截至2017年年底，总数达219家。

二是在资金支持上，广东省科技厅设立了每年1.5亿元的专项资金，对于创办不超过5年（以注册时间为准）的新型研发机构，择优给予一次性500万元的

建设经费支持。同时，还从新购科研仪器设备补助、上年研发经费支出补助、创办企业补助等方面对新型研发机构给予资金支持。

三是在强化管理上，广东省不断加强新型研发机构评审认定等相关制度建设，在降低准入门槛的同时，完善认定机制，对新型研发机构后续发展跟踪问效，不定期抽查工作，及时掌握其科研方向和科研力量等动态情况，定期了解其阶段性成果。对于优秀机构给予持续经费支持，对于不合格的机构及时整改甚至摘牌，推动形成了新型研发机构良性发展的工作机制。

新型研发机构建设在深化科技体制改革、提升区域创新能力方面取得显著成效

一是新型研发机构成为科技体制改革的突破口。新型研发机构目前已孵化和创办企业4236家，平均每家创办孵化企业21家，其中高新技术企业930多家，上市公司数量100多家，为广东省在探索科研机构有效支撑产业发展方面提供了新的样本和道路，为广东省深化科技机构体制改革提供了新的路子和方向，有效地支撑了产业技术开发。

二是新型研发机构成为产学研合作新样本。截至2017年年底，从新型研发机构的建设类型看，院校与政府共建型73家，院校与企业共建型13家，境内外合作共建型6家，政府与企业共建型6家。新型研发机构共有研发人员2.7万人，平均每家机构从事研发工作的人数超过120人，形成了较为扎实的研发团队。其中，高端人才达到720人，平均每家机构拥有3位高端人才，创新能力和活力逐步增强。

三是新型研发机构成为提升广东省原始创新能力的重要力量。截至2017年，新型研发机构有效发明专利拥有量达11744件，近三年年均增长率约为23%，平均每家机构有效发明专利拥有量达到54件。发表论文数达6468篇，较上年增长13%，平均每家机构为30篇。牵头或制定标准数达333个，较上年

增长 14.4%，平均每家机构为 1.5 个。基础科研产出绩效稳步增加，原始创新能力初步形成。

四是新型研发机构成为广东省加速成果转化的重要推动力。近三年，新型研发机构成果转化收入和技术服务收入不断增加，2017 年达到 601 亿元，平均每家机构达到 2.7 亿元；机构总收入达到 973.9 亿元，平均每家机构达到 4.4 亿元，可持续造血能力不断强化。